JN216985

ROE経営と見えない価値

高付加価値経営をめざして

柳　良平【編著】　兵庫真一郎・本多克行【著】

中央経済社

はじめに

本書の編著者（柳）は，2015年夏に『ROE 革命の財務戦略』という書籍を中央経済社から上梓（単著）して，おかげさまで好評を得た。これは，アベノミクスのガバナンス改革の３本の矢と言われる「日本版スチュワードシップ・コード」，「コーポレートガバナンス・コード」，「伊藤レポート」の趣旨を踏まえ，世界の投資家サーベイをリサーチデザインとして，中長期的な企業価値向上を理論と実践の見地から多面的に議論したものである。

特に「伊藤レポートの ROE８％ガイドライン」の執筆委員として，企業価値と ROE の関係，世界の投資家が日本企業への株式投資（平均）に期待する８％のリターン（株主資本コスト）の定性的・定量的エビデンス，価値創造の代理変数であるエクイティ・スプレッドの概念，ショートターミズムを排して長期的な ROE を志向する必要性を説いたが，高い評価の裏側で誤解も多かった「伊藤レポートの ROE８％ガイドライン」の背景や実証を詳説することに腐心した。また，実務家として中長期的な ROE 経営のために資する具体的な企業の財務戦略も相応に呈示したつもりである。

そして，『ROE 革命の財務戦略』の最終章では CSR（企業の社会的責任）や ESG（環境，社会，統治）といった「非財務資本（見えない価値）とエクイティ・スプレッド（ROE 経営）は長期の時間軸で同期化できる」ことを残余利益モデルと統合報告のフレームワークを関連づけながら示唆して「結び」としている。あるいは，日本企業と長期投資家の共生を訴えたといってもよい。

その後，2016年の桜の季節に，前著でもお世話になった中央経済社の小坂井専務から「昔『エクセレント・カンパニー』という本が流行りましたが，柳氏の前著の結論部分から今の日本企業に示唆を与える高付加価値経営を考えてみませんか」という趣旨のヒントをいただいた。

『エクセレント・カンパニー』は経営コンサルタントのトム・ピーターズとロバート・ウォーターマンが1980年代に出版して世界中でベストセラーになった本である。当時の米国企業を中心に「超優良企業の８つの基準」として，(1)行動重視，(2)顧客密着，(3)自主性と企業家精神，(4)人材を通じての生産性向上，(5)価値観に基づく実践，(6)基軸からぶれない，(7)単純な組織・小さな本社，(8)

厳しさと緩やかさの両面を上げている。

当時，日本企業が世界を席巻する中で米国企業を鼓舞する意味もあったと言われるが，今回の本書にも通じる普遍の真理が含まれていると感じる。因みに，その後の業況はさまざまであるが，IBM，3M，P&Gなどがあげられている。

今回，アベノミクスのガバナンス改革の中で，日本企業が大きく変わろうとしている時に，前著最終章の「非財務資本とエクイティ・スプレッドの同期化モデル」を発展させて，身近な日本企業のケース研究も含めて「高付加価値経営」をエクイティ・スプレッド，つまり残余利益モデルから展開できないかと考えるに至ったのである。

それは「見えない価値」を「見える価値」へとつなぐビジネスモデルでもあり，単純なROE経営を超えて，非財務価値と長期的ROEの連関から，より持続的で高邁な理念に依拠した企業価値を志向する日本企業なりの「高付加価値経営」についての1つの提案である。言い換えれば，本書は，前著『ROE革命の財務戦略』の続編と捉えていただいてもよいと思う。

しかしながら，非財務資本という「定性情報」を長期的ROEという「定量情報」に転換できることを実証することは極めて困難であり，完璧な解はないだろう。本書では，⑴エクイティ・スプレッドに依拠した残余利益モデルと非財務資本を重視した統合報告のフレームワークを融合して理論的なモデルを提示すること，⑵具体的な企業のケース研究を複数提示して考えてみること，⑶一定の示唆を与える実証研究やデータを一部でも引用することでエビデンスとすることの3点に注力した。統計学的有意差をもってすべてを証明することは不可能であるが，概念フレームワークや，複数の実例，統計的な正の傾向や相関関係の示唆はぜひご理解いただきたいところである。本書はあくまで1つのValue Proposition（価値観の提案）なのである。

このような趣旨の本書の構成であるが，第1章は理論編（概念フレームワーク），第2章から第4章は実践編（ケース研究）と大別できる。さらに補論でそれらのエビデンスとなる実証研究を紹介している。

まず，第1章（編著者：柳良平）では，本書の趣旨として提案する「見えない価値」を見える化する「高付加価値経営」モデルを解説する。近年のコーポレートガバナンス改革と求められるROE経営（良いROEと悪いROE），そしてエクイティ・スプレッド（残余利益モデル）の価値創造理論を展開した上で，その後に単純なROE経営を超えた「非財務資本とエクイティ・スプレッドの同期化モデル（ROE経営と見えない価値）」の概念フレームワークを用いて新時代の「高付加価値経営」を示唆するものである。これは日本企業と長期投資家が共生できるwin-win関係を追究するモデルである。具体的には，開示資料である統合報告書に基づき，エーザイとドイツのSAP社におけるESG（環境，社会，統治）の価値関連性（経済的価値とのリンケージ）の事例も紹介している。

第2章（兵庫真一郎氏）では，身近な日本企業の事例を紹介して，オーガニック成長でイノベーション（ビジネスモデル）という非財務資本を最大限活用して付加価値創造をめざしている企業のケース研究を行う。ここでは，オリエンタルランドとTOTOの2社を取り上げる。

現役アナリスト兼ファンドマネジャーとして利益相反のない会社選択をしているが，長年のトップクラスのバイサイドアナリスト経験，国内大手運用機関では貴重なコーポレートガバナンス・ファンドを主宰する知見からの財務分析や企業を見る目など，その洞察を感じ取っていただきたい。また，ESG投資とは何か，企業と投資家の対話のあり方など，初学者にもわかりやすい解説を行っている。

第3章（本多克行氏）では，目線を変えて，M&Aで付加価値向上を企図した日本企業のケース研究を取り扱う。旭化成とパナソニックの2社のM&Aの事例を掘り下げてみる。旭化成は買収案件，一方，パナソニックは売却案件と対をなしている。

M&Aも人的資本，知的資本，社会・関係資本といった非財務資本と位置づけて，その将来予測も含めて価値創造や課題を洞察する。M&Aは，概論から詳しく述べているが，その効用の増分を論じることはハードルが高い。しかしながら，こちらもコンフリクトのある案件は避けてはいるが，M&Aのアドバイザーとしての第一人者の豊富な経験からの解説は示唆に富んだものになっている。特に旭化成のケースの記述はきわめて詳細かつ迫力と臨場感がある。

第2章，第3章ではすでに多くの書籍が論じているケースを極力回避して，必ずしもベストプラクティスではなくても，できるだけ新規性があり，読者が身近に感じられるような日本企業を選択して実務家の視点から類書にないレベルまで掘り下げている。

第4章（編著者：柳良平）では，異なるアングルから，北欧で発展した「脱予算経営」というユニークなビジネスモデルを取り上げ，その非財務資本（知的資本，人的資本，社会・関係資本）がいかに付加価値創造に資するのか，脱予算経営のベストプラクティスといわれるスウェーデンのスベンスカ・ハンデルスバンケン銀行のケースを紹介する。同行は，規模は最大級の銀行ではないが，その経営目標の「相対的改善契約」として，同業他社加重平均のROEに40年以上も勝ち続ける銀行で，「支店こそが銀行」の企業文化のもと，徹底した分権化を行っている世界最強の銀行の１つである。

そして最後の補論（編著者：柳良平）では，本書で提案するモデルの理論的根拠を深く理解したい読者のために，エクイティ・スプレッドの理論と実証について説明している。特にESG指数のパフォーマンス，研究潜在価値のリアルオプションモデル，特許価値と遅延ROEおよび株価の向上効果，研究開発投資と長期的ROEとパフォーマンスの関係性などの実証研究を「非財務資本とエクイティ・スプレッドの同期化モデル」の一定のエビデンスとして紹介する。いっそう掘り下げて勉強したい読者向けに，アカデミックな根拠を補足の意味で付け加えた。ぜひ研究材料として確認，学習して読者諸氏それぞれの研究や実務に生かしていただきたい。

あらためて申し上げると，本書は，国内大手金融機関で機関投資家業務経験の長い兵庫真一郎氏（第２章担当），国内外の投資銀行でM&A業務経験の豊富な本多克行氏（第３章担当）の長年の同志の２人に独立した立場でケース研究の形で参加いただき，上場企業のCFO（最高財務責任者）および大学教員（非常勤）の立場で編著者の柳良平（第１章，第４章，補論担当）が「非財務資本とエクイティ・スプレッドの同期化モデル」を「高付加価値経営」として理論体系化を試みたものである。

ちなみに，編著者（柳）は当該の「非財務資本とエクイティ・スプレッドの同期化モデル」の概念フレームワークを2016年12月に英国ロンドンで開催されたICGN（国際コーポレートガバナンスネットワーク）／IIRC（国際統合報告評議会）の共同カンファレンスで発表している。これは，英国鉄道年金のガバナンス責任者を務めた著名なコーポレートガバナンスのオピニオンリーダーであるフランク・カーティス氏が「非財務資本とエクイティ・スプレッドの同期化モデル」に深く共鳴して推薦してくれたことによるものである。一方，パネルでは，本書でも紹介したドイツのSAP社のCFOと非財務資本の財務資本への転換を議論することができて大変有意義であった。さらに，IIRCのキング議長からも当該モデルに賛同いただいたことは大きな自信になった。

また，当該モデルにつき本書では「論語と算盤」という言い方もさせていただいているが，非財務価値を重視する知見の高い長期投資家として知られるコモンズ投信会長の渋澤健氏（渋沢栄一の末裔にあたる）からも「柳氏の非財務資本とエクイティ・スプレッドの同期化モデルは，コモンズの追求する見えない価値の見える化とも趣旨が合致しており，未来志向の長期投資家として同意できるものである。本書をできるだけ多くの方々に手に取っていただきたい」と推薦のお言葉を頂戴している。

さて，本書の各章の記述は，所属する組織から独立した執筆者の私見であるが，それぞれの私見によって読者を混乱させないよう，各章の記述の整合性，一貫性について，編集上は一定の配慮をしているが，限界もある点はご理解いただきたい。

なお，本書の読者は，日本企業の経営者，経営企画，経理財務，IRで働くコーポレートスタッフなどの企業人，コーポレートガバナンスを担う立場にある取締役・監査役，あるいは学識者，学生等を幅広く念頭に置いている。また，企業価値評価の観点から，投資家やアナリストにもぜひ目を通していただきたい。さまざまな分野の読者の皆様に本書に対する高い識見からのご示唆をいただければ，編著者としてこれに勝る喜びはない。

末筆ながら，企画段階からあたたかく導いてくれた中央経済社の小坂井和重取締役専務に，執筆陣を代表して厚く御礼申し上げたい。また，引用した資料提供にご協力いただいた三菱UFJ信託銀行資産運用部，SPEEDAの関係者および，ボランティアで推敲を手伝ってくれたエーザイの林直子氏にも感謝したい。

なお，最終的な文責はすべて編著者にあり，読者諸氏の叱咤激励をお待ちする。

2017年　早春

博士（経済学）
編著者　柳　良平

（なお，本書はあくまで，執筆陣の独立した私見であり，各執筆者が過去および現在所属する組織の見解ではないこと，また本書で取り上げるケースについては，あくまで中立の立場であり，言及した企業の発行する有価証券の売買の推奨などには一切関係がないことはご銘記いただきたい。）

目　　次

「見えない価値」の見える化をめざす高付加価値モデルの提案

プロローグ　日本企業に突きつけられた難問

「世界の半数の機関投資家が，統合報告書（またはアニュアルレポート）において，見えない価値（非財務情報）と資本効率（ROE）の関連性を説明してほしいと日本企業に要望している。」

これは後述する筆者（柳）の行った世界の投資家サーベイからの引用であるが，かなりの「難問」ではないだろうか。

一般に企業経営者は「企業理念，知的資産，人的資源などの見えない価値」を主張する。一方投資家は「ROEに代表される財務情報，見える価値」を求める。こうした立場の違いから時折対立が生まれ，アクティビスト（物言う株主）から攻撃を受ける可能性もある。

しかし，本来，日本企業と長期投資家は同じ船に乗っており，「見えない価値」を「見える価値」に変換して，あるいは可能性を説明することで共生が可能なのではないか。いかにして非財務資本を財務資本へ定量的に転換するのか。本書ではその答えを探りながら，これからの日本企業がめざすべき「高付加価値経営」を考察してみたい。

基本的に，企業価値は財務価値と非財務価値から構成されており，会社はすべてのステークホルダーのために存在する「社会の公器」である[1]。本章では，企業理念や研究開発の価値，人的資本に代表される「非財務価値」と，資本効率（その代表的指標としてのROE：Return on Equity＝株主資本利益率）に依拠する「財務価値」の共生モデル（ROE 経営と見えない価値）を提示する。

言い換えれば，それは「論語（倫理的価値，非財務資本）と算盤（資本効率，財務資本）」の同期化モデル，あるいは「CSR（Corporate Social Responsibility＝企業の社会的責任）と ROE」の両立から高付加価値経営の概念フレームワークを示唆するものである[2]。

こうした考え方は，Porter［2011］の説く CSV（Creating Shared Value）による社会的価値と経済的価値の両立と整合的である。

第1節　不都合な真実
── 日本企業の「付加価値の顕在化」の劣後

1　コーポレートガバナンスの変遷

まずは議論のスタート地点として，法的にもファイナンス理論的にも一義的には，上場企業の所有権は株主にあり，オペレーションを経営陣に委託して付加価値創造を任せている（所有と経営の分離）。

このため，コーポレートガバナンス（企業統治）としては，経営を監督する仕組みや企業価値向上を担保する手段として，たとえば独立社外取締役や株主・投資家のエンゲージメント（対話や関与），そして企業経営者（特に最高財務責任者：CFO）の資本政策・財務戦略（受託者責任としてのコーポレートスチュワードシップ）が必要になってくる。

これまで日本企業は長年の「銀行ガバナンス」から「株主ガバナンス」への過渡期にあり，社外取締役導入や ROE 経営の浸透などで海外の先進国から遅れを取っていたため，外国人投資家から日本企業のコーポレートガバナンスは批判されてきた。また収益力・資本効率の劣位は，株価の低迷を招き，M&A や資金調達における国際競争力をそいできた側面があることは否定できない。

「失われた10年（あるいは20年）」と揶揄されるように，遺憾ながら，近年わが国の株価は先進国比較で劣後しており，上場企業には十分な経済的付加価値の創造が欠けていたとのそしりは免れない（社会的価値の評価は別）。

2 市場から見た付加価値創造とは

市場から見た付加価値，つまり市場付加価値（MVA＝Market Value Added）が十分に創造されてこなかった10年は日本の「上場企業」からすれば非常に残念な期間であった。その市場付加価値は株価純資産倍率（PBR＝Price Book-value Ratio）という指標に関係している。PBRは数式上，株主資本利益率（ROE＝Return on Equity）[3]と株価収益率（PER＝Price Earnings Ratio）の積でもある。

＊PBR(倍)＝時価総額÷会計上の簿価純資産＝株価÷1株あたりの簿価純資産
＊市場付加価値(金額)＝時価総額－会計上の簿価純資産＝PBR1倍超の部分の金額
＊PBR＝ROE×PER
＊ROE(%)＝会計上の純利益÷会計上の簿価株主資本
＊PER(倍)＝時価総額÷会計上の純利益＝株価÷1株あたりの純利益(EPS)

PBRは会計上の純資産の何倍の時価総額が創出されているかを示す指標である。PBRが1倍以上の部分が「市場付加価値」で，PBRは会計上の簿価を超えて市場による付加価値が創造できているかを表す。

逆にPBRが1倍割れするということは，市場付加価値がマイナスの価値破壊の状態であり，企業の時価総額が会計上の価値（簿価）を下回る，つまり解散価値に満たないことになる。極端に言えば，上場しているよりも即座に会社を解散して換金して，資金を債権者や株主に返還したほうが良い状況ということになる。PBR1倍割れは市場から価値破壊の評価をされていることに該当する。

もちろん，市場には「ノイズ」が多く，情報の非対称性（説明責任の履行で一定程度の緩和は可能）も常時存在するために株価は間違うものであり，短期的な株価やPBRを気にする必要は全くないが，長期にわたる不特定多数の市場参加者の評価，つまり市場付加価値は上場企業の本源的な価値に一定の相関を与えるものであろう。

そして後述するように，長期の市場付加価値の評価（PBR）には，タイムラグや情報の非対称性があるものの，目に見えない「無形資産（インタンジブルズ)」の価値，つまり研究の価値や，人材の重要性，ESG（環境，社会，統治）などの非財務資本の価値も織り込まれている蓋然性が高い。実際，ESG の評価が高いほど PBR は高くなるという調査結果もある[4]。

3　不都合な真実

かかる理論的背景を念頭に過去10年の PBR の日米欧の比較（**図表1－1**）を見てみると，わが国上場企業には厳しい「不都合な真実」が提示される。

こうしてみると，残念ながらわが国企業の付加価値創造は欧米に大きく劣後して見える。

近年の日本株はアベノミクスによる株価上昇もあったが，リーマンショック後は概ね PBR は1倍前後で推移しており，全体としても日本はほとんど価値創造がない国（半数近くが価値破壊企業とみなされている）となっている。

要因としては，時間軸の差異（非財務資本が財務資本に転換されるには時間がかかる）は別として，市場付加価値には情報の非対称性が関係しているし，PBR は ROE の関数でもあるので過去の「ROE 経営」の欠如も影響していることも考えられる。

すなわち，今後の日本の「高付加価値経営」には，その前提としての IR（インベスター・リレーションズ）の改善と ROE 経営が喫緊の課題であろう。もちろん，市場の付加価値部分に関連する高邁な企業理念，本源的な研究開発の価値，忠実で優秀な人材などの「非財務資本（目に見えない価値)」において，わが国企業はより大きな潜在価値を有しているはずである。

本書の提案する「非財務資本とエクイティ・スプレッドの同期化モデル」による「高付加価値経営の概念フレームワーク」により，非財務資本（ESG）の将来の財務資本（ROE）への転換可能性を示唆することで日本企業の企業価値評価（PBR）が向上することが切に望まれる。

第2節　2016年 世界の投資家サーベイの示唆

それでは，わが国の企業の価値創造は，資本市場参加者，特に外国人投資家からどのように評価されているのであろうか。また，これからの日本企業に対しては何が求められているのであろうか。

その疑問に対する解を探るべく，筆者（柳）はリサーチデザインとして投資

［図表１－１］　過去10年のPBRの国際比較

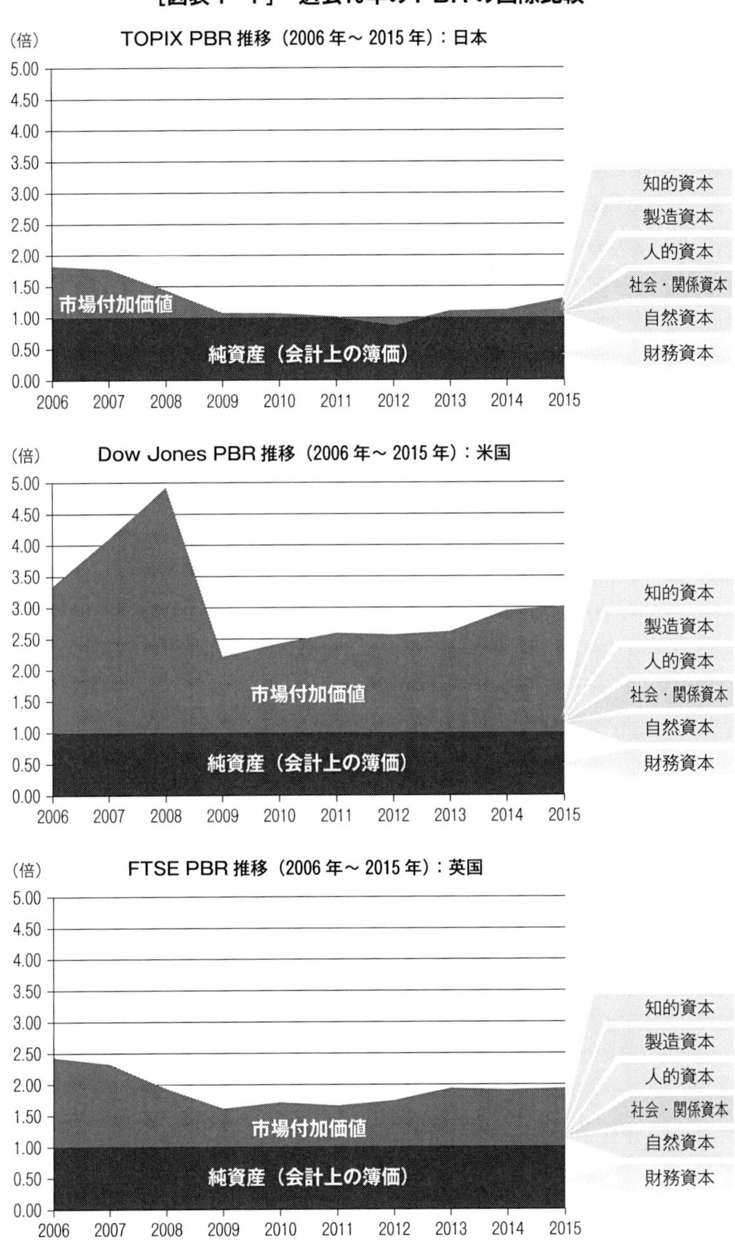

（注）　各暦年の平均値。
（出所）　Bloombergより筆者作成。

家に対する質問票調査を用いて，近年継続的に大規模な世界の投資家サーベイを行っているが，最新の2016年の調査結果（柳［2016］）を紹介して，資本市場のパーセプションを考察してみたい。

コーポレートガバナンス改革に係る世界の日本株投資者の視座を調査すべく，日本株をカバーする主要な日米欧アジアの機関投資家を対象に，2015年11月から2016年１月にかけて，UBS 証券の協力を得てアンケート調査を実施した（柳［2016］）[5]。

その結果は**図表１－２**から**図表１－７**のとおりである。今回は，特に外国人投資家の生の声を入手することに注力した結果，回答者内訳は「国内投資家１：外国人投資家２」の割合になっていることに留意いただきたい[6]。

［図表１－２］ 2016年グローバル投資家サーベイの集計結果（抜粋１）

質問１ コーポレートガバナンス・コードに一番何を期待するか？[7]

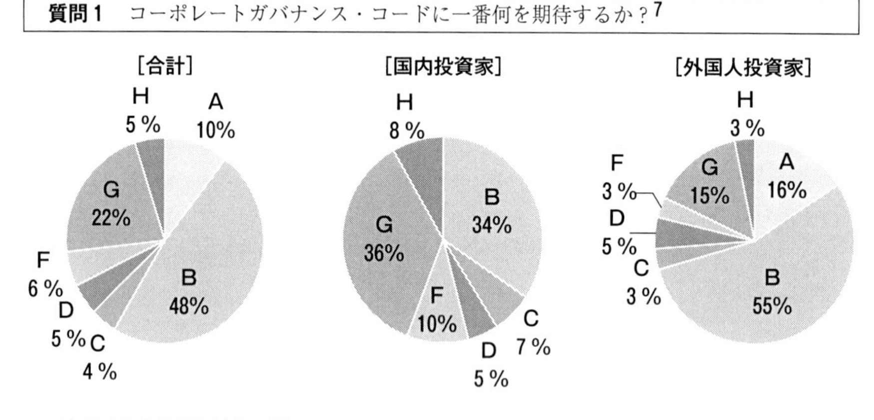

A）独立した社外取締役の増加
B）中長期的な資本生産性（ROE）の改善
C）透明性・リスク管理の向上
D）持ち合いの解消，合理的な説明
E）買収防衛策の廃止，合理的な説明
F）配当・自社株買いの増加
G）経営者のガバナンスの意識自体の向上
H）その他

フィッシャー検定（Exact Test）
P 値 0.01 未満

⇒ 有意水準１％で帰無仮説は棄却されるので，国内外で有意差あり

（出所） 柳［2016］より抜粋して筆者作成。

質問１では，世界の投資家にコーポレートガバナンス・コードに何を一番期待するかを尋ねているが，資本生産性（ROE）の改善を期待する回答が５割（柳［2015］では４割）で引き続きトップであった。特に55％の外国人投資家が

ROE改善を求めている。ちなみに柳［2014］では，世界の投資家に日本企業に対するエンゲージメント・アジェンダ（目的を持った対話のテーマ）を聞いているが，やはりトップは中長期的なROEの向上であった。

［図表1－3］ 2016年グローバル投資家サーベイの集計結果（抜粋2）

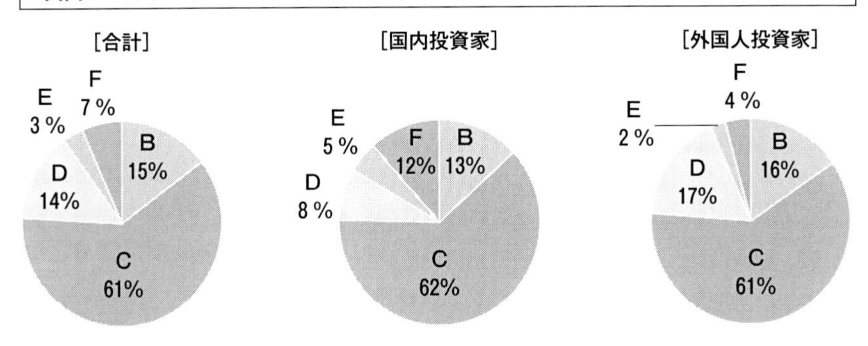

A）資本コストを大幅に上回っており，大いに満足している
B）資本コストを多少は上回っており満足している
C）資本コスト以下のレベルであり不満である
D）資本コストを大幅に下回っており大いに不満である
E）ROE自体が重要でない
F）その他

フィッシャー検定（Exact Test）
P値1.00

⇒ 有意水準1％では帰無仮説は棄却されないので，国内外で有意差なし

度数	国内投資家	外国人投資家	合計
満足	8	19	27
不満・重要ではない	46	98	144
合計	54	117	171

	国内投資家	外国人投資家	合計
99％信頼区間 二項分布	5.0％	8.6％	9.4％
	31.1％	26.8％	24.2％

⇒99％の信頼区間で全体の投資家の9.4％から24.2％が満足している。

（出所） 柳［2016］より抜粋して筆者作成。

質問2では，日本企業のROEについて聞いているが，15％の投資家しか満足していない。最近のROE実績向上，目標設定および株主還元強化から前年（柳［2015］）の満足度10％よりは改善した。特に外国人投資家では，6％から16％に満足度が上がった。しかし，相変わらずROEについての投資家の不満は根強い。国内外で有意差はなく，99％信頼区間で，満足度は統計的に9.4％から24.2％の間となってしまう。わが国のコーポレートガバナンス改革の要諦である資本効率の改善はいまだに投資家の信任を得られていない。

［図表1－4］ 2016年グローバル投資家サーベイの集計結果（抜粋3）

質問3 一般に日本株にはどれくらいの株主資本コスト（個社別には異なるが，ベータ1の前提で日本株平均として）を想定するか？[9]

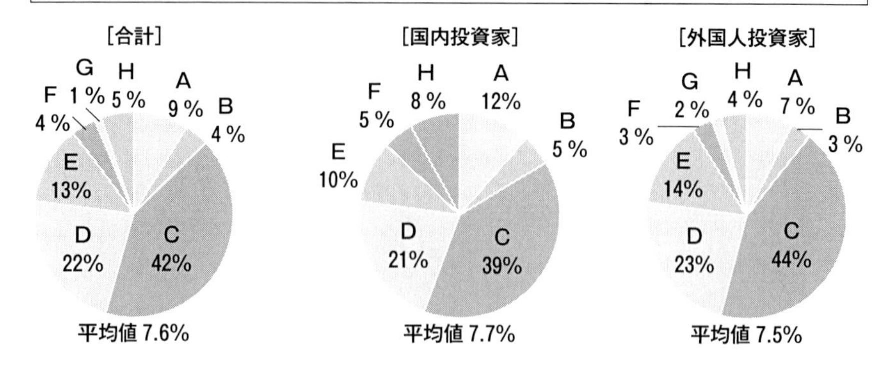

A）10％以上　E）6％
B）9％　F）5％
C）8％　G）4％以下
D）7％　H）その他

フィッシャー検定（Exact Test）
P値 0.83

⇒ 有意水準1％では帰無仮説は棄却されないので，国内外で有意差なし

8％以上のROEで満足する確率

割合	国内投資家	外国人投資家	合計
8％で満足	26.6％	60.1％	86.7％
不満	5.8％	7.5％	13.3％
合計	32.4％	67.6％	100.0％

	国内投資家	外国人投資家	合計
99％信頼区間	65.6％	79.4％	78.8％
二項分布	93.0％	95.1％	92.6％

⇒99％の信頼区間で，78.8％～92.6％の投資家が，ROE8％で満足する。

（出所） 柳［2016］より抜粋して筆者作成。

質問3では，想定する株主資本コスト（期待する最低ROEレベルと言い換えることができる）を聞いているが，平均は7.6％であった。最頻値，中央値は共に8％で例年の傾向（柳［2013，2014，2015］）と整合する。また，投資家の78.8から92.6％をROE8％で満足させられることが統計的に示された。「伊藤レポートのROE8％ガイドライン」の頑強なエビデンスが継続して確認された。

［図表1－5］ 2016年グローバル投資家サーベイの集計結果（抜粋4）

質問4 「伊藤レポート」の「最低限ROE８％以上をめざすべき」を支持するか？10

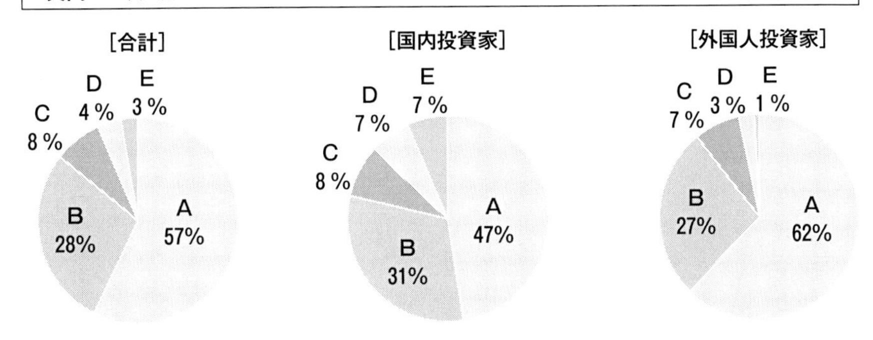

A）強く支持する
B）一応支持する
C）支持しない
D）中立である
E）その他

フィッシャー検定（Exact Test）
P値0.07
⇒ 有意水準１％では帰無仮説は棄却されないので，国内外で有意差なし

度数	国内投資家	外国人投資家	合計
満足	48	109	157
不満・重要ではない	13	13	26
合計	61	122	183

	国内投資家	外国人投資家	合計
99%信頼区間	62.4%	80.2%	77.9%
二項分布	90.3%	95.3%	91.7%

⇒ 99%の信頼区間で全体の投資家の77.9%から91.7%が支持している。

（出所） 柳［2016］より抜粋して筆者作成。

質問4では，伊藤レポートの推奨する「日本企業は最低限ROE８％以上をめざすべき」というガイドラインに賛成するかを尋ねているが，昨年の88%（柳［2015］）に引き続き支持率は85%と高い。統計的には，99%の確率で77.9%から91.7%の投資家が賛成していることを示す。国内外で有意差はない。また，質問３の株主資本コスト（期待する最低ROEレベル）の結果と整合的であり，伊藤レポートの正当性が再確認されたと思料する。

［図表1－6］ 2016年グローバル投資家サーベイの集計結果（抜粋5）

質問5	エクイティ・スプレッド（＝ROEマイナス株主資本コスト）が価値創造の代理変数として「伊藤レポート【柳良平記述】」でも紹介されているが，「資本コストを上回るROEの啓蒙のために」これを東証の決算短信で開示して，議論するという提案を支持するか？[11]

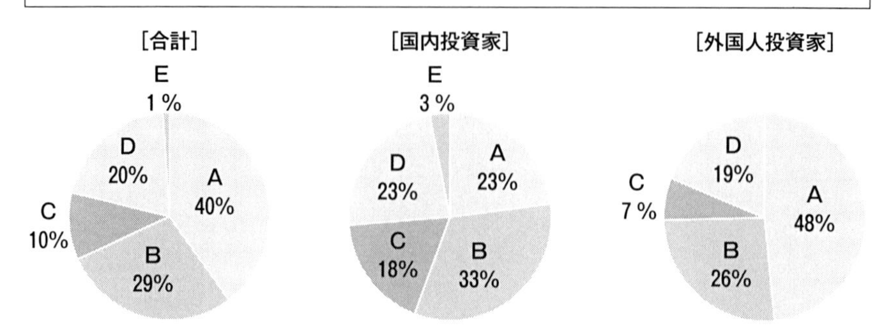

A）強く支持する
B）一応支持する
C）支持しない
D）中立である
E）その他

フィッシャー検定（Exact Test）
P値0.01

⇒ 有意水準1％では帰無仮説はわずかの差で棄却されないので，国内外で差は大きいが有意差があるとは言い切れない

度数	国内投資家	外国人投資家	合計
支持	34	91	125
不支持・中立	27	31	58
合計	61	122	183

	国内投資家	外国人投資家	合計
99％信頼区間 二項分布	38.6％	63.2％	58.8％
	71.9％	84.0％	76.9％

⇒ 国内投資家がこの基準を支持する比率は99％の信頼区間で38.6％から71.9％の間にある。
⇒ 外国人投資家での支持率は99％の信頼区間で63.2％から84.0％の間にある。

（出所） 柳［2016］より抜粋して筆者作成。

質問5では，筆者（柳）が東京証券取引所（東証）に提案している「エクイティ・スプレッドの決算短信（またはアニュアルレポート等）での自主的な開示と対話（柳［2013］）」について支持するかを尋ねているが，柳［2015］同様に7割の投資家が賛成している。資本コストの開示の難易度等から国内投資家の支持率は56％に留まる一方，外国人投資家は74％がエクイティ・スプレッドの開示と対話を求めており，企業価値創造のKPI（重要業績指標）としてのエクイティ・スプレッドの自主開示（資本コストを上回るリターンの啓蒙効果）の有用性が特に外国人投資家から強く支持された。統計的に99％の確率で63.2％から84.0％の外国人投資家が賛同している。

［図表1－7］ 2016年グローバル投資家サーベイの集計結果（抜粋6）

質問6	日本企業のESG（Environment, Social, Governance＝環境・社会・統治＝非財務情報）および統合報告による開示についてはどう考えるか？[12]

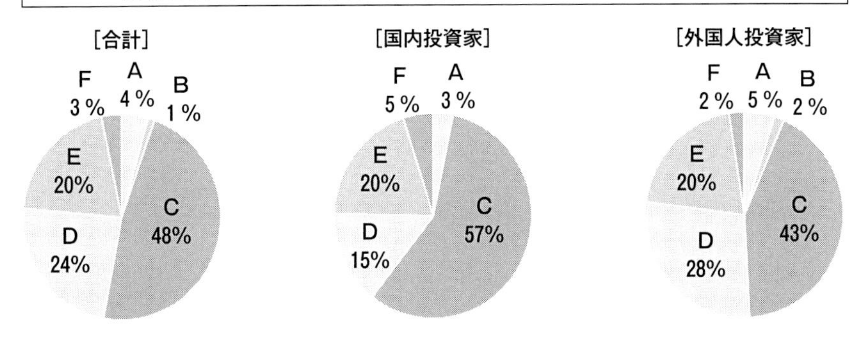

A）無条件でESGに注力して積極開示すべきである
B）資本効率（ROE）より優先してESGを開示して説明してほしい
C）資本効率（ROE）とESGを両立して価値関連性を示してほしい
D）日本は周回遅れなのでまずは資本効率（ROE）を優先して記述すべき
E）どちらでもよい
F）その他

フィッシャー検定（Exact Test）
P値0.20

⇒有意水準1％では帰無仮説は棄却されないので，国内外で有意差なし

（出所） 柳［2016］より抜粋して筆者作成。

質問6では，日本企業のESGの開示や説明を尋ねているが，全体の半数近くが，ROEとESGの価値関連性を示してほしいとしている。非財務資本と財務資本の両立を示すことが求められている一方で，外国人投資家の3割が，日本企業は「周回遅れ（ROE経営の欠如）」なのでESGよりも，まずはROE関連の記述を充実して説明してほしいと考えていることには留意すべきである。ROE経営を達成した上で，それを超えて「見えない価値」との相関を説明していくことで日本企業と世界の長期投資家の対話はいっそう充実するだろう。

本節のグローバル投資家サーベイでは，世界の市場参加者がいかに資本効率（ROE）を重視しているか，そして「株主資本コスト＝投資家の機会費用＝要求する最低ROE水準」として8％を求めていること，「伊藤レポートのROE 8％ガイドライン」を支持していること，エクイティ・スプレッド（ROE－株主資本コスト）の開示を求めていること，ROEとESG（非財務価値）の価値関連性を説明してほしいと考えていることが明らかになった。これらは中長期的な企業価値創造，付加価値経営に向けてきわめて重要な示唆である。最終的に非財務価値との連関を訴求するための前提条件として，まずは，こうした「ROE 経営」の要諦を日本企業は把握して，財務戦略を構築することで，「ROE 経営を超えていく（グローバルスタンダードをクリアしていく）」ことが肝要である。

第3節 良いROEと悪いROE

1 資本効率の代表的指標ROEとは

改めてROE（Return on Equity＝株主資本利益率）を定義すると次の数式になる。

ROE(％)＝純利益÷株主資本(簿価)

ROEの分子は会計上の当期純利益で損益計算書（PL）の「利益」の数値であり，分母は貸借対照表（BS）の「資本」の数字であり，資本効率を表している。つまりROEは会計の指標である。

実務上，株式投資家から見ると，企業がどのような資産に投資をしようが，結局どの程度のリターンを株主に生んでいるかという点でわかりやすい。投資家の立場からは長期の投資リターン（TSR）[13]は長期のROEに収斂する（柳[2015]）こと，また上場企業の決算短信でも開示があるので時系列比較，同業他社比較，異業種比較が行いやすい指標でもあることから，一般に「資本効率」というと代表的にROEが使われることが多い。そして投資家はROEを最重視する。

要するに，コーポレートガバナンスの原点に戻って，プリンシパルたる株主からの負託を受けて，エージェントたる経営者が預かった，「株主から拠出されたお金」に対して，どれだけの金額を「株主の利益」として生み出したかを表す指標がROEなのである。資本効率とは株主の資本に対する利益創出の生産性である。

しかし，株主だけが潤えばそれでよいということはない。本書で論じるROE経営は株主原理主義ではない。

今度はROE計算式の分子たる会計上の純利益を考えてみよう。PLの順番を思い起こしてほしい。

まず売上で顧客に報い，仕入れで取引業者に報い，研究開発費で将来の顧客に報い，人件費で従業員に報い，金利支払いで銀行（債権者）に報い，税金支払いで地域社会に報い，そして最後の残った純利益が株主に帰属する利益である（その蓄積たる内部留保から配当金が得られる）。株主は優先順位が一番低く，残余利益にしか請求権がない。

ROEの分子はすべてのステークホルダーに支払い終えたのちの残余利益である当期純利益を使う。これを持続的に得ていくために株主以外のステークホルダーとの協働と共生が前提条件であり，そのバランスを欠かなければ，長期的なROEはすべてのステークホルダーとのwin-win関係をもたらすはずだ。

2 良いROEと悪いROE

しかしながら，ROEには限界や欠陥もあり，「良いROE」と「悪いROE」がある（**図表1－8**）ため，資本効率の極大化よりも「最適化」をめざすべきであろう[14]。

本書では，原則としてステークホルダー間の調和のとれた長期的かつ持続的なROE（たとえば10年平均で考えてもよい）を論じており，近視眼的に無理なリストラや，投資の先送り，あるいは過度のレバレッジを伴うショートターミズム（短期主義）のROE経営ではないことには留意していただきたい。

たとえば，財務レバレッジをかけることでROE数値を高めることができるため，よく理解していないと投下資本利益率（ROIC）が低い（したがって本業の事業そのものの競争力・収益性が低い）のに，株主にだけは高い利益率を提供することもできてしまう。

「ROEを高めるべき」という議論に対しては，「資本を減らし，財務の健全性を損なってまでROEを上げるべきなのか？」という心理的な反発[15]を生みやすいが，そのようにして高めたROEは長期持続的なものではなく，よって資本効率の代理指標としては10年など長期平均のROEを用いるべきであるし，（過度な）負債の活用と言うよりも「最適資本構成」の訴求が本筋である。

伊藤レポートでもROE８％以上[16]を求める一方で，株主原理主義でも短期主義でもない，現場の従業員と一体となった「日本型ROE経営」「非財務資本の資本効率」が重要であるとして，すべてのステークホルダーとwin-winで，持続的な長期のROEを強調していることも理解しておかなければならない。

［図表１－８］　良いROEと悪いROE ── 資本効率の最適化をめざして

良いROE	悪いROE
中長期志向（たとえば10年平均） ＊中長期視点からの投資	短期志向（裁量的利益調整） ＊投資の先送りや強引なリストラ
成長見込みある低ROE ＊将来投資のための一時的なEPS低下	成長見込みない低ROE ＊収益回復シナリオのない低EPS
収益絶対額を伴うROE ＊投資を行い持続的に利益も増加トレンド	縮小均衡のROE（デフレ要因） ＊リストラや分母対策で比率のみ重視
中長期で会計平準化・修正 ＊特別利益・会計基準変更の影響も長期では平準化	会計上の短期変動を重視した利益調整 ＊短期主義の特別利益，会計基準変更による一時的な利益かさ上げ
バランスシートマネジメント ＊最適資本構成を求めてバランスシートを管理するガバナンスを持つ	過剰レバレッジ（倒産リスク） ＊分母対策で借入金を過剰に利用して倒産リスクを負う。リキャップCBなどの技巧[17]
簿価主義 ＊ROEは簿価指標であるが長期ではTSRに収斂する。時価と簿価は乖離が縮小する	時価主義 ＊株価は時価なのにROEは簿価だから不要だとする考え
資本コストを上回るROE ＊持続的に資本コストを上回る価値創造	極大化・継続増要求 ＊毎年右肩上がりのROE上昇を求める
アカデミック論文 ＊残余利益モデル（RIM）からROEと株主価値の関係は証明済み[18]	感情論 ＊ROEは企業価値と無関係との誤った主張や，ROEを嫌悪する感情論
日本企業（周回遅れ） ＊日本の低ROEから投資家が対話の中でROE改善を求めることを理解すべき	米国企業では課題とされていない ＊米国ではすでにROEは高い水準で定着しているから（宿題済み）
業績予想・中期計画開示あり ＊東証の制度もあるが，日本の低ROEから目標開示による底上げは必要	米国では目標開示がない ＊目標開示がないからROE不要という暴論。米国企業内ではきわめて重視されている
優れた財務リテラシー・管理会計 ＊社内に財務の専門家を擁し，中長期的ROE改善の戦略を自ら企画できる	盲目的政府追従 ＊政府の指示に盲目的・形式的に追従しているだけの表面上のROE言及
ESG・CSRとの両立 ＊中長期的にwin-winですべてのステークホルダーを満たすROE経営	株主原理主義（株主だけのROE） ＊株主だけが利益を得るためのROE重視で短期主義や数字合わせが横行

（出所）　筆者作成。

第4節 ROE経営を超えて
── 新しい「高付加価値経営」の提言

1 価値創造の代理指標としてのエクイティ・スプレッド

それでは，良いROEを展開して価値創造の代理指標とされるエクイティ・スプレッド（ES）をまとめてみる。エクイティ・スプレッドは米国管理会計士協会（IMA）により株主価値創造のKPIに採択されている管理会計の指標である[19]。筆者（柳）はIMA日本支部常任理事として，エクイティ・スプレッドの有用性を10年来唱え，東証やGPIF（年金積立金管理運用独立行政法人）にもそのKPI採択や開示と対話の提言を行っている[20]が，筆者が伊藤レポートに記載して注目される以前から東証では重視されてきた経緯[21]がある。

投資家にとっての価値創造の前提は，投資先企業が会計上黒字であるだけでは十分でなく，管理会計上，「株主資本コスト（CoE）を上回るROE」を持続的に上げることである。エクイティ・スプレッドは下記のように定義される。

エクイティ・スプレッド(%)＝ROE－CoE(またはr)[22]

一般に，株主価値（長期的な時価総額または理論値）は株主資本簿価（BV）に市場付加価値（MVA）を加えて算出できる。残余利益モデル（RIM），オールソンモデル（Ohlson 2001）では株主価値は下記の数式になる。

$$\text{株主価値(SV)} = \text{株主資本簿価}(BV_0) + \sum_{t=1}^{\infty}\left(\frac{\text{当期利益}_t - CoE \times BV_{t-1}}{(1+CoE)^t}\right)$$

SV：株主価値（時価総額）　BV：株主資本簿価
CoE：株主資本コスト　t：会計年度

この関係式を展開して簡素化すると，株主価値は**図表1－9**のようになる（クリーンサープラスと定常状態，残余利益の定率成長を仮定）。

このようにエクイティ・スプレッドが中長期的に正の値にならなければ，付加価値創造（PBR 1倍超）にはつながらないことは理論的に証明されている（なお，「エクイティ・スプレッドの理論と実証」を深く理解したい読者のために巻末の

［図表1－9］ 残余利益モデル（RIM）による株主価値の定義

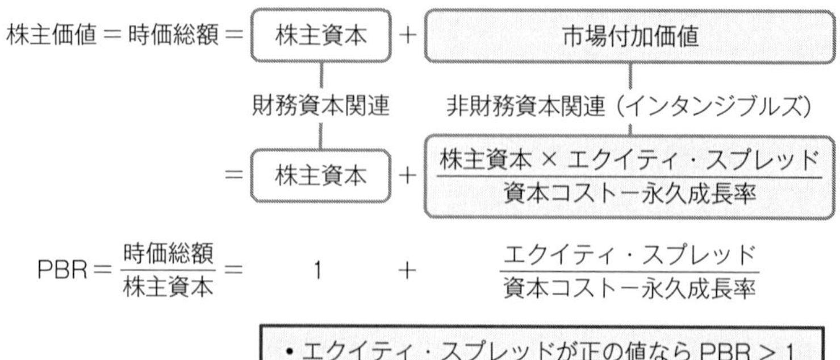

（出所） 筆者作成。

補論で詳しいエビデンスの解説をしているので，参照されたい）。

2 非財務価値との同期化モデルのValue Proposition（価値観の提案）

こうした背景から，企業と投資家のエンゲージメント（対話）では，財務情報や資本効率（ROE）の議論に投資家のフォーカスが集まる。しかしながら，企業側としては，企業理念やESG（Environment, Social, Governance＝環境，社会，統治）などの非財務情報も含めた長期的な視点も持続的な成長と企業価値向上，つまり「付加価値経営」にはきわめて重要である。

（1） Intrinsic Valueモデル

「高付加価値経営」の前提となる「ROE経営」をクリアして，さらに非財務価値を訴求するために，柳［2009］はIIRC（国際統合報告協議会）のフレームワーク（IIRC 2013）[23]公表前の2009年から財務資本と非財務資本の価値関連性についてのモデルをIntrinsic Value（企業の本源的価値）モデル（**図表1－10**）として提唱してきた。

そこでは，「ROE経営を超えた高付加価値経営」として，市場付加価値（MVA）＝「組織の価値」＋「人の価値」＋「顧客の価値」＋「ESG・CSRの価値（資本コスト低減効果）」と定義している。

[図表1-10] Intrinsic Value モデル

非財務情報と企業価値評価の関係性に係る理論－市場付加価値
＝組織の価値＋人の価値＋顧客の価値＋ CSR・ESG の価値

柳［2009］の主張 Intrinsic Value の深化

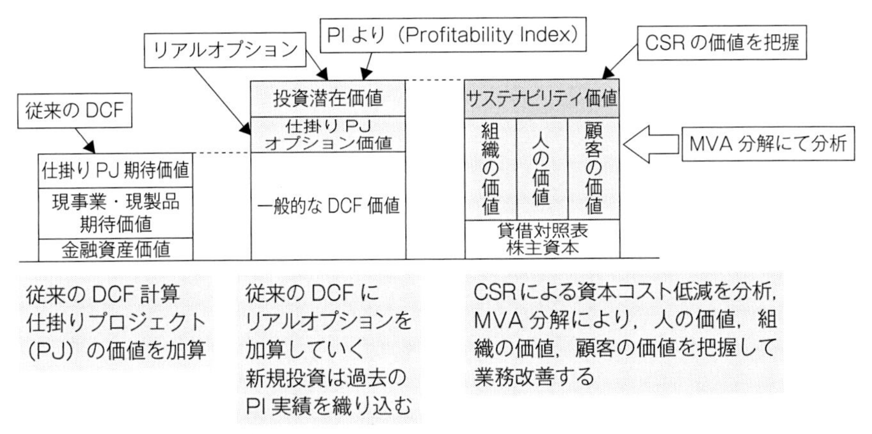

（出所） 柳［2009］より筆者作成。

図表1-10のように，Intrinsic Value モデルでは，企業の本源的価値は，従来の企業価値を財務的に示す代表的企業価値評価モデルである DCF（Discounted Cash Flow：キャッシュフローの割引現在価値）に研究開発（採択の go/no go の選択価値がある）のリアルオプション価値と研究開発の潜在価値（PI モデル：補論参照）を加算して算出される。

そして，非財務価値を重視する高付加価値経営では，それは会計上の株主資本簿価に市場付加価値（MVA）とサステナビリティ（CSR）の価値を加味したものと解釈される。市場付加価値は「組織の価値」「人の価値」「顧客の価値」から構成され，「見えない価値」が重要かつ DCF 価値と整合的（非財務価値が将来のキャッシュフローに影響する）と考える。潜在的には「ESG・CSR の価値」が資本コスト低減のルートで企業価値増分に関連している。

（2） エーザイの PBR モデル

管理会計のバランスト・スコアカードを勘案した統合報告（伊藤［2014］）を意識した製薬会社エーザイの統合報告書では，IIRC の定義する財務的価値としての「財務資本」，非財務価値としての「知的資本」，「人的資本」，「製造資本」，

「社会・関係資本」,「自然資本」の6つの資本[24]とPBR(株価純資産倍率)の関係性モデルを紹介している。

当該統合報告書2016は,「株主価値=長期的な時価総額=株主資本簿価(BV)+市場付加価値(MVA)」の前提で,株主資本簿価(PBR1倍以内の部分)を「財務資本」,そして市場付加価値(PBR1倍を超える部分)を「知的資本」,「人的資本」,「製造資本」,「社会・関係資本」,「自然資本」といった非財務資本と関連づけることにより,IIRCの6つの資本の価値関連性を説明している(**図表1-11**)。

[図表1-11] エーザイの企業価値を構成する6つの資本の価値関連性

(出所) エーザイ株式会社の統合報告書2016の60ページの図表を同社HPより転載。

ちなみにIIRCは時価総額のうち約2割が「物的および財務的資産」の価値,約8割が「無形要因」の価値に関連していることを示唆している。この指摘に従えば,情報の非対称性の克服を前提条件として,PBR5倍程度までの付加価値創造が潜在的には展望できることになる。PBRの高い企業は長期のエクイティ・スプレッドが大きいともいえるが,一方で非財務資本の価値を十分に市場が織り込んでいるとも解釈できる。

(3) 3つのモデルの価値関連性

ここで残余利益モデル(RIM),またはオールソンモデル(Ohlson [2001])に沿って,市場付加価値は長期的な流列のエクイティ・スプレッドの割引現在価値の総和に収斂するという関係をふまえて,前述の柳[2009]のIntrinsic

Value モデル，エーザイの PBR モデル，残余利益モデルの３つの価値関連性をまとめてみよう[25]。

【柳［2009］の Intrinsic Value モデル】

市場付加価値(MVA)＝PBR １倍超の部分＝非財務資本関連（インタンジブルズ)＝「組織の価値」＋「人の価値」＋「顧客の価値」＋「ESG・CSR の価値（資本コスト低減効果)」

【エーザイの PBR モデル】

株主価値＝長期的な時価総額＝株主資本簿価(BV)＋市場付加価値(MVA)
株主資本簿価(BV)＝PBR １倍以内の部分＝「財務資本」
市場付加価値(MVA)＝PBR １倍超の部分＝非財務資本関連（インタンジブルズ)＝「知的資本」＋「人的資本」＋「製造資本」＋「社会・関係資本」＋「自然資本」（＝遅延して将来の「財務資本」に転換されるもの)

【残余利益モデル】

市場付加価値(MVA)＝PBR １倍超の部分＝エクイティ・スプレッド(ROE－株主資本コスト）の金額流列の現在価値の総和

ちなみに，これらの価値関連性の等式を裏づける試算として，**図表１-12**にニッセイアセットマネジメントの井口譲二氏作成の資料を紹介する[26]。ESG を重視する企業は市場から高い評価を受けていることがわかる。井口氏が国内の500社の企業を ESG の観点から格付けして３グループに分けたところ，格付けの最も高い企業群と低い企業群は PBR（株価純資産倍率）に2.5倍超の差が付くことがわかった。この試算により非財務資本としての ESG 評価の高い企業ほど市場付加価値が創造されて PBR（将来のエクイティ・スプレッドの関数）が高くなることが示唆されている。これも本章の提案する「非財務資本とエクイティ・スプレッドの同期化モデル」を支持しているものと解される。

(4) 非財務資本とエクイティ・スプレッドの同期化モデル

上記の柳［2009］の Intrinsic Value モデル，エーザイの PBR モデル，残余利益モデルの３つの価値関連性に係る等式により「市場付加価値（MVA)」を通じて残余利益の現在価値の総和としてのエクイティ・スプレッドと非財務資本が相互補完的であることがわかる。

［図表１－12］ ESGとPBRの関係性を示す調査結果

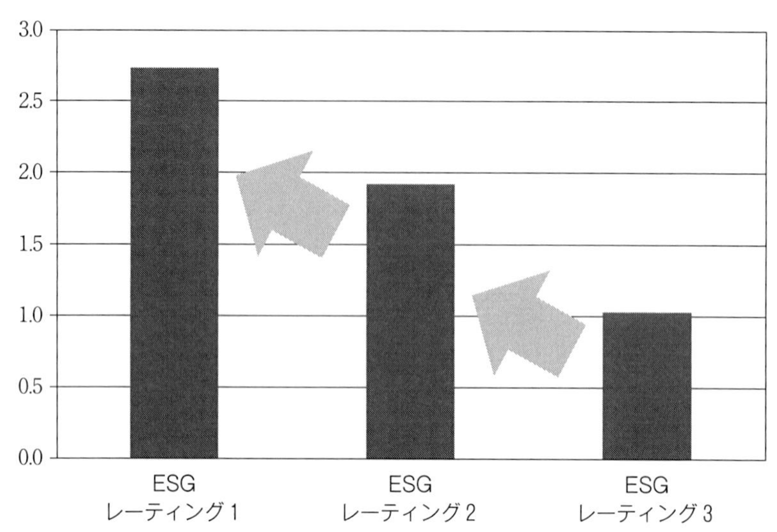

（注） 単純平均ベース，ニッセイアセットデータベースより，井口が加工・作成。
（出所） 井口：経済産業省“持続的成長に向けた長期投資（ESG・無形資産投資）研究会”への提出資料（ニッセイアセットがカバーする約500銘柄を対象。PBRは2016年９月末時点）。

つまり，エクイティ・スプレッド（資本コストを上回るROE）による価値創造は，ESGをはじめとする非財務資本の価値と市場付加価値創造を経由して遅延して長期的には整合性がある。いわば「論語と算盤」の関係が成り立つのではないか。これを単なるROE経営を超えた（もちろん長期的に平均ROE８％以上を確保する前提での），コーポレートガバナンス・コード時代の新しい「高付加価値経営」の姿として本書では提案したい。

非財務資本を市場付加価値と関連づけたPBRモデル，Intrinsic Valueモデル，そして残余利益モデルの３つが示唆する価値関連性，つまり「新時代の高付加価値経営モデル」の統合報告書による開示事例を**図表１－13**に紹介する[27]。

経営理念や人材の価値，社会貢献などの非財務情報を重視する企業側の視点（CSR）は，資本効率（ROE）を求める長期の投資家とは市場付加価値（MVA）を経由して同期化でき，共に協働が可能であろう。「非財務資本と長期的なエクイティ・スプレッドの同期化モデル」の開示事例は，Porter［2011］の唱えるCSV（Creating Shared Value），つまり社会的価値と経済的価値の両立と整合的である。

[図表１-13]　エーザイの統合報告書が示唆する非財務情報の価値関連性に係る理論
－ESG とエクイティ・スプレッドの同期化（論語と算盤）－

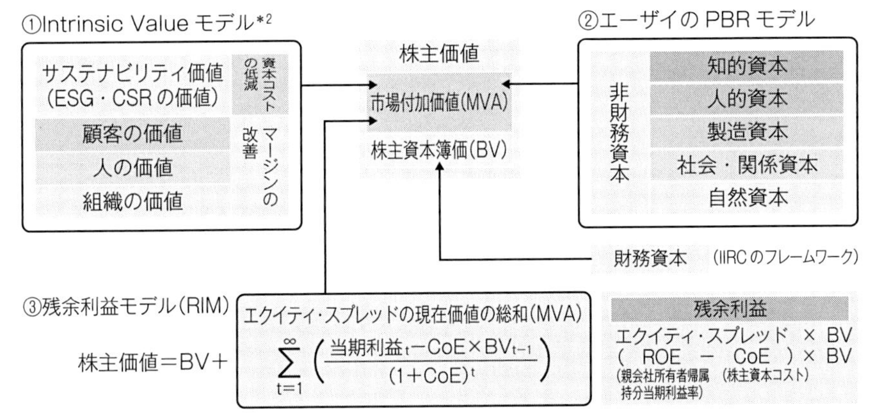

＊1 『ROE 革命の財務戦略』中央経済社（2015）　＊2 『企業価値最大化の財務戦略』同友館（2009）
（出所）エーザイ株式会社の統合報告書2016の61ページの図表を同社 HP より転載。

「新時代の高付加価値経営モデル」では，すべてのステークホルダーに配慮して，社会的価値と経済的価値を両立しながら財務資本と非財務資本の価値関連性を訴求し，持続的かつ中長期的な企業価値最大化を図り，コーポレートスチュワードシップ[28]の観点から受託者責任と説明責任を果たすことが重要である。

3 「非財務資本と長期的なエクイティ・スプレッドの同期化モデル」の具体的事例

(1) エーザイの事例（エーザイの統合報告書2016より）

医薬品の無償提供　エーザイでは「顧みられない熱帯病」の１つであるリンパ系フィラリア症治療薬（DEC 錠）を新興国の患者様へ WHO（世界保健機構）とタイアップして2020年までに22億錠無償供与する共同声明を発表している。

この医薬品アクセス（ATM）の改善による社会貢献は，寄附ではなく，あるいは単純な CSR（企業の社会的責任）だけにとどまらず，投資家・株主にも受け入れられる「超長期投資」の側面もある。すなわち社会的価値と経済的価値の両立（CSV）である。エーザイでは IIRC のモデルに沿って，そのインプット，アウトプット，そしてアウトカムを2016年の統合報告書で説明している（**図表1-14**）。

［図表1-14］ リンパ系フィラリア症治療薬無償提供（ESGのS：社会）による付加価値創造モデル

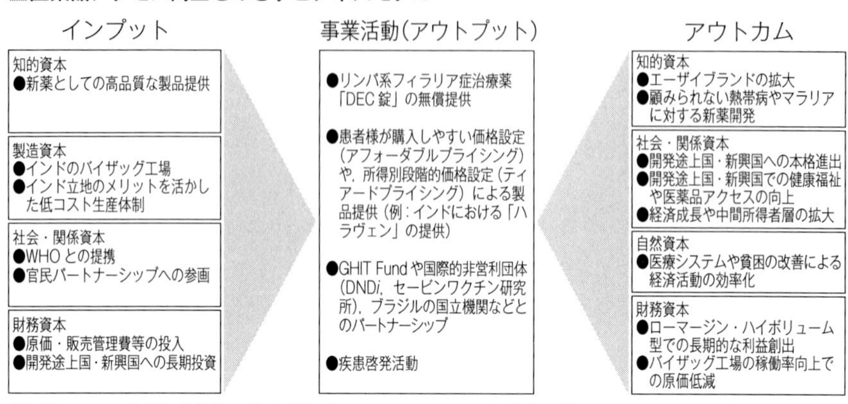

（出所） エーザイ株式会社の統合報告書2016の47ページの図表を同社ホームページより転載。

これはまさに本書が提案する「高付加価値経営」をめざした試みで，ESGのS（社会貢献）による価値創造である。当初は赤字プロジェクトとして短期的な利益やROEにはマイナス要因であるが，超長期では新興国ビジネスにおけるブランド価値，インド工場の稼働率上昇による生産性向上や従業員のスキルやモチベーション改善などを通してNPV（正味現在価値）がプラスになることが実際に試算できている[29]。

ある意味では，長期投資家とwin-win関係の，ファイナンス理論上も正当化できる「超長期投資」なのである。すなわち，このプロジェクトは，部分的とはいえ，長期的かつ遅延効果としてのROE向上につながる「非財務資本とエクイティ・スプレッドの同期化モデル」を実践している具体例といえるのではないだろうか。

ガバナンスプレミアム　一方，ESGのG（ガバナンス）の面[30]では，エーザイの2015年の統合報告書（57ページ）で2014年6月19日付SMBC日興証券の中沢安弘氏のアナリストレポートが紹介されている。

当該アナリストは「エーザイはコーポレートガバナンスや資本政策が優れているので10％の株価プレミアムを付与する」旨を公表している。これもコーポレートガバナンスという見えない価値が数値化されて企業価値の向上につながっている「高付加価値経営」の事例である。

ちなみに，2016年3月末現在のエーザイの時価総額は約2兆円であるので，その10％の約2000億円は資本政策やコーポレートガバナンス（ESGのG）という非財務価値が定量化された金額とも解釈できる。

（2） ドイツSAP社の事例（SAP社の2015年の統合報告書より）

ドイツに本社を置く欧州最大のITソフトウエア会社であるSAPは主に「人的資本」の代理変数として，社内の従業員のエンゲージメント指数のポイントと営業利益の相関関係を分析して2015年の統合報告書で開示している。同社は非財務資本のパフォーマンスを測定する手法として，複数の事例を紹介している点が興味深い[31]。

たとえば，SAPの従業員エンゲージメント指数（EEI＝Employee Engagement Index）は，SAPへのロイヤリティ，勤労意欲，プライドや帰属意識を測る指数である。EEIは，従業員へのサーベイ調査結果に基づいており，会社の成長戦略の要は，「人的資本」としての従業員のエンゲージメントであるとの認識から，この指標を適用して測定を実施している。

その実効を測定するために，SAPでは毎年10月から11月にかけて“People Survey（従業員調査）”を実施して，財務，非財務のパフォーマンスと従業員エンゲージメントの間の相関関係を分析している。その結果，EEIが1％変化すると，企業の目的である「成長を伴う利益獲得」，「顧客ロイヤリティ」としての営業利益に40百万ユーロ～50百万ユーロの影響をもたらすとSAPでは試算している。

SAP社では，財務資本と非財務資本のパフォーマンスの具体的な相互関連性確立のためのフレームワーク構築に注力してきた。この結果，4つの環境・社会（ESGのEとS）の指標，すなわちビジネス・ヘルス・カルチャー指数（BHCI），従業員エンゲージメント指数（EEI），従業員定着率，CO_2排出量の4指標が営業利益に及ぼす影響を測定している（因果関係に基づく投下資本利益率も試算）。

＊従業員エンゲージメント指数（EEI）が1％上昇すると，営業利益に40百万ユーロ～50百万ユーロの正の影響をもたらす。

＊従業員定着率が1％改善すると，営業利益に45百万ユーロ～55百万ユーロ

の正の影響をもたらす。

* ビジネス・ヘルス・カルチャー指数（BHCI）が1％良化すると，営業利益に75百万ユーロ～85百万ユーロの正の影響をもたらす。
* CO_2排出量を1％削減すると，4百万ユーロ営業利益に正の影響をもたらす（コスト削減が可能になる）。

これらのイメージを**図表1-15**にまとめておく。

［図表1-15］　ドイツSAP社の非財務情報と営業利益の相関関係

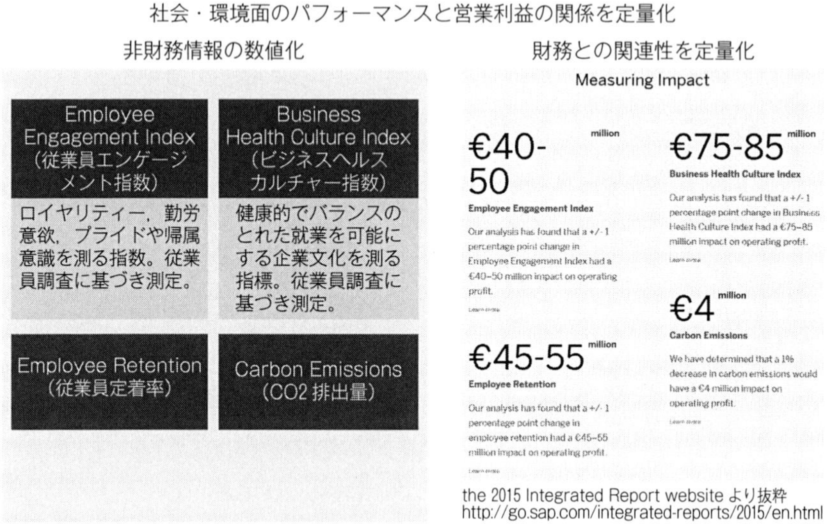

社会・環境面のパフォーマンスと営業利益の関係を定量化

非財務情報の数値化

Employee Engagement Index（従業員エンゲージメント指数）
ロイヤリティー，勤労意欲，プライドや帰属意識を測る指数。従業員調査に基づき測定。

Business Health Culture Index（ビジネスヘルスカルチャー指数）
健康的でバランスのとれた就業を可能にする企業文化を測る指標。従業員調査に基づき測定。

Employee Retention（従業員定着率）

Carbon Emissions（CO2 排出量）

財務との関連性を定量化

Measuring Impact

€40-50 million
Employee Engagement Index
Our analysis has found that a +/- 1 percentage point change in Employee Engagement Index had a €40–50 million impact on operating profit.

€75-85 million
Business Health Culture Index
Our analysis has found that a +/- 1 percentage point change in Business Health Culture Index had a €75–85 million impact on operating profit.

€45-55 million
Employee Retention
Our analysis has found that a +/- 1 percentage point change in employee retention had a €45–55 million impact on operating profit.

€4 million
Carbon Emissions
We have determined that a 1% decrease in carbon emissions would have a €4 million impact on operating profit.

the 2015 Integrated Report website より抜粋
http://go.sap.com/integrated-reports/2015/en.html

（出所）　独SAP社の統合報告書より筆者作成。

この「SAPモデル」におけるESGのS（従業員の価値）の関係性を日本企業で実証した研究としては，大鹿［2013］が人的資源と企業価値の正の関係を証明して，給与水準の引き下げが短期的な収益性改善には寄与するものの，企業価値の改善には結びつかない可能性があることを示唆した。またESGのE（環境問題への取り組み）については，Saka and Oshika［2014］がCO_2排出量の多い企業の企業価値が低いこと，すなわちCO_2排出量と企業価値との間には負の関係が存在することを示している。

このように「SAPモデル」による非財務資本とエクイティ・スプレッドの同期化については日本企業にもあてはまる実証研究が存在する。

第5節 非財務資本を財務資本に転換する高付加価値経営

ガバナンス改革の新時代では，中長期的企業価値の向上や資本効率の改善を上場企業は追求していくだろう。資本主義の要諦は「資本コストを上回るリターンを上げること」であり，グローバル投資家から認められるためには日本企業（個社別にレベルは異なるが平均として）はROE８％以上をめざすべきである。すなわち企業価値創造のためには正のエクイティ・スプレッドを確保する必要がある。こうした市場付加価値理論は継続して行われた世界の投資家サーベイおよび実証データがその頑強なエビデンスを提供している（柳［2013, 2014, 2015, 2016］）。

一方，日本企業の経営者（オペレーショナルな存在）は，定性的な「企業理念」，「人的資本」，「研究開発」，「ESG・CSR」といった非財務資本（見えない価値）を訴求する。定量的な財務資本を求める株主・投資家（ファイナンシャルな存在）の考えとは一見齟齬があり，相容れないようにも見える。しかしながら，企業経営者と長期投資家は長期的・持続的な企業価値の創造という共通のゴールに向けて同じ船に乗っている。実は長期投資家は非財務価値が長期では財務的価値に変換され同期化できることを理解している[32]。

伊藤・関谷［2016］によれば，「インタンジブルズとは外部環境で機会を探究し脅威を緩和するという意味で価値ある資源，現在および潜在的な競争相手があまり保有していない資源，競争相手が簡単に模倣できない資源，こうした資源を戦略的に代替することができない資源」である。

ESGのS（社会）では，エーザイのリンパ系フィラリア症治療薬の無償提供は正のNPVを生み，社会的価値と経済的価値を両立する。SAPの従業員満足度は営業利益と正の相関がある。また，ESGのE（環境）ではSAPのCO_2排出量削減は営業利益増分につながる。ESGのG（IRを含む統治）では，エーザイのガバナンスは10％もの株価プレミアムの評価を生み，複数の先行実証研究は資本コストの低減を証明している。ESGスコア全体が資本コスト低下，あるいは株価の超過リターンに資するというエビデンスもある。非財務資本（知的資本・人的資本）としての特許情報や研究開発の潜在的価値が，遅延してROE向上や株価に正の影響を及ぼすという研究成果も発表されている。また先行研究が，インタンジブルズの１つであるコーポレート・レピュテーションと企業の財務業績に有意な相関があることを実証している（こうした非財務資本と経済的価値の関係性に係る実証研究を深く理解したい読者のために巻末の補論で詳細のエビデンスを解説している）。

すなわち，長期の時間軸では企業経営者の主張する非財務資本は投資家の求める財務資本に遅延して転換され win-win 関係が構築できる蓋然性が高い。言い換えれば，柳［2009］の Intrinsic Value モデル，エーザイの PBR モデル，残余利益（エクイティ・スプレッド）モデルが示唆するように，市場付加価値（MVA）を通じて，長期的なエクイティ・スプレッドと非財務資本は同期化できるのである。これこそが本書の提案する「非財務資本とエクイティ・スプレッドの同期化モデル」による「高付加価値経営」を訴求する概念フレームワークである（**図表１-16**）。「論語（非財務価値や社会貢献）と算盤（ROE やエクイティ・スプレッド）」モデルと言い換えてもよいだろう。これは日本企業が従来重視してきた「会社は社会の公器」，「三方よし」，「人本主義」といった考え方とも相反するものではないはずである[33]。

新しいコーポレートガバナンス改革の時代にあって，日本企業の経営者には，前提としての ROE 経営を超えて（長期的に定量的なグローバルスタンダードを理

［図表１-16］ 非財務資本とエクイティ・スプレッドの同期化モデル

IntrinsicValue モデル
（柳2009）
サステナビリティ価値
（ESG/CSR の価値）
顧客の価値
人の価値
組織の価値
資本コストの低減
マージンの改善

論語と算盤モデル

株主価値
市場付加価値
（MVA）
株主資本簿価（BV）

エーザイの PBR モデル
（アニュアルレポート 2014）
非財務資本
知的資本
製造資本
人的資本
社会・関係資本
自然資本
財務資本
（IIRC のフレームワーク）

オールソンモデル
（Ohlson1995）
株主価値＝BV＋
エクイティ・スプレッドの現在価値の総和（MVA）

$$\sum_{t=1}^{\infty}\left(\frac{\text{当期利益}_t - \text{CoE} \times \text{BV}_{t-1}}{(1+\text{CoE})^t}\right)$$

出典：ROE 革命の財務戦略

残余利益
エクイティ・スプレッド × BV
（ ROE － CoE ）× BV
（株主資本利益率）（株主資本コスト）

SAP の従業員満足度と営業利益の正の相関，エーザイの DEC 錠無償提供と正の NPV，ニッセイ AM の ESG 格付と PBR の正の相関など

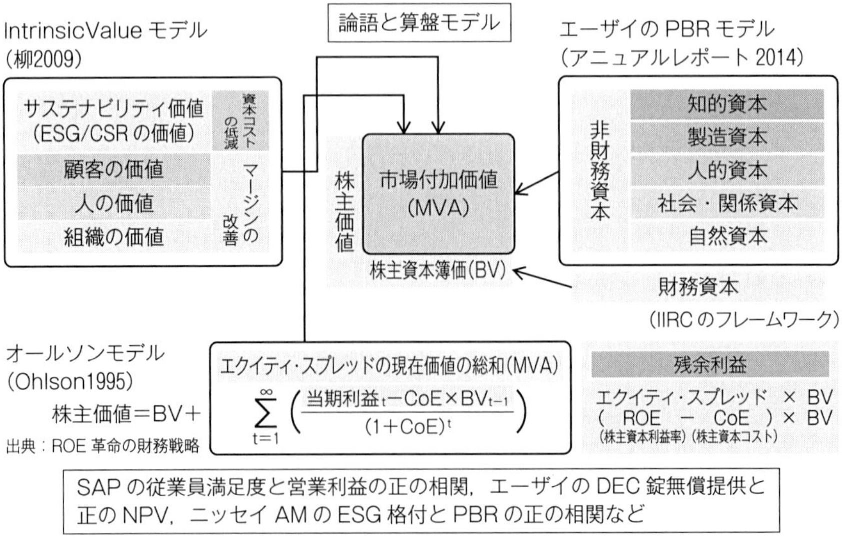

解・訴求した上で），長期投資家と同期化できる「高付加価値経営」を企業理念に基づき堂々と追求していただきたい。本章では主にその概念フレームワーク（ROE 経営と見えない価値）を述べたが，次章からは具体的な「高付加価値経営」のための詳細のケーススタディを紹介していこう。

【注】

1 一義的な，あるいは法的な株式会社の所有者は株主であるが，全てのステークホルダーのために会社は存在することを前提として本章では「非財務価値」と「財務的価値」の同期化モデルを考察する。それは長期の時間軸では共存共栄できるものである。ちなみに，伊藤・関谷［2016］は「企業はいろいろな活動を行って企業価値を創造している。その結果として財務業績が向上する。財務業績や戦略について投資家とコミュニケーションを取ることで，投資家の信頼を得ることができる。また，従業員が満足できるような組織体制や報酬制度を構築することも重要である。経営者のビジョンを実現するために，イノベーションを通じて，効果的かつ効率的な企業経営を行う必要もある。さらに，地域社会との共生を考えて，環境責任や社会貢献を行う必要もある。このような企業活動を通じて，ステークホルダー志向で企業価値を創造するのが企業の目的である。要するに，企業の活動は有形資産とインタンジブルズを結びつけて企業価値を創造すると考えられる」という趣旨を述べている。

2 本書では，定性的な CSR（企業の社会的責任），ESG（環境，社会，統治），インタンジブルズ（オンバランス・オフバランスの無形資産），などの言葉を使用するが，厳密にはそれぞれの定義（狭義）は当然異なる。しかしながら，議論の概念上または便宜上，それらの重複または相違する個々の概念を総称（広義）して，さらにビジネスモデルやイノベーション，企業理念も含めて，見えない価値，「非財務資本（知的資本，人的資本，社会・関係資本，製造資本，自然資本）」としている。そして，基本的に非財務資本は時間をかけて財務資本に転換される蓋然性が高いことを前提として議論している。

3 2005年12月に企業会計基準委員会（ASBJ）は，純資産の部の表示に関する新しい会計基準を発表し，「3つの資本」が混在している。

・「株主資本」は資本金，資本剰余金，利益剰余金，自己株式の合計

・「自己資本（金融庁と東証の決定）」は株主資本に，その他有価証券評価差額金，繰延ヘッジ損益，土地再評価差額金，為替換算調整勘定を加えたもの

・「純資産」は自己資本にさらに新株予約権と少数（非支配）株主持分を加えたもの

つまり，3つの資本（株主資本，自己資本，純資産），3つの ROE（株主資本利益率，自己資本利益率，純資産利益率）が存在することになった。金融庁と東証は ROE 計算の過去からの連続性を保つために ROE を「自己資本利益率」とした。本章ではコーポレートガバナンスから企業価値を語ろうとしているので，計算式は自己資本ベースでも，

あえて「株主資本」という言葉を使うこととする。また，PBRとの計算式の整合性等では，便宜上，“Equity”の概念を広義として3つの資本（株主資本，自己資本，純資産）を同一のものとして本書では記述している。

4　日本経済新聞2016年10月14日「スクランブル　帰らざる長期投資家」(記者：関口慶太）ニッセイアセットマネジメント作成資料参照（**図表1-12**)。

5　調査期間は2015年11月～2016年1月。回答者は国内投資家61名，外国人投資家122名，合計183名（会社数では国内32社，外資系80社で合計112社になる)。所属機関の日本株投資総額は100兆円以上（2016年3月UBS証券推計)。回答者の属性はUBSコア200社の世界の大手機関投資家（年金，運用会社）に所属して，管理職以上の権限のある役員，CIO，ファンドマネジャー，アナリスト等で，筆者またはUBSセールスの面識のある人物。なお，外資系国内拠点は外国人投資家に分類した。投資家の戦略の秘匿性は高く，こうしたグローバルサーベイには希少性がある。ただし，環境変化により投資家意見も変わりうるため，継続的な調査が必要である。筆者は本稿以前から継続的に大規模サーベイを実施しており［柳 2010，2013，2014，2015］，柳［2010，2013］は「伊藤レポート」にも採択されている。近年の傾向に著変なく，本章のサーベイ結果［柳 2016］は一定の頑強性を有する。

6　回答によっては二項分布に基づく信頼区間99％（有意水準1％）における回答のレンジを示しているが，正規分布で近似しても同様の結果が得られる。本項で示唆する統計学的に有意な回答レンジには一定の頑強性がある。

7　「国内投資家と外国人投資家の回答比率は同じ」という帰無仮説についてのP値（P値とは，「もしある事象が偶然におこりうる時，観察された値と同等か，より極端な結果が得られる確率」を指す。一般にP＝0.05を基準とするが，これは「実際には偶然に過ぎないのに，誤って『意味がある』と判断している」可能性が5％以下という意味である。ここでは保守的にP＝0.01を有意水準とした）を各回答で計算した。有意水準1％とするとP値が0.01未満で国内外投資家の意見に有意差があり，0.01以上で有意差がないと判断する。質問1に関するフィッシャー検定（Exact Test）のP値は0.01未満になり，有意水準1％で帰無仮説は棄却されるので国内外の投資家意見には有意差がある。

8　質問2のP値は1.00であり，国内投資家と外国人投資家の回答は同傾向である。

9　質問3のP値は0.83であり，国内外で投資家意見に有意差はない。

10　質問4のP値は0.07であり，国内外で投資家意見に有意差はない。

11　質問5のP値は0.01であり，国内外で意見は相当乖離しているが有意差があるとは言い切れない。

12　質問6のP値は0.20であり，国内外で投資家意見に有意差はない。

13　TSR（Total Shareholder Return）とは，「キャピタルゲインとインカムゲインを合わせた株主の総合リターン（％)」を指す。

14　経済同友会は「資本効率の最適化委員会」を立ち上げて，資本効率の最適化や非財務価値との関係性を研究・議論している（委員長は産業革新機構代表取締役会長CEOで日産自動車取締役副会長の志賀俊之氏)。

15　一橋大学の伊藤邦雄特任教授は「こうしたレバレッジにかこつけたROE批判により

日本株は四半世紀低迷した。こうした主観的な決め付けを続けるならグローバルな資金獲得競争に勝てない。時計の針を戻してはならない（伊藤［2015］）」と感情的なROE反対論に警鐘を鳴らしている。

16　柳［2013，2014，2015，2016］の投資家サーベイが８％を継続的に示唆。

17　『週刊エコノミスト』2016年８月30日号「ROEブームで企業が食い物に　リキャップCB急増の裏側」（編集部：荒木宏香）参照。筆者（柳）のコメントも引用されている（「技巧的な小手先のROE向上策では長期投資家の支持は得られない」）。

18　補論のエクイティ・スプレッドの解説で詳細後述するが，大阪市立大学の石川博行教授は「ROE至上主義に非を唱える主張もあるが，それは，理論モデルである残余利益モデル（RIM）に対する不理解に基づいている」としている（西川他［2016］）。

19　米国管理会計士協会（IMA）の管理会計基準（SMA）「株主価値会計」（IMA 1997）で採択。

20　日本経済新聞2016年８月７日「中外時評　広がるか価値創造企業　資本コストの自覚が先決」（論説副委員長：水野裕司）参照。

21　2012年度に開始された東証の「企業価値向上表彰」の選定基準のKPIの１つになっている。

22　エクイティ・スプレッドは比率で示すが縮小均衡に陥らないためには絶対金額である残余利益（当期利益－株主資本コスト金額）も勘案する。本書では比率と金額を論じる。

23　IIRC（国際統合報告評議会）が2013年に統合報告のフレームワークを公表して注目された。統合報告書は従来のアニュアルレポートと環境社会報告書（CSR報告書）を統合する場合も多いが，単なる両者の合本ではなく，財務資本，製造資本，知的資本，人的資本，社会・関係資本，自然資本の６つの資本とビジネスモデルを用いて，「統合思考」で財務情報と非財務情報を有機的に結び付けながら，「インプット」「アウトプット」「アウトカム」の関係を示して持続的な企業価値向上を説明する情報開示のツールである（IIRC［2013］）。

24　IIRC［2013］の定義する６つの資本の概略は以下のとおり。知的資本（特許や知的財産などの無形資産，ビジネスモデルも含めたイノベーション），人的資本（人材の能力や経験，イノベーションへの意欲），製造資本（製品の生産またはサービス提供に利用される設備），社会・関係資本（社会やさまざまなステークホルダーとの信頼関係，それを構築する仕組み），自然資本（企業活動を支え，企業活動により影響を受ける環境資源とプロセス），財務資本（企業活動を支える財務的基盤，狭義では会計上の純資産）。

25　時価総額には市場のノイズや情報の非対称性が常に存在するために現実には等式は成り立たないが，長期的な時価総額には一定の示唆がある。また，非財務資本（将来財務資本に転換される）と市場付加価値も現実には一致しないものの，関係性があることを示唆する概念フレームワークである。

26　日本経済新聞2016年10月14日「スクランブル　帰らざる長期投資家」（記者：関口慶太）ニッセイアセットマネジメント作成資料。

27　エーザイの統合報告書における「非財務資本とエクイティ・スプレッドの同期化モデル」（**図表１-13**）は専修大学の伊藤和憲教授他により2016年７月の『産業経理』で紹介

されている（伊藤・西原［2016］）。また，この同期化モデルについては2016年12月のICGN/IIRC のロンドンカンファレンスでエーザイ CFO として筆者（柳）がプレゼンテーションを行っている。

28 「コーポレートスチュワードシップ」を再定義すれば，経営者（特に CFO）は「スチュワードシップ理論」に基づいて，株主・投資家の負託に応えるべく「自発的に」企業価値を最大化するモチベーションを持つ。「コーポレートガバナンス」は上位概念としての企業統治であり，社外取締役の導入や取締役会の構成が中心であるが，「コーポレートスチュワードシップ」は自主的に企業価値の最大化をめざした具体的な「財務戦略・資本政策」であり「CFO ポリシー」とも解釈することもできる。

29 日本経済新聞2016年7月26日「市場の力学　選ばれる会社（下）　成長と共生　1つの軸に」（記者：藤原隆人他）参照。

30 大鹿［2008］は ESG の G（ガバナンス）において，株主総会活性化と企業価値の正の関係を証明している。

31 2016年12月の ICGN/IIRC のロンドンカンファレンスにおいて，エーザイ CFO として筆者（柳）は，「エーザイの非財務資本とエクイティ・スプレッドの同期化モデル」と「SAP の従業員指数と営業利益の相関関係」について SAP の CFO と意見交換を行っている。基本的に非財務資本（ESG）を財務資本（企業価値）に転換する本書の高付加価値経営を志向している点で両者は共通の見解である。

32 英国著名年金ハーミーズのポリシー（「ハーミーズ責任投資原則」第2章「上場企業に望むこと」詳細は同社 HP）と基本的に合致している考え方。

【ハーミーズ「上場企業に望むこと」抜粋より筆者抄訳】

- 企業は持続的に資本コストを上回るリターン（正のエクイティ・スプレッド）を生み出すべき
- 企業は長期的な株主価値の最大化も視野に入れて，他のステークホルダーとの関係をマネージすべき
- 企業は長期的なサステナビリティを高める視点から，環境問題や社会的責任を有効にマネージすべき

33 Porter［2011］の主張する CSV（Creating Shared Value）やエーザイの企業理念による「社会的価値と経済的価値を両立する」考え方と合致している。

【参考文献】

伊藤和憲［2014］「管理会計の視点から見た統合報告」『企業会計』66(5)：83-88。

伊藤和憲・関谷浩行［2016］「インタンジブルズと企業価値に関わる理論的モデルの構築」『会計学研究』42：1-32。

伊藤和憲・西原利昭［2016］「エーザイのステークホルダー・エンゲージメント」『産業経理』76(2)：39-51。

伊藤邦雄［2015］「持続的成長を実現する変革シナリオ（記念講演）」『証券アナリストジャー

ナル』53(12)：49-61。
大鹿智基［2008］「情報開示に対する経営者の姿勢と株式市場の反応－株主総会活性化と会計情報有用性－」『証券アナリストジャーナル』46(5)。
大鹿智基［2013］「人的支出と企業価値の関連性－賃下げは企業価値向上をもたらすか－」『早稲田商學』434：289-311。
東京証券取引所［2012］『企業価値向上表彰』。
西川郁生他［2016］『企業価値向上のための財務会計リテラシー』日本経済新聞出版社。
柳良平［2009］『企業価値最大化の財務戦略』同友館。
柳良平［2010］『企業価値を高める管理会計の改善マニュアル』中央経済社。
柳良平［2013］「Equity Spread の開示と対話の提言」『企業会計』65(1)：86-93。
柳良平［2014］「日本版スチュワードシップ・コードと資本効率に係る一考察」『インベスター・リレーションズ』2014(8)：48-62。
柳良平［2015］『ROE 革命の財務戦略』中央経済社。
柳良平［2016］「わが国ガバナンス改革はどう評価されたのか－2016年グローバル投資家サーベイをもとに－」『企業会計』68(6)：120-128。
IIRC［2013］"*The International IR Framework. International Integrated Reporting Council.*"
IMA［1997］"Measuring and Managing Shareholder Value Creation." *Statements of Management Accounting.*
Ohlson, J.A.［2001］"Earnings, book values, and dividends in equity valuation: an empirical perspective." *Contemporary Accounting Research* 18(1)：107-120.
Porter, M.E. and M.R. Kramer.［2011］"Creating Shared Value." *Harvard Business Review* (6)：8-31.
Saka, C. and Oshika, T.［2014］"Disclosure Effects, Carbon Emissions and Corporate Value." Sustainability Accounting, *Management and Policy Journal* 5(1)：22-45.

第2章 オーガニックな成長による高付加価値経営の追究

― TOTOとオリエンタルランドのケース

第1章では，企業理念や研究開発の価値，人的資本に代表される「非財務価値」と，資本効率に依拠する「財務的価値」の共生モデル（非財務資本とエクイティ・スプレッドの同期化モデル）を提示してきた。一般に，中長期的に持続的利益成長を達成するために，過去から社内に蓄積された経営資源を活用することで実現する経営戦略をとる企業とM&Aなどの手段により外部の経営資源を取り込むことで企業成長を実現する経営戦略をとる企業に分けられるだろう。

日本の少子高齢化という人口動態の流れが進み，新興国のような高い経済成長が見込みづらくなる中，内部資源のみで持続的な利益成長を達成することは困難になりつつあると考える。こうした中でも，大型M&Aに依存せずとも，オーガニックな成長で持続的利益成長を成し遂げている企業も存在する。競争優位性のあるビジネスモデル（非財務資本）を確立し，そのビジネスモデルを国内だけではなく，海外に展開することで，海外成長を取り込んでいる企業や，国内で，参入障壁の高いビジネスモデルを構築して，参入障壁を高めている企業などはその例に当てはまるであろう。

また，こうした企業を見ていくと，非財務資本としての研究開発力，サービス創出能力など，事業に直接的に結びつく項目だけではなく，ESG（環境・社会・ガバナンス）への取り組みによる資本コスト低減効果も，持続的に高付加価値経営を支える重要な要因の1つではないかと考えられる。

本章では，第1節で，ESGについて簡単に説明するとともに，補足的に，最近関心が高まりつつあるESG投資について説明する。

第２節では，TOTOとオリエンタルランドの事例を見ていく。取り上げるケースの共通点は，大型M&Aなどの外部資源の活用ではなく，内部資源の活用を主として，持続的利益成長を可能とするビジネスモデルを構築し高付加価値経営を実践してきた点である。その際に，ESGへの取り組みが，「非財務資本」の蓄積に繋がり，オーガニックな成長を支える要因となっている点も見ていきたい。

この２社の事例は，第１章で述べた企業理念や研究開発の価値，人的資本に代表される「非財務価値」と，資本効率に依拠する「財務的価値」の共生モデルをサポートする事例ではないかと考える。

第３節では，高付加価値経営を支える上でも重要と考えられる企業と投資家間の「持続的な利益成長シナリオの共有」と「対話」の重要性について述べていく。こうしたエンゲージメントも「非財務資本」として付加価値に資するだろう。

第１節　ESG情報とESG投資

近年，運用の際に環境・社会・ガバナンス（企業統治）といった情報を考慮した「ESG投資」がグローバルに拡大しつつある。

図表２－１にあるGSIAのレポートによれば，世界のESG運用資産額[1]は2014年初に約21兆ドル，2012年比では，全体で約60％増加しており，全世界の資産運用残高のうち約30％をESG投資が占めている。

地域別にみると，残念ながら，日本はアジアに含まれており，運用資産額として小さい反面，欧州やカナダは高い比率となっている。

第１章でも説明したとおり，2015年９月に，年金積立金管理運用独立行政法人（GPIF）がPRI（Principles for Responsible Investment：責任投資原則）への署名を発表した。PRIとは2006年に当時の国連事務総長であるコフィー・アナン氏が各国金融機関に向けて提唱したイニシアティブであり，機関投資家が資産運用を行う際にESGの視点を持つことが重要であることを示したものである。これを受けて日本でもESG投資に対する関心が高まりつつある。

［図表2－1］　世界のESG運用額（2014年初　地域別）

地　域	ESG運用資産額（10億ドル）	世界のESG運用資産に占める比率（%）	増加率（2012年比　%）	各地域の運用資産に占めるESGの比率（%）
欧州	13,608	63.7	55.4	58.8
米国	6,572	30.8	75.7	17.9
カナダ	945	4.4	60.4	31.3
豪州·ニュージーランド	180	0.8	34.2	16.6
アジア（含む日本）	53	0.2	31.7	0.8
合計	21,358	100.0	61.1	30.2

（出所）Global Sustainable Investment Alliance（2015）"2014 Global Investment Review"より三菱UFJ信託銀行作成。

1　ESG投資の概要

ESG投資とは，財務情報の活用だけではなく，Environment（環境），Social（社会），Governance（ガバナンス）などの非財務情報も考慮しつつ，収益を追求する投資手法のことを指すが，環境（E），社会（S），ガバナンス（G）が実際の企業価値とどのように結びついているか理解しにくい側面がある。ここでは，ESGそれぞれの項目において，簡単な事例をもって説明する。

ガバナンス（G）の情報の活用例を考える。同じ事業内容を持つA社とB社があり，A社は企業のガバナンス（G）が弱く，トップマネジメントに過度に権限が集中しているとする。B社は，企業の意思決定が社外取締役等の第三者から実質的にチェックされた企業とする。この2社があり，長期的にどちらかの企業に投資しなければならないと仮定すると，どちらの企業に投資したいと考えるだろうか？

A社はトップに権限が集中しているため，経営戦略における意思決定が迅速になされることで企業価値にプラスの影響を与え好結果につながる可能性がある。しかし，その逆に，権限が過度に集中することで，企業不祥事が起きることで，社会からの信頼を失墜させ，信頼回復・業績回復に時間を要するリスクも否定できない上，少数株主の利益が毀損される可能性も否定できない。長期的な投資視点でその途中で売買ができないとすると，積極的な投資対象とはなりにくいと見られる。

一方で，ガバナンス（G）が効いているB社は企業不祥事による企業価値が毀損されるリスクはA社に比べて低いと見られ，同じ事業内容を持つ前提であればB社の方が投資対象になりやすいだろう。

次に，社会（S）の情報の活用例を考える。社会（S）の項目は多岐にわたるため，ここでは，従業員の離職率という観点で考える。たとえば，小売業で同じ事業内容を持つC社とD社があり，C社は従業員の離職率が高く，「ブラック企業」という風評が流れている企業，一方で，D社は従業員の離職率が低く，従業員が働きやすいことが評価されている企業と仮定する。

C社のように離職率が高いということは，残業時間が多い，企業風土が良くないなど，従業員が定着しない何らかの理由があると見られ，労働問題の発生リスクも否定できない。一方でD社はそうしたリスクは少なく，人的資源の活用が，持続的な利益成長に繋がる可能性も考えられ，D社により積極的に投資を行いたいと考えるだろう。

最後に環境（E）の情報の活用例を考える。環境では，CO_2排出量の事例で考える。同じ事業内容を持つE社とF社において，E社では，将来的な環境規制の強化に備えて，製造コストが若干高いが環境に配慮した製品を製造販売しているのに対して，F社は，低コストを優先するために環境にまったく配慮しない製品を販売していると仮定する。その場合に，短期的に業績が出るのは，低コストで製造販売を行っているF社だと考えられるが，仮に，地球温暖化の流れで環境規制がさらに強化され，F社の製品がその基準を満たさないとすれば，どうなるかを考えてみる。

F社の売上高は，環境規制に適合しない製品が急激に売れなくなるため，結果として企業価値を大きく毀損することも考えられる。F社が環境規制の強化という潜在的リスクに対して対応しなかったことが要因と考えられる。それに対してE社は環境規制の強化に対しての対応を継続的に行ってきたため，業績変動リスクは小さいと見られ，長期的な投資対象としての適合性が高いと見られる。

これまで，ESG情報を活用した簡単な事例をあげたが，ESG投資が，注目される背景には，ESG情報も含めた非財務情報の重要性が高まっていることも要因にあげられる。

図表2－2に示したとおり，投資家が用いる情報には，決算短信や有価証券

報告書のような財務情報とそれ以外の非財務情報に分けられる。非財務情報には，ESG情報を含め，経営ビジョンやビジネスモデルや経営戦略などの定性的な情報も含まれるが，第1章で述べたように，非財務情報の方が財務情報よりも株価に対する説明力が高いと言われている。

また，マクロ的な観点で見ると，企業活動のグローバル化・ネットワーク化の進展やグローバルでの規制強化・気候変動などのESG問題に関連した事象が原因で，企業業績が大きく変動する頻度が上昇したことも，非財務情報の重要性を高めている要因と考える。

［図表2－2］　財務情報と非財務情報

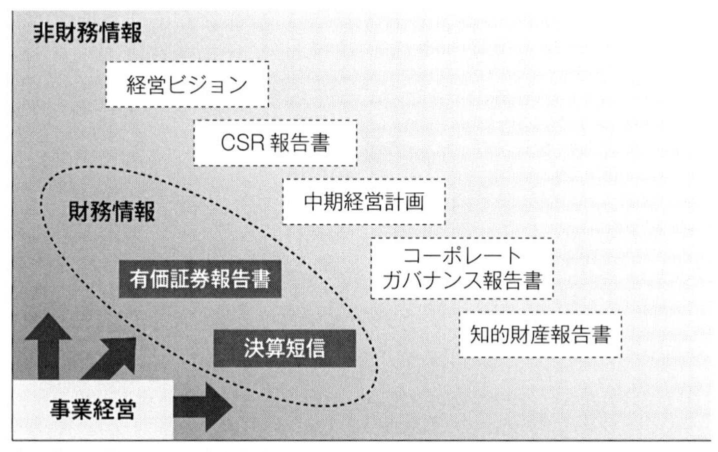

（出所）　三菱UFJ信託銀行作成。

2　ESG投資の分類

ESG情報と企業価値の関係について簡単な事例を通じて見てきたが，ここでは，ESG投資の分類について説明する。

ESG投資の手法の分類には，画一的な分類方法がなく，分類する主体により分類方法がさまざまである。**図表2－3**では，GSI Reviewで分類された7つの分類を用いているが，同時に複数の投資手法を併用する運用があるため，各投資運用資産額の単純合計が全体の合計にならないことに留意していただきたい。このため，細かい数値の大小が問題ではなく，大まかなトレンドとして見ていただきたい。

［図表２－３］　アプローチ別 ESG 運用資産残高（2014年初　投資手法別）

投資手法	運用資産額（10億ドル）	全体に占める比率（%）	増加率（2012年比　%）
ネガティブスクリーニング	14,390	67.4	73.8
ESG インテグレーション	12,854	60.2	116.6
エンゲージメントと議決権行使	7,045	33.0	53.5
国際規範スクリーニング	5,534	25.9	82.2
ポジティブ・スクリーニング	992	4.6	－0.7
サステナビリティに関するテーマ型投資	166	0.8	136.2
インパクト/コミュニティ投資	109	0.5	26.1
合計	21,358	100.0	61.1

（出所） Global Sustainable Investment Alliance（2015）“2014 Global Investment Review”より三菱UFJ 信託銀行作成。

代表的な手法について説明をする。古くからある手法として，「ネガティブスクリーニング」という手法がある。「ネガティブスクリーニング」は，ESG 観点で問題があると思われる企業や業種を投資対象から除外する方法で，**図表２－３**に示すように，世界の ESG 投資全体に占める割合が高い手法の１つである。具体的には，武器・タバコ・ギャンブルなど，社会に悪影響を及ぼす可能性がある業種を排除する手法が一般的であるが，最近では，海外のファンドで，気候変動に対する取り組みがなされていない石炭関連企業を投資リストから除外するという事例も見られている。

次に紹介する手法としては，「ポジティブスクリーニング」である。**図表２－４**で示すとおり，この手法は，「ネガティブスクリーニング」とは逆の考え方で，ESG 評価の高い企業に対して積極的に投資を行う手法である。「ポジティブスクリーニング」の中には，環境（E）への取り組みに優れた企業に投資するエコファンドやガバナンス（G）にフォーカスしたガバナンスファンドなどのテーマ投資などを含む分類方法もある。

続いて紹介する手法は，「ESG インテグレーション」である。「ESG インテグレーション」は，ESG 投資の中で残高も大きく，伸び率が高い手法であるが，財務指標分析などをベースに，ESG 情報分析を投資判断に組み入れる手法である。この「ESG インテグレーション」が普及しつつある背景には，伝統的

［図表2-4］　ポジティブスクリーニングとネガティブスクリーニング

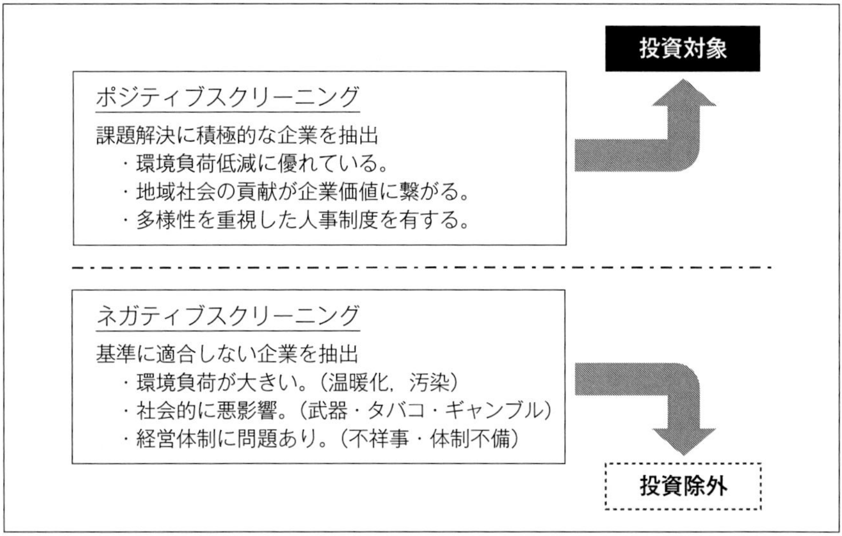

（出所）　三菱 UFJ 信託銀行作成。

な投資手法に ESG 情報を勘案する手法であるため，運用機関も取り組みやすいという利点があると見られる。

それ以外の手法についても簡単に見ていこう。「国際規範スクリーニング」という手法は，基本的に国際規範に準拠している企業を投資対象とする考え方である。国際規範の最も一般的なものは，人権・労働・環境・腐敗防止４分野における10の原則を定めた「国連グローバルコンパクト」や，多国籍企業に対する政府の勧告である「OECD 多国籍企業ガイドライン」などがあげられよう。

最後に，「エンゲージメントと議決権行使」というのは，企業との直接対話や株主提案，議決権行使を通じて，特定の ESG 課題について企業に変化を促す手法である。

ここで紹介した ESG 投資とリターンの関係は，まだ期間が短いため，必ずしも明確な結論は出ていないが，ESG 問題に対して適切な対応をしている企業への投資は，中長期的に持続的な利益成長の確度が高くリターン向上に寄与するという考え方は，感覚的には理解しやすいと考える。

（補論で，ESG とリターンの関係についての実証研究を紹介する。）

3　ESG 情報のアクティブ運用での活用例

運用機関により，銘柄選択の方法はさまざまな基準でなされ多岐にわたると考えられるが，ここでは，「ネガティブスクリーニング」の考え方とポジティブな要素の活用例について説明する。

図表 2－5 には，「ネガティブスクリーニング」を行う際に用いる評価項目の例を掲載した。ESG 情報を活用する投資家は，ESG に関する評価項目に関するデータを収集して，独自の基準を持ち，企業ごとの経年変化，同業種内などの比較を通じて，なんらかのスコアリングやレーティングを付与して，投資先企業の評価を行っていると見られる。その結果として，一定の基準に達しない場合は，投資リストからの除外候補となる場合もあれば，投資ウェイトの引き下げなどの判断に繋がることが考えられる。

[図表 2－5]　ESG に関する評価項目の例

分類	項　目
環境	売上高比 GHG 排出量変動
	売上高比水消費量変動
	売上高比廃棄物排出量変動
社会	従業員総数
	女性役員数
	サプライチェーン社会的リスク管理
ガバナンス	社外取締役比率
	後継体制
	役員に対する業績連動報酬

（出所）　三菱 UFJ 信託銀行作成。

このようなプロセスを採用する理由は，投資先企業の持つ潜在的なビジネスリスクを可能な限り把握することで，投資先企業の中長期的な企業価値毀損リスクの低減を図ることが目的であると考えられる。

このプロセスで，投資先企業の評価項目が低下した場合や変化が見られない場合は，企業との「対話」を通じて，その企業が持つ ESG に関する諸問題を共有し，改善を促すことが考えられる。しかし，一定の期間経過後も，問題が解消しない場合は，投資リストから外れることも考えられる。

「ネガティブスクリーニング」での活用以外にも，アナリストの通常の企業調査活動において，ポジティブな側面でESG情報を活用していることも少なくない。たとえば，ある企業のマネジメントが優れており，過去の中期経営計画をすべてクリアするなど，有言実行の経営をしてきたと仮定する。

この企業のマネジメントに対して，株式市場は，この企業の経営力が優れているので，多少のファンダメンタルズ的に困難な局面があっても，この経営者なら克服してくれるだろうとの期待から，同業他社比での株価評価においてプレミアムが付与されることがあり得よう。言い換えると，経営力の強さという非財務資本が，資本コストの低減を通じて企業価値に反映されているという見方もできるだろう。

違った事例を考える。たとえば，環境に配慮した製品開発力に競争優位がある企業を考えてみる。こうした企業は，今後のグローバルでの環境規制強化の流れの中では他社比で優位に立て，中長期にわたり業界平均を超えた売上高増加（数量増加）が期待できると考えられる。また，環境に配慮した製品を開発していることが顧客に浸透することで，顧客からのブランドロイヤリティを向上させることができ，価格競争に巻き込まれず安定した収益を出すことが可能になると予想される。環境規制強化をビジネスチャンスとして捉えることで，持続的な利益成長が可能な企業として評価されよう。

第2節　ケース紹介 ― TOTOとオリエンタルランドの事例

今回取り上げるケースの共通点は，両社ともに，M&Aなどの外部資源の活用ではなく，内部資源の活用を主として，持続的利益成長を可能とするビジネスモデルを構築し高付加価値経営を実践してきた点である。その際に，非財務資本を活用することで，持続的な成長を加速してきた事例として取り上げる。

TOTOは，国内衛生陶器・温水洗浄便座市場でのシェア1位を持つ企業であり，1917年創業の古い企業である。2009年7月に，創業100周年を迎える2017年までの「TOTO Vプラン2017」を発表した。

国内企業の中でも，中期経営計画や長期経営計画を開示する企業は少なくないが，マクロ環境，事業環境の変化の速さの中で，中期経営計画，長期経営計画期間中に，数値目標との乖離が大きくなり実質有名無実になるケースが少なくない。中期経営計画は，投資家を含めた外部ステークホルダーに対するメッセージだけではなく，従業員に対する経営からのメッセージという側面もあるため，強気の目標数値になるバイアスがかかりやすいと考えられるが，TOTOは，こうした企業が多い中，2009年７月に発表した数値目標を2014年５月に４か年の中期経営計画を公表する際に上方修正した。

オリエンタルランドは，「東京ディズニーランド」，「東京ディズニーシー」に代表されるテーマパークの先駆者であるが，日本のデフレ環境下，来園者の満足度を高めながら，持続的利益成長を可能としている企業の一社である。オリエンタルランドも，TOTO 同様に，ビジネスモデルの優位性に加えて非財務資本を蓄積し，企業価値に結びつけている事例として取り上げる。

また，この２社を事例として選んだ理由として，両社ともに，過年度を含めたコーポレートレポート，アニュアルレポート等の内容，ホームページでの情報開示が充実している点も挙げられる。

1　TOTO のケース

（1）　企業概要

TOTO は森村組傘下の日本陶器合名会社（1904年設立，実用陶磁器の製造，輸出を担う）の１部門として衛生陶器の製造研究を1912年に開始，同製陶研究所を分離独立させる形で，創業者である大倉和親氏が，1917年に東洋陶器株式会社として設立した。当初は，硬質陶器輸出が主たる収益源であった。その後，関東大震災により，都市部の衛生設備普及率が上昇したこと等により，衛生陶器事業が拡大した。製品としては，1914年に国産初の腰掛式水洗便器を開発した。

昭和に入り，日本各地で上下水道設備が普及し始めたため，TOTO も1937年に茅ヶ崎工場を建設した。戦後になり，復興需要と共に普及が進んだ。1946年に水栓金具の製造を開始，1980年には，その後の日本人の生活様式を一変させた温水洗浄便座「ウォシュレット」を発売した。

TOTO の海外展開としては，積極的に対応して，1977年に初の合弁会社「P. T. SURYA TOTO INDONESIA」を皮切りに，香港（1984年），タイ（1986年），台湾（1987年），中国（1994年），米国（1996年），ベトナム（2002年）など相次いで，現地法人および合弁会社を設立している。

(2)　ビジネスモデル

TOTOのビジネスモデルは，TOTOが日本で100年にわたり培ってきた技術力・開発力・生産技術などを活用した製品を販売することで世界中の顧客に新しい生活価値を提供し続けることが根幹にあると見られる。より端的に言えば，TOTOのイノベーションは，「ウォシュレット」の開発・販売を含めて，「日本のトイレ文化」や生活様式を変革させ，この良さを海外に伝播させてきたことにあると考えられる。

TOTOの高付加価値経営を支えてきたビジネスモデルの強みは下記のような要因によりもたらされていると考える。

①　国内住設事業のリモデル事業を支える基盤
②　国内住設事業の収益性改善
③　海外住設事業の展開力の強さ
④　国内住設事業，海外住設事業を支える技術力の高さ

この4点について見ていきたいと思う。

①　国内住設事業のリモデル事業を支える基盤

少子高齢化の中で，衛生陶器の新規需要が低迷すると予想される中，バブル経済崩壊後の1993年に，新築需要に依存する経営体質からの転換をめざして，リモデル事業を柱とするべく，「リモデル宣言」を社内外に発表した。そして，20年以上にわたり，安定成長が見込まれるリモデル事業の基盤強化を開始した。

TOTOを含めた住宅設備メーカーの場合，住宅の新規住宅着工件数の変化が，業績に大きく影響を与えると考えられるが，TOTOの場合は，新規住宅着工件数が長期にわたり，少子高齢化の影響で先細ることを見越し，業界に先立ち新規住宅着工に大きく依存しないリモデル事業の展開を掲げてきた。

具体的には，TOTOは郊外型のショールームを全国的に展開して，顧客に足を運んで製品を実際に見てもらい，リフォーム時に，工事店・代理店経由でTOTO製品を選んでもらうというビジネスモデルである。新築と異なり，現場の条件や顧客の要望も異なるため，施工技術，プランニング能力だけでなく，顧客とのコミュニケーション能力が必要とされる。地域密着の工事店5,000店以上のネットワークから構成される「TOTOリモデルクラブ」を早期から立

ち上げ，リモデル提案の場として「ショールーム」を拡充させてきた。

さらに，2002年に住宅に必要なトップメーカーである大建工業，YKK AP と共に３社でそれぞれの強みを活かした TDY アライアンスを結成したことも顧客基盤を強めている要因と見られる。

図表２－６は，国内住設事業における新築事業，リモデル事業の売上高と国内住設事業に占めるリモデル比率の推移を示したものである。リモデル比率は，2000年代半ばこそ，それほど高くなかったが，2000年代後半には，新築事業の売上高が落ち込んだこともあるが，リモデル比率が高位を維持するようになり，国内住設事業の柱として位置づけられている。

［図表２－６］　TOTO の国内リモデル売上高比率の推移

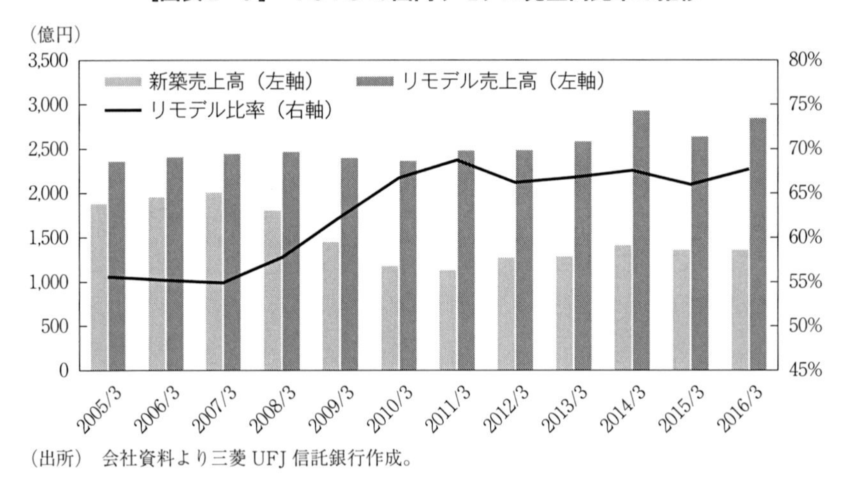

（出所）　会社資料より三菱 UFJ 信託銀行作成。

②　国内住設事業の収益性改善

TOTO は2009年７月に長期経営計画「TOTO V プラン2017」（**図表２－７**；2014年５月改訂）を策定した。この長期経営計画では，2010年３月期は営業利益が66億円に留まる状態であったこともあり，最初の２年間は基盤整備に取り組んだ。

国内住設事業は，①で述べたリモデル戦略の加速に加えて，コスト構造改革を進め，持続的に利益が出せる事業体質の構築をめざした。海外住設事業は成長期待が高いが，国内住設事業の売上高比率が大きく，連結経営を考える上では，国内住設事業の収益性改善は不可欠と位置づけられたと見られる。

［図表2－7］「TOTO Vプラン2017」（2014年5月改訂）

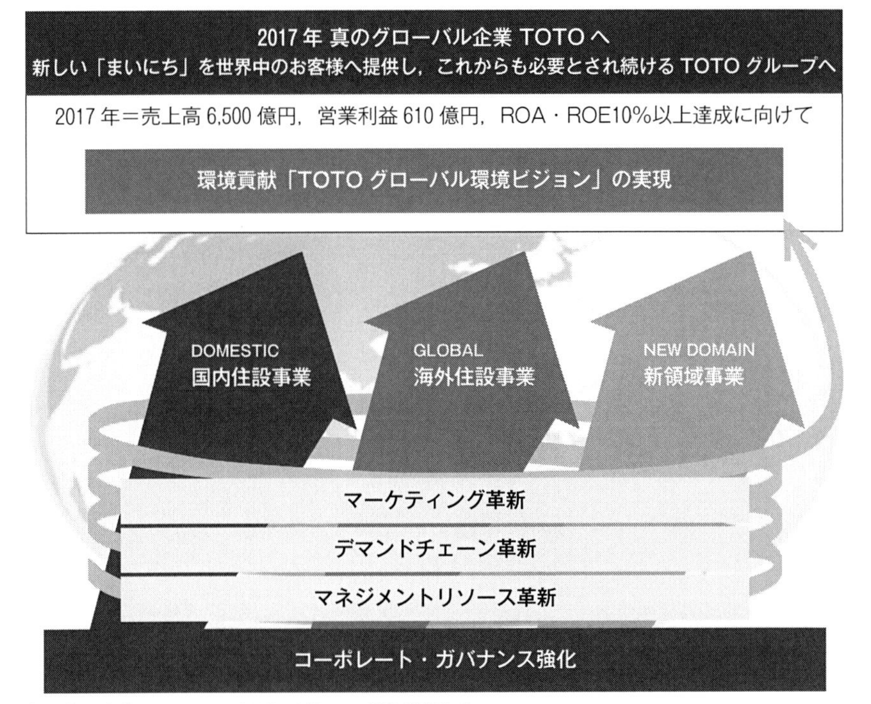

（出所）　会社ホームページより三菱UFJ信託銀行作成。

こうした中で，コスト構造改革に取り組んだ結果，**図表2－8**で示したとおり，6年間累計で219億円ものコストリダクション効果が出ている。TOTOの営業利益の水準を考えると，コストリダクションの効果は大きく，**図表2－9**で示したように，国内住設事業の営業利益率の改善に大きく寄与していると見られる。

③　海外住設事業の展開力の強さ

図表2－10は，TOTOの海外各国のマーケティングステージを示したものである。TOTOは，マーケティングステージを三段階に分け，各国・各地域の文化，生活習慣などを勘案した上で，時間をかけて地域最適商品を現地で開発，生産する体制を構築していく。その上で，それぞれの地域でブランド価値を構築しながら，販売戦略を遂行する点が強みに繋がっていると見られる。

［図表２－８］　国内住設事業のコストリダクション効果

（億円）

コストリダクション 219 億円（実績計）

	2011/3	2012/3	2013/3	2014/3	2015/3	2016/3
コストリダクション	28	37	45	38	33	38

（出所）　会社資料より三菱 UFJ 信託銀行作成。

［図表２－９］　国内住設事業の売上高・営業利益率の推移

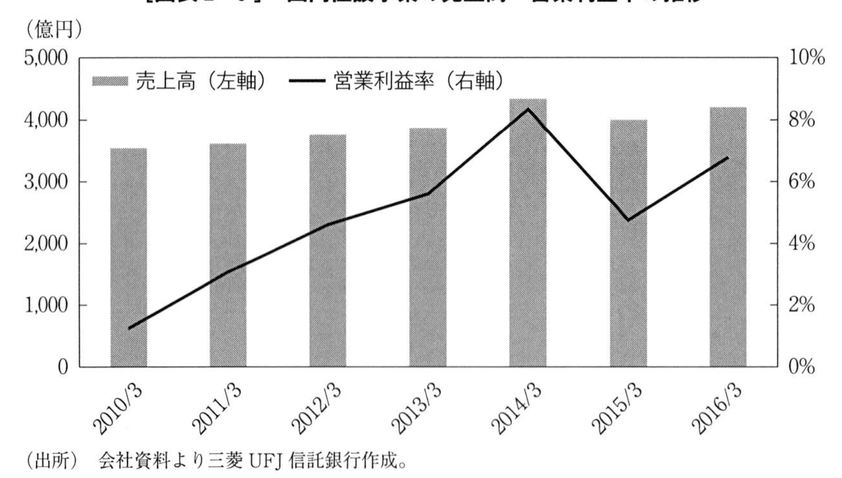

（出所）　会社資料より三菱 UFJ 信託銀行作成。

たとえば，中国は1979年に初の商品納入以降，時間をかけながら一貫してハイエンドでの市場でマーケティング展開を行った結果，現在では海外売上高のほぼ半分を占めるに至っている。

こうした取り組みの結果として，**図表２－11**で示したとおり，TOTOの海外売上高は，高い伸び率を示している上に，営業利益率も改善基調にあり，本格

[図表2-10]　TOTOの海外各国のマーケティングステージ

1st STAGE	2nd STAGE	3rd STAGE
ブランド認知	市場浸透	高級ブランド確立
著名現場へのアプローチ	販売網の強化	接点の強化
ホテルや空港など著名現場への商品納入による，商品ブランドと接触機会創造	代理店や代理店ショールームの整備	フラッグシップショールームを通して，商品セミナーやプレゼンテーションなどを実施
インド　ミャンマー　欧州	ベトナム　タイ	中国　米国　台湾

（出所）　会社資料より三菱UFJ信託銀行作成。

[図表2-11]　海外売上高と営業利益率の推移

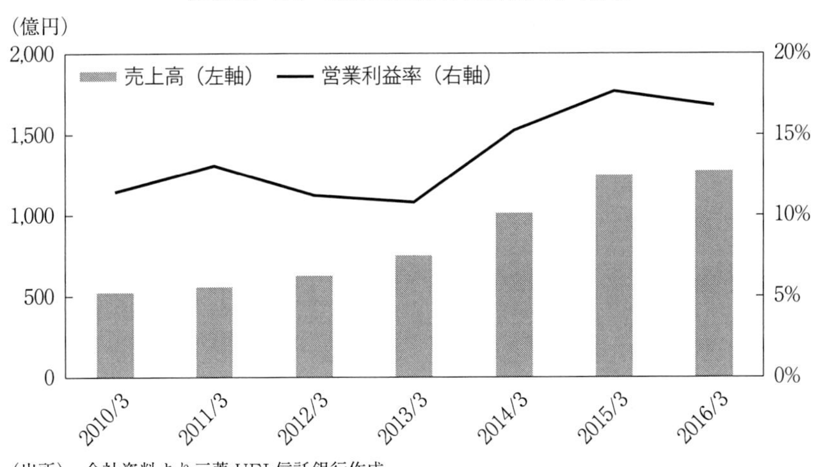

（出所）　会社資料より三菱UFJ信託銀行作成。

的な成長段階に移行していると見られる。

ここまで，主力事業である国内住設事業と海外住設事業を中心に述べてきたが，連結全体で見てみると，**図表2-12**で示すように，営業利益率は「TOTO Vプラン2017」が出される前の2009年3月期がボトムであり，ここから，国内の収益性改善と海外売上高比率上昇を通じて，営業利益率の改善が見てとれるであろう。

［図表２-12］　TOTOの海外売上高比率と営業利益率の推移

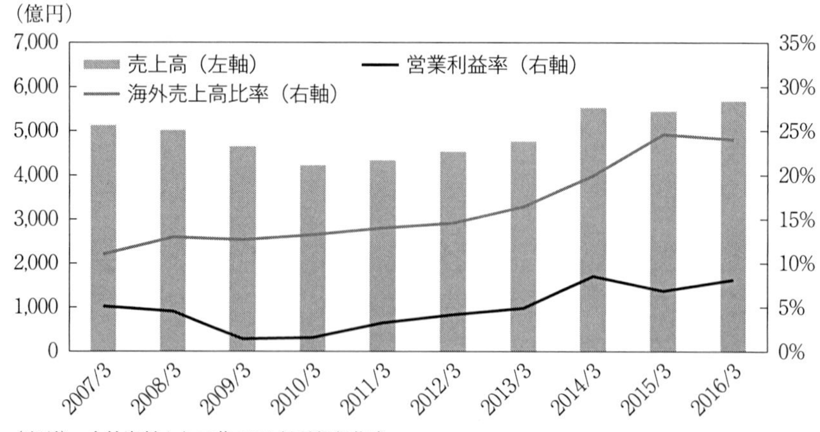

（出所）　会社資料より三菱UFJ信託銀行作成。

④　国内住設事業・海外住設事業を支える技術力の強さ

TOTOの高い技術力の１つに，節水技術があげられる。TOTOの持つ節水技術は，時間とともに着実に進化していると見られる。これを表したのが，**図表２-13**である。**図表２-13**は大便器における節水機能を見たものであるが，1976年には，13L必要であった水量が，現在では3.8Lの水量で汚物を確実に排出・搬送できる技術に進化してきていることを表している。

ここでは，節水技術を支えるものとして２つの技術を紹介する。

◆トルネード洗浄……渦を巻くようなトルネード水流が，少ない水を有効に使って，しつこい汚れも効率よく洗浄，便器ボウル面をまんべんなく，しっかり洗うことができる技術

◆セフィオンテクト……陶器表面の凹凸を100万分の１mmのナノレベルでツルツルにすることで，汚れが着きにくく，落ちやすくする独自の技術。

こうした技術に加えて，「ウォシュレット」では，「きれい除菌水」で汚れのもとをしっかり除去することに加え，センサー等を活用した瞬間暖房便座で，使用する時だけ便座を温める技術なども採用している。

TOTOの技術力の高さを表す製品として，温水洗浄便座「ウォシュレット」について言及する。「ウォシュレット」は1980年発売以降，グローバルで拡大し，全世界合計販売台数（2015年７月現在）は4,000万台を突破している。日本においては，温水洗浄便座の一般世帯の普及率は2016年３月に81.2％となり，トイ

［図表2-13］　TOTOの大便器　節水機能の進化（日本）

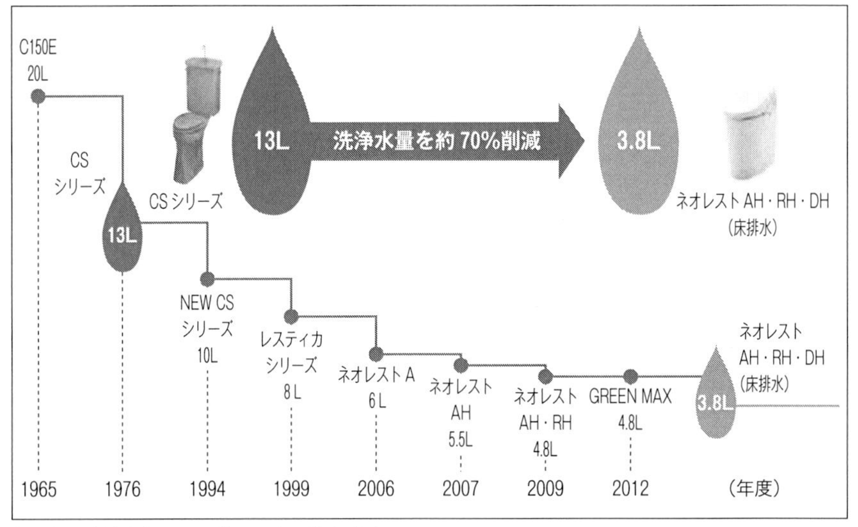

（出所）　会社資料より三菱UFJ信託銀行作成。

レが水洗化された一般家庭にほぼ普及したと推測される。この背景には，「ウォシュレット」が，清潔さ・快適さを追求した日本人に受け入れられた結果とも見られ，日本のトイレ文化を大きく変えたと言っても過言ではない。「ウォシュレット」は海外でも拡大基調であり，日本のトイレ文化が海外に伝播されつつあると見られる。

技術力の補足になるが，TOTOのホームページ（**図表2-14**）に，衛生陶器の製造方法に関する記載がある。衛生陶器は「調製⇒成形⇒施釉（せゆう）⇒焼成⇒検査」というプロセスで製造される。このプロセスには，熟練工のノウハウが蓄積されていると推測され，ノウハウの蓄積，組織的共有が工場歩留まり率にも好影響を与えていると考えられる。

こうした過去から蓄積された技術力に加えて，画期的な製品の開発力が競合会社に対する優位性の源泉であると考えられる。

（3）　非財務資本の蓄積

非財務資本にはさまざまな要素があるが，ここでは，TOTOの環境に対する取り組みと人材に関わる点を見ていきたい。

節水技術の高さは，前項で説明したが，この技術力の高さが，グローバルで

［図表２-14］　衛生陶器ができるまで ── TOTO ホームページより

⑴　調製

陶石，粘土，長石など，20種類以上もの天然素材の原料を組み合わせる調製工程。一つひとつ性質が異なる素材のバランスをしっかりと保ち，常に品質の安定した素地をつくるための「良品と均質」の最上流工程です。

⑵　成形

衛生陶器は形状が大きく複雑なため重力の影響を受けやすく，部位ごとの収縮率がまちまちです。そのため，乾燥の過程で変形することを見込んで成形しなくてはなりません。この工程には，長年受け継がれた熟練の技が息づいているのです。

⑶　施釉（せゆう）

衛生陶器の多彩なカラーバリエーションや外観の美しさは，複雑な立体物にいかに均一に釉薬を吹き付けるかの施釉技術にかかります。熟練を要する施釉技術をプログラミングし，ロボットの手を使って量産生産にも対応しています。

⑷　焼成

施釉された陶器はトロリー（台車）に載せられ，約24時間かけてトンネル窯の中をゆっくりと進んでいきます。

トンネル窯内の温度管理はもとより，トロリー（台車）へどのように積み込むかも熟練のノウハウが必要です。トンネルの中でゆっくりと熱を冷ますと，焼き上がりです。

⑸　検査

焼きあがった陶器を木製のハンマーで叩き，陶器内部にヒビが入っていないかを音で聞き分けるなど，厳しい検査項目をチェックしていきます。

金属やプラスチックとは異なり，陶器は品質のコントロールが難しいため，知識と経験をもつ認定検査員による全数検査を行っています。「良品と均質」の最終チェック関門をクリアした商品だけが出荷されるのです。

（出所）　会社ホームページより三菱 UFJ 信託銀行作成。

のエリア別の洗浄水量規制に対応できる水準を維持するなど，環境に対する配慮を含めた非財務資本の蓄積に大きくつながっていると考えられる。2014年には「TOTO グローバル環境ビジョン」を策定し，2017年度までの目標「グローバル環境目標」を設定している。水に大きく関わった企業として「水資源の保全」を軸に６つのテーマそれぞれでめざす目標を明確に定め，取り組んでいる点も将来的な非財務資本の蓄積に繋がっていると見られる。

人的資本についても，TOTO コーポレートビューによると，「TOTO グループは，人間尊重の精神に則り，創造力豊かな自立した人材を継続的に輩出し，社員満足の向上とお客様の生活文化の創造に貢献していきます」，また，「TOTO グループでは，TOTO グループで働くすべての人々を『次世代を築く貴重な財産』と考え，『人財』と表記しています」との記載がある。まさしく，従業員を大切にし，将来の企業価値向上に活かしていこうとする考えの表れであると見られる。具体的には，ダイバーシティ推進，女性の活躍推進，障がい者の雇用推進，人材のグローバル化，ワークライフバランス，安全衛生などの項目に積極的に取り組んでいる。

図表２-15には正社員の離職率の推移を示した。これを見ると離職率が継続的に低水準に留まっており，従業員満足度の高い企業であることが窺えよう。こうした「人財」が，非財務資本として企業価値を支えていると考えられる。

[図表２-15]　TOTOの正社員離職率の推移

	2010年度末	2011年度末	2012年度末	2013年度末	2014年度末	2015年度末
離職率	1.0%	1.2%	1.2%	1.1%	0.8%	0.8%

※TOTO株式会社の正社員
（出所）　会社資料より三菱UFJ信託銀行作成。

（４）　企業価値の推移

図表２-16はTOTOの過去10年の業績推移を表したものである。2009年７月に，長期経営計画「TOTO Vプラン2017」を策定したが，数値目標に対して，株式市場では，楽観的な数値目標と捉える向きが多かった。当時の証券会社のセルサイドアナリストの中には，国内事業のリストラクチャリングによる短期的な収益性改善を期待するようなレポートも散見された。

この当時，株式市場での評価が上がらなかった理由としては，海外事業の成長期待はあるものの国内事業のリモデル事業は会社想定ほど進まず，長期経営

[図表２-16]　TOTOの業績推移

	2007/3期	2008/3期	2009/3期	2010/3期	2011/3期	2012/3期	2013/3期	2014/3期	2015/3期	2016/3期
売上高	5,122	5,011	4,645	4,219	4,336	4,527	4,763	5,534	5,445	5,679
営業利益	262	227	66	66	140	188	234	472	374	461
営業利益率	5.1%	4.5%	1.4%	1.6%	3.2%	4.1%	4.9%	8.5%	6.9%	8.1%
ROA	5.6%	4.9%	1.6%	1.7%	3.7%	5.0%	6.0%	10.7%	7.5%	8.8%
ROE	6.0%	5.8%	−12.9%	0.5%	2.8%	5.2%	8.8%	19.4%	10.0%	13.1%

※ROAは営業利益ベース，ROEは純利益ベース
（出所）　会社資料より三菱UFJ信託銀行作成。

計画は未達に終わるだろうという見方が形成されていたと考えられる。企業の「持続的利益成長シナリオ」が投資家と共有できなかった状態であったと考えられる。企業と投資家の「持続的利益成長シナリオ」の共有の重要性は第3節で説明する。

その後，国内事業の収益性が改善し，海外事業も中国を中心に成長が加速するにつれて，業績も好調に推移した。2014年5月に，2014～2017中期経営計画を発表したが，この際に，2009年7月に発表した2017年度の数値目標（売上高6,000億円，営業利益480億円，ROA 10%（営業利益ベース））を売上高6,500億円，営業利益610億円，ROA・ROE 10%以上に上方修正した。国内株式市場が堅調に推移したこともあるが，持続的な利益成長の確信度が上昇したと見られ，時価総額は**図表2-17**で示すとおり拡大した。

［図表2-17］　TOTOの時価総額の推移

（出所） Bloombergより三菱UFJ信託銀行作成。

図表2-18のPBR推移をみると，国内住設事業が低迷していた2009年3月期は，国内株式市場の環境も悪く，一時的にPBRが1を割りこむ局面はあったが，その後は一貫してPBR1倍を超えた水準を維持している。ROE水準も2009年3月期はマイナスとなったが，2016年3月期はROE13.1%と高水準になっている。長期経営計画「TOTO Vプラン2017」を契機とした収益性の改善や海外住設事業の成長という要因はあろうが，それらを支える非財務資本の蓄積が

[図表2-18]　TOTOのPBR推移

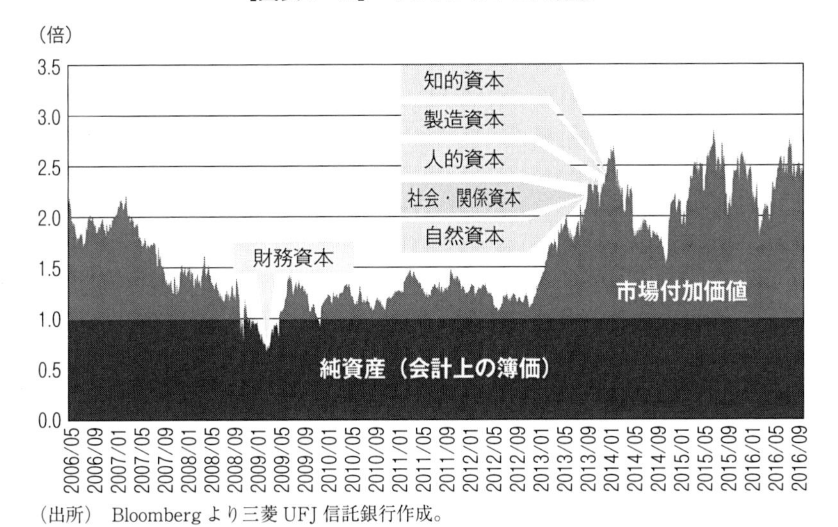

（出所）　Bloombergより三菱UFJ信託銀行作成。

あってこそ高付加価値を維持していると考えられる。

TOTOの事例は第1章で提案した「非財務資本とエクイティ・スプレッドの同期化モデル」といえよう。

2　オリエンタルランドのケース

(1)　企業概要

オリエンタルランドは1960年に千葉県浦安沖の海面の埋め立てを行い，事業展開をする目的で設立された。1964年から浦安沖海面埋立造成工事を開始した。1979年には，米国ウォルト・ディズニー・プロダクションズ（現，ディズニー・エンタープライゼズ・インク）との間にテーマパーク「東京ディズニーランド」のライセンス，設計，建設および運営に関する業務提携の契約を締結した。1980年に東京ディズニーランドの建設に着工。1983年に開園した。2001年には東京ディズニーシーを開園し，2パーク体制へ移行した。

事業構成は，**図表2-19**にあるようにテーマパーク事業が売上高，営業利益の80%以上を占め，それ以外はホテル事業やその他事業で構成される。

[図表２-19]　オリエンタルランドの2015年度実績と事業構成

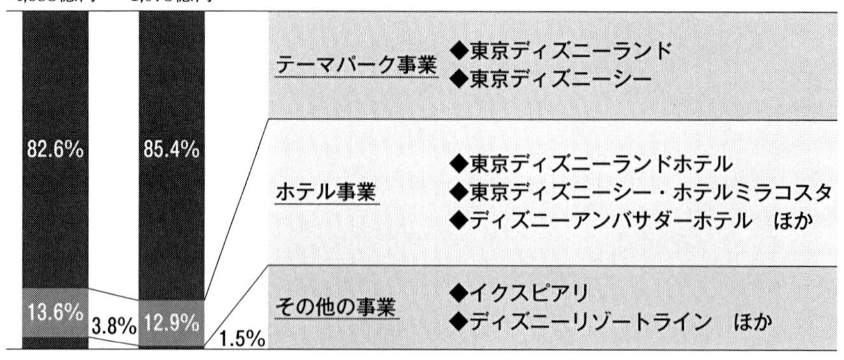

（出所）　会社ホームページより三菱 UFJ 信託銀行作成。

（２）　ビジネスモデル

オリエンタルランドのアニュアルレポートによれば，「『ゲストの皆さまにハピネスを提供し続けること』。これこそが，私たちにとっての企業価値であるという考えのもと，これまでパークを進化させゲストの皆さまにハピネスを届けてきました。今後もコア事業や新規事業を通じて，より多くのハピネスを届けることができると信じ，その実現に向けてハード・ソフト面に対する，より大規模な投資を実行していきます」とある。この部分に，経営理念とビジネスモデルの考え方が集約されていると考える。

大規模な投資をすることで，より魅力的なアトラクションを建設し，集客・単価上昇をすることで，東京ディズニーリゾートの価値向上とキャッシュフロー増加を継続的に行い，企業価値向上に繋げていくビジネスモデルである。長期にわたり築き上げられたビジネスモデルを支える競争優位性は，下記に述べる要因に起因するのではないかと考える。

●**立地条件としての優位性**　まず，抜群の立地条件が挙げられる。半径50km に約3,000万人が居住しており，東京駅から電車で約15分，羽田空港から直行バスで約30分，成田空港から直行バスで約60分の立地条件は抜群のロケーションと考えられる。日本の人口動態では，日本全体の人口は今後，減少トレンドが継続することが予想されるが，首都圏人口は安定的に推移すると見られている。**図表2-20**で示すように地域別来園者比率において関東比率が高い点は有利と見られる。外国人観光客の増加も，空港からのアクセスの近さが少なからずプラスになると見られよう。一方で，このような良好な立地条件で，他社が同様の施設を建設することは困難で，参入障壁になると考えられる。

●コンテンツの優位性　圧倒的なブランド力を持つディズニー・エンタープライゼズ・インクとのライセンス契約の存在である。この提携により，強力なキャラクターの獲得ができたことは大きいと見られる。一方で，ディズニー・エンタープライゼズ・インクとの資本関係・人的関係はなく，経営の独立性が担保されている。米ウォルト・ディズニー社の資本が入っていないことの意味合いは大きいと考えられ，東京ディズニーリゾートの運営および事業展開にあたり，日本人の嗜好をより意識することができた結果，ローカリゼーションが成功している要因ではないかと考える。加えて，魅力のあるアトラクションを継続的に開発できる能力の高さも高付加価値を支える重要な非財務資源であると考える。

●運営力の優位性　立地条件が素晴らしく，コンテンツに優位性があっても，運営力が低ければ，一時的には来園者が増加しても，継続的な来園者数の増加には繋がらないと考えられる。キャストのホスピタリティの高さこそが，運営力の優位性に繋がっていると見られる。それを支えるのが，

[図表2-20]　地域別来園者比率の推移

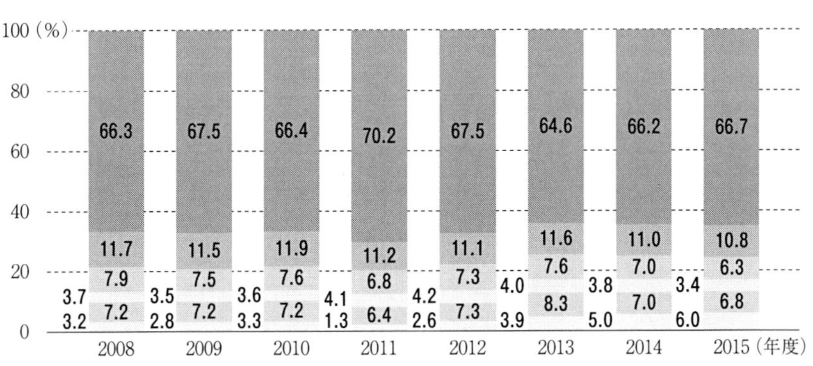

（出所）　会社ホームページより三菱UFJ信託銀行作成。

行動基準「The Four Keys－４つの鍵－」であると考える。「The Four Keys－４つの鍵－」とは，Safety（安全），Courtesy（礼儀正しさ），Show（ショー），Efficiency（効率）で，全キャストにとって，ゲストに最高のおもてなしを提供するための判断や行動基準になるもので，その並びが，優先順位を表しており，最も重視されている規律である。東京ディズニーリゾートで勤務するキャストは，入社時にディズニーフィロソフィーを学ぶと共に，配属先でもトレーニングの一環として「The Four Keys－４つの鍵－」を学ぶことで，キャストのホスピタリティの高さが保たれ，運営力の高さに寄与していると見られる。

上記の強みを活かしたビジネスモデルを展開することで，次に述べるような成果に繋がり，長期にわたる持続的な利益成長を可能としてきたと考えられる。

①　ゲスト１人当たりの売上高上昇

図表２-21を見ると，テーマパーク入場者数は，2000年代半ばから東日本大震災の影響があった2011年度までは25,000～27,200千人の水準で推移していた

[図表２-21]　年間入園者数の推移とオリエンタルランドの売上高の推移

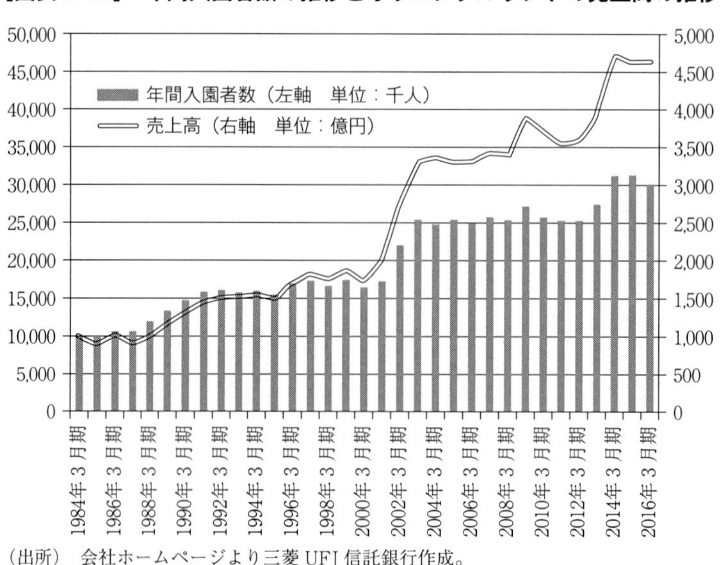

（出所）　会社ホームページより三菱 UFJ 信託銀行作成。

が，震災の影響が落ち着いた2013年３月期から上昇しはじめ，東京ディズニーリゾート30周年にあたる2014年３月期には31,298千人の過去最高の入園者を記録し，その後も30,000千人の高水準を維持している。**図表２-22**でわかるようにゲスト１人当たりの売上高は，構成は異なるが，2016年３月期に11,257円まで上昇している。

［図表２-22］　ゲスト１人当たり売上高の推移

(年度)	2008	2009	2010	2011	2012	2013	2014	2015
合計（円）	9,719	9,743	10,022	10,336	10,601	11,076	10,955	11,257
チケット収入	4,222	4,206	4,217	4,335	4,483	4,598	4,660	5,007
商品販売収入	3,370	3,377	3,629	3,796	3,860	4,185	4,043	3,964
飲食販売収入	2,128	2,160	2,176	2,205	2,259	2,292	2,252	2,286

（出所）　会社ホームページより三菱 UFJ 信託銀行作成。

②　40歳以上の来園数の増加

図表２-23に，訪問者の年齢構成の推移を示した。これを見ると，40歳以上のゲスト構成が全体の20％以上を占めている。40歳以上の比率が高まりつつある点は，①のゲスト１人当たりの売上高増加にも関連があるとみられる。45歳以上を対象としたパスポート「45PLUS パスポート」の発売や，友人・母娘・夫婦・３世代の来園をイメージした広告宣伝を行うなど，新たな来園機会の創出を目的とした積極的なプロモーションを継続的に行ったことが，40代以上の来園者数の増加に繋がっていると考えられる。

③　パスポート価格の値上げ

図表２-24は，東京ディズニーランドの１デーパスポート価格の推移を見たものである。デフレ環境下，パスポート価格の値上げを行うことは，入園者数の減少につながる可能性は一般的に否定できないが，東京ディズニーリゾート

［図表２-23］　年代別来園比率の推移

(%)

年度	2008	2009	2010	2011	2012	2013	2014	2015
大人（40歳以上）	17.9	17.7	19.1	18.6	19.9	21.1	20.4	20.7
大人（18～39歳）	52.2	53.1	52.4	51.2	49.6	49.5	49.5	49.6
中人	10.7	11.1	10.1	11.9	12.6	12.7	13.5	13.7
小人	19.2	18.1	18.4	18.3	17.9	16.7	16.6	16.0

（出所）　会社ホームページより三菱 UFJ 信託銀行作成。

［図表２-24］　東京ディズニーランドの１デーパスポート価格の推移

単位：円

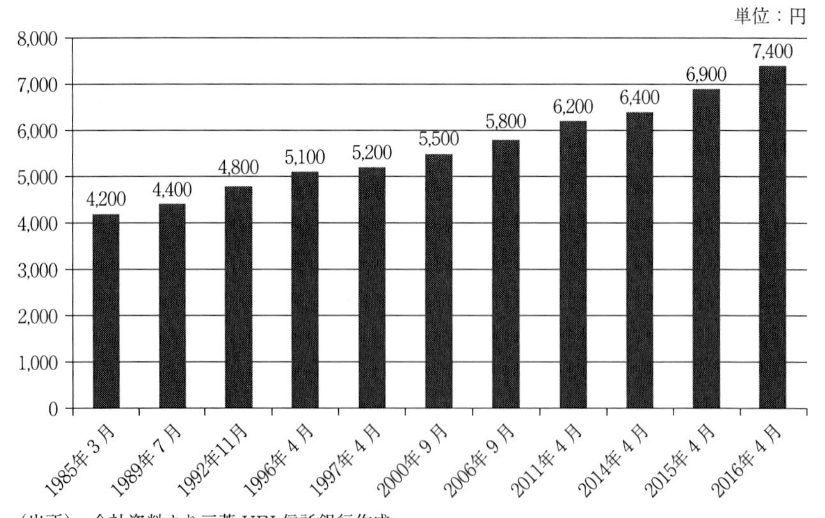

（出所）　会社資料より三菱 UFJ 信託銀行作成。

の場合は，これまでパスポート価格の値上げが入園者減に繋がったことはない。東京ディズニーリゾートは新しいアトラクションやショーを追加することで，パークの価値向上に努め，値上げが許容される場合に，値上げに踏み切っているとみられる。このような値上げに踏み切ることができるのは，顧客満足度を勘案した上での価格感度調査などのマーケティング調査を精微に行っていることによるものと推測される。

こうしたさまざまな取り組みの結果として，創出した営業キャッシュフローの増加→コア事業の長期持続的な成長へ向けた投資→企業価値の向上といった好循環を生み出していると考えられる。

（3）　非財務資本の蓄積のプロセス

オリエンタルランドの非財務資本の中でも，人的資本は強みに繋がっていると考えられる。ホームページによると，従業員数は正社員3,211人，準社員18,057人（2016年4月1日現在）と記載があり準社員の構成比率が高い。準社員の大部分は，東京ディズニーリゾートのキャストとして働いていると見られる。一般的に，準社員・非正規社員は，企業への帰属意識が低いなどのデメリットも考えられるが，オリエンタルランドの場合は，こうしたことが当てはまらず，準社員に対する教育が行き届き，準社員の意識・意欲が高いことが企業価値を支える原動力の1つとなっていると考えられる。

この背景には，従業員の満足度を高めることが，ゲストの満足度を高めることに繋がるという企業の考え方が，従業員に浸透しているためであると見られる。ここでは，オリエンタルランドの取り組みの事例のいくつかを紹介する。

オリエンタルランドのCSRレポートには，「オリエンタルランドは『夢，感動，喜び，やすらぎ』を提供し続け，常に新たな感動を創造し続けるための企業風土を育んでいる」とあり，「男女の分け隔てがない社風，人の喜びを自分の喜びと感じるマインドなど，当社ならではの企業風土が培われ，受け継がれている」とある。

ここから読み取れるように，従業員満足度（ES）を高めることに企業が高いプライオリティを置いていることが窺える。人材を活かす取り組み例としては「I have アイデア」という，ゲストに喜ばれる商品やフード，ゲストサービスのアイデアなどを，組織や立場の枠を超えて，すべての従業員が気軽に提案できる制度などを取り入れている。これ以外にも，下記のような，従業員満足度を高める施策を採用している。

- **■スピリット・オブ・東京ディズニーリゾート**　キャスト同士が，仲間のすばらしい行動に対し，称えあう活動である。優れたキャストが「スピリット・アワード」を受賞する。

■ファイブスター・プログラム　上司が，すばらしい行動をしたキャストを見かけた際，その行動を称えるためにカードを手渡す活動である。

■サンクスデー　年に1回，閉園後に役員や社員が，キャストとして働く準社員をゲストとして迎え，感謝の気持ちを伝える機会である。

行動基準「The Four Keys－4つの鍵－」を従業員に浸透させることに加えて，従業員満足度を高めるさまざまな施策を行ってきた成果として表れている事象の1つとして，東日本大震災時のゲストに対するキャストの対応力の高さがあげられる。非常時におけるキャストのゲストに対する対応は，メディアでも高く評価されたが，キャストのモチベーションの高さ，自主性の高さ，言い換えると，人的資本の高さと言うことができ，非財務資本として高く評価される項目であると言えよう。

（4）　業績の推移

図表2-25で示すように，過去10年のオリエンタルランドの業績推移を見ると，単年度では，東日本大震災で休園を余儀なくされた年や周年イベントの反動があった年もあり凹凸はあるが，総じて売上高，営業利益ともに順調に推移してきたと見られる。

［図表2-25］　オリエンタルランドの業績推移（億円）

	2007/3期	2008/3期	2009/3期	2010/3期	2011/3期	2012/3期	2013/3期	2014/3期	2015/3期	2016/3期
売上高	3,441	3,424	3,892	3,714	3,562	3,601	3,955	4,736	4,663	4,654
営業利益	341	311	401	419	537	669	815	1,145	1,106	1,074
営業利益率	9.9%	9.1%	10.3%	11.3%	15.1%	18.6%	20.6%	24.2%	23.7%	23.1%
減価償却費	430	436	497	467	423	419	361	369	346	360
ROE	4.3%	3.8%	4.7%	6.9%	6.3%	8.7%	12.6%	15.2%	13.6%	12.4%

（出所）　会社資料より三菱UFJ信託銀行作成。

オリエンタルランドの業績推移を見る場合，減価償却費の推移は重要である。アトラクションなどの大規模投資を行い，長期にわたり回収するビジネスモデルであるため，一時的には減価償却費が単年度の業績に重くのしかかることがある。以上を踏まえて営業利益を見ていくと，減価償却費が，ピークであった

2009年3月期の497億円から低下しはじめたことで営業利益の伸び率が上昇した。また，営業利益率は入園者数の増加，ゲスト1人当たりの単価上昇も奏功したことで，大幅に改善し，20%を超える水準で推移している。

直近は，入園者数が2014年3月期に東京ディズニーリゾート30周年イベント等により，想定以上に早い段階で30,000千人を超えたこともあり，伸び悩んで見えるが，入園者数30,000千人の高水準を維持しており，おおむね順調に推移していると言えよう。

図表2-26は，時価総額の推移を示している。国内株式市場が堅調に推移したこともあるが，営業利益率が改善し営業利益も順調に推移する中，時価総額は増加傾向を示している。

[図表2-26]　オリエンタルランドの時価総額の推移

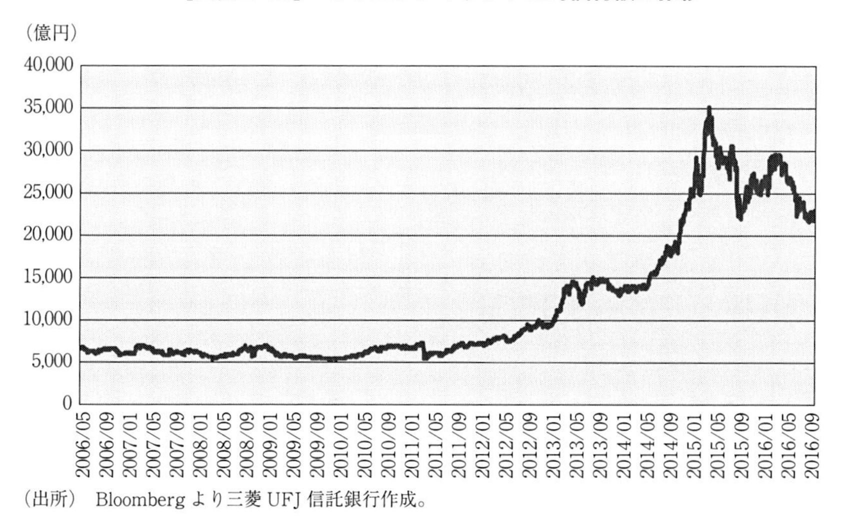

(出所)　Bloombergより三菱UFJ信託銀行作成。

図表2-27には，PBR水準を示したが，PBRでの評価も継続的にPBR1倍を超えた水準となっている。舞浜地域の不動産価値の上昇による含み益を勘案してPBRが高いと見られた時期もあるが，持続的に利益成長が可能なビジネスモデル（非財務資本）を展開した結果として高付加価値が維持されていると考えられる。

オリエンタルランドの事例も本書の提言である「非財務資本とエクイティ・スプレッドの同期化モデル」を裏づける。

［図表 2-27］ オリエンタルランドのPBR推移

（出所） Bloombergより三菱UFJ信託銀行作成。

第3節 非財務資本としての企業と投資家の「対話」の意義

1 2014年以降の一連の改革

2014年以降，**図表 2-28**で示すとおり，投資家と企業を取り巻く環境が大きく変化し，企業と投資家が「目的を持った建設的な対話」を行う機会が増加しつつある。

この背景には，一連の改革の結果，ROEをはじめ，エクイティ・スプレッドなど資本効率に対する意識が企業・投資家双方で高まり，企業と投資家間において，企業価値向上を目的とした「対話」を行う環境整備がなされたことがあると考える。

特に，投資家にとっての「日本版スチュワードシップ・コード」の受入れと，企業側の「コーポレートガバナンス・コード」適用が，企業と投資家の「対話」を促進すると見られ，企業と投資家との「対話」の重要性は，今後も高まると考えられる。本節では，企業と投資家の「対話」がなぜ必要なのかを考察していく。

[図表2-28]　2014年以降の一連の改革について

- 「JPX 日経インデックス400」算出開始（2014年1月）
- 「日本版スチュワードシップ・コード」策定（2014年2月）
  （機関投資家の行動原則）
  （アセットオーナー：委託者への責任）
- 「日本再興戦略改訂2014」公表（2014年6月）
- 「伊藤レポート」公表（2014年8月）
- 改正会社法の施行（2015年5月）
- 「コーポレートガバナンス・コード」適用（2015年6月）
  （企業の行動原則）
  （株主やステークホルダーに対する責任）

資本効率への意識の向上
企業と投資家が「対話」をするための環境整備

（出所）　三菱 UFJ 信託銀行作成。

投資家が企業と「対話」を行う目的は，投資家により細部では異なる点もあろうが，投資先企業の企業価値および資本効率が高まることを通じて，中長期リターンの向上（アクティブ運用の場合であれば対象銘柄の投資リターン向上，インデックス運用であれば，インデックスリターンの底上げを図ること）にあると考えられる。

ここまで2014年以降の一連の改革の経緯を見てきたが，より大きな視点で見ていくと，**図表2-29**にある「バンク・ガバナンス」から「エクイティ・ガバナンス」への変化の促進と考えられよう。持合株式売却の流れやスチュワードシップ・コードの制定による「対話」の促進やコーポレートガバナンス・コードの制定によるガバナンス改革は，企業の株主構造が変化する契機になると見られる。

こうした流れの結果，どのような運用手法を持つ投資家が企業の株式を保有するかは，企業のガバナンスを考える上で重要になってくる。その中でも，長期投資家の役割は大きく，企業と投資家が中長期的な企業価値を向上させることを目的として，継続的な対話を行うことが重要になってくる。

［図表２-29］「バンク・ガバナンス」から「エクイティ・ガバナンス」への変化

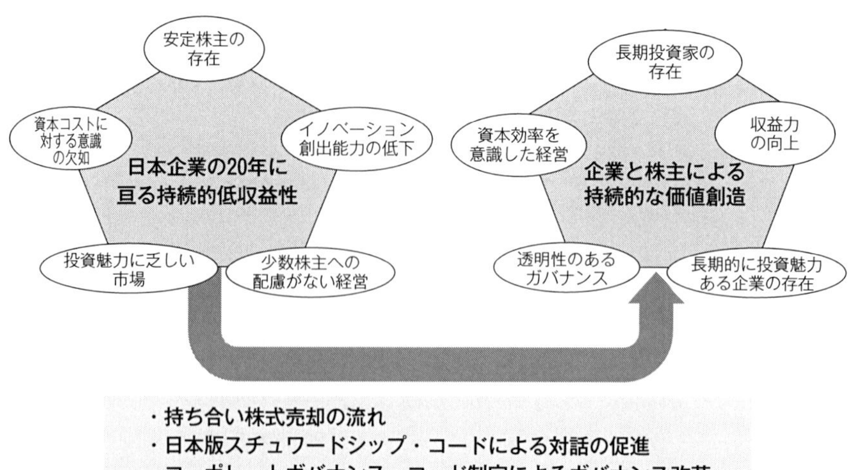

・持ち合い株式売却の流れ
・日本版スチュワードシップ・コードによる対話の促進
・コーポレートガバナンス・コード制定によるガバナンス改革

（出所） 三菱 UFJ 信託銀行作成。

2　持続的利益成長シナリオの共有の必要性

投資家と企業の「対話」の重要性について述べたが，投資家にとって，「対話」が必要な理由を考えたい。

投資家が，投資先企業を選ぶときに，中長期にわたって持続的利益成長が可能であるかという視点は重要である。持続的な利益成長が可能ということは，１株当たり純利益が中長期的に拡大することを意味し，企業価値向上に繋がる可能性が高いと考えるためである。持続的に利益成長が可能であるならば，どのような経営資源を活用することにより，利益成長が可能になるかという視点が，次の投資家の関心事になるだろうが，これを示すのが持続的利益成長シナリオであり，投資家と企業間で共有されるべきものである。

たとえば，実効性の高い長期ビジョンや中期経営計画などは，持続的成長シナリオを提示する１つの要素として，企業と投資家が「対話」を行う上で，重要な対話項目になると見られる。ここで言う持続的利益成長シナリオは，第１章で述べた企業の持つさまざまな非財務資本の活用により，財務資本へ転換するプロセスと捉えることができる。持続的利益成長シナリオを持ち，競合他社に対して優位性を維持し続けることができる企業は，第１章で述べた「良い

ROE」を実現できる企業であると考えられよう。

図表2-30は，横軸に投資期間，縦軸に企業業績の水準，細い線は企業価値の水準を表している。短期的な業績悪化局面で投資家が懸念するのは，業績悪化が一過性要因に起因するかどうか，それとも構造的な要因で更なる業績悪化リスクはあるかどうか，業績が回復するとしてもどのくらいの期間がかかるかなどに集約されると考える。

［図表2-30］　持続的利益成長シナリオの共有の重要性①

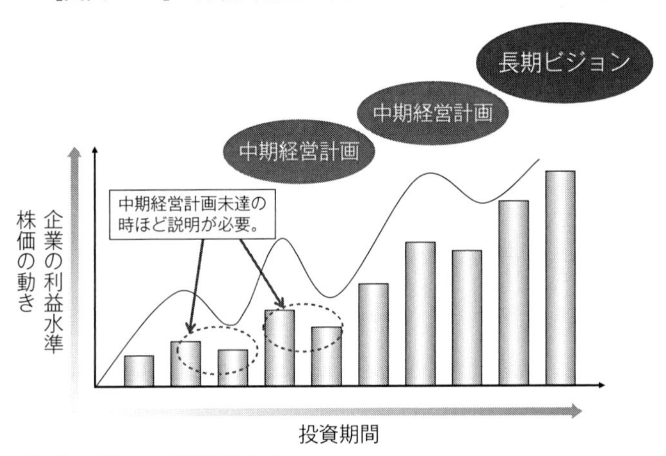

（出所）　三菱UFJ信託銀行作成。

図表2-31の右上のグラフのように短期的な業績悪化局面が一時的であって，中長期的には業績が回復し，持続的利益成長が可能であると判断できるならば，短期的な業績悪化で株価が下落した場合は，中長期的な視点からは，株価は割安と判断され，追加購入のチャンスと捉えることができる。

逆に，**図表2-31**の右下のグラフのように，中長期的な企業業績に対して投資家が期待を持ち続けることができない場合や現在の業績低迷の理由が明確でなく，不透明要素が強い場合は，企業業績の更なる低迷による株価下落リスクを回避するため，保有株式の全売却や保有ウェイトの縮小という投資行動を行う可能性がある。投資家から見て，中長期で見た場合の持続的な利益成長の確信度が低下しているためである。

この2つの状況の差は，企業と投資家で持続的利益成長シナリオが共有され，投資家が中長期的な利益成長に対して確信度が持てるかどうかであると考える。

［図表 2 -31］ 持続的利益成長シナリオの共有の重要性②

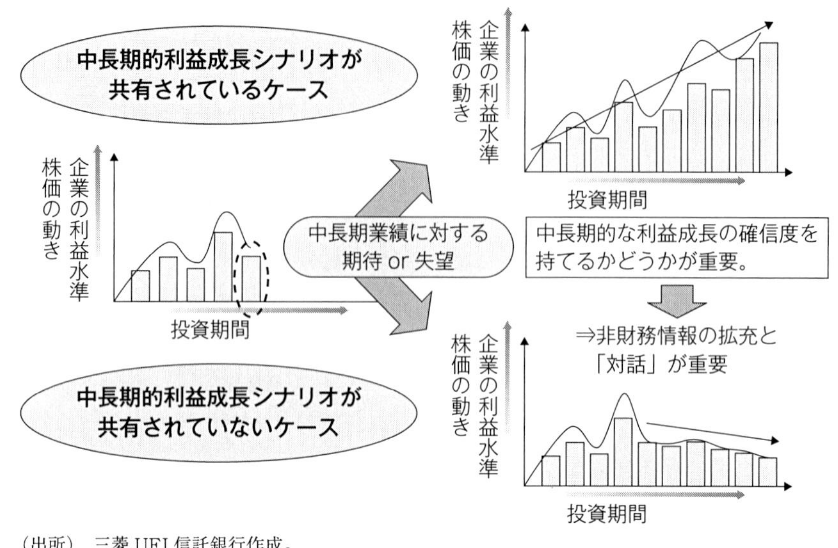

（出所） 三菱 UFJ 信託銀行作成。

留意しなければならないのは，企業が持続的な利益成長シナリオを提示できても，投資家が企業に対して不信感を持っている場合や投資家が不勉強で企業を十分に理解しない場合があることである。こうした場合は，持続的利益成長シナリオを共有できず，中長期的な株式保有に繋がらないケースもあると考えられる。投資家が投資先企業を十分に理解しないのは問題外と思われるが，前者のケースで，乖離を埋める一助となるのが，企業の IR 部門による情報開示の拡充であると考える。

3　アナリスト・ファンドマネージャーが行う「対話」

ここまで，持続的利益成長シナリオを共有する重要性を述べたが，このシナリオを共有するためには，持続的利益成長シナリオを根拠づける非財務情報の開示と，その内容を踏まえた企業と投資家の「対話」が重要であると考えられる。

図表 2 -32には，アナリスト・ファンドマネージャーが行う主な「対話」項目について，三菱 UFJ 信託銀行の事例を示した。この対話項目は，事業環境や企業の成長段階で異なることはあるが，「対話」の重要な点は，一度で完結

するのではなく，継続的に行い，企業の抱える問題を解消していくことにあると考えられる。

［図表2-32］　アナリスト・ファンドマネージャーが行う対話項目例

ポイント	主な項目
中長期的な事業戦略	企業を取り巻く事業環境の変化について認識を共有します。 中期経営計画や長期ビジョン（公表時）の進捗状況についてディスカッションします。
財務戦略	資本効率向上の施策等，中長期的な財務戦略について確認します。 適正なキャッシュ水準及びその有効活用について認識を共有します。
コーポレートガバナンス	コーポレートガバナンス強化に対する企業の取り組みを確認します。 ESG項目への企業の取り組みについて確認します。
情報開示姿勢	情報開示項目やマネジメントのIRに対する取り組みについてチェックを行い，改善点がある場合は企業へアドバイスなどを行います。 ESG情報を含む非財務情報の開示について確認します。

（出所）　三菱UFJ信託銀行作成。

図表2-32の対話項目のポイントについて簡単に説明する。

「中長期的な事業戦略」は，持続的な利益成長シナリオに繋がる項目である。事業環境の変化について，企業と共通の認識を持った上で，中期経営計画や長期ビジョンを開示している会社に対しては，その進捗状況や今後のあるべき姿について議論することとなるだろうし，中期経営計画から大きく乖離している場合であれば，その原因と今後の対策などについて深く議論をすることとなろう。

「財務戦略」は，「中長期的な事業戦略」を踏まえた上で，資本効率向上に向けた最適資本構成の考え方やバランスシート・マネジメントの考え方を含めた中長期的な財務戦略などに関して議論を行う。

「コーポレートガバナンス」に関する項目では，企業のコーポレートガバナンス改善に対する取り組みやESG項目について議論を行う。コーポレートガバナンスに関する項目は，非財務的要素が強い項目だが，コーポレートガバナンスの透明性が高い企業は，資本コストを低下させる効果があると言われており，エクイティ・スプレッドを考える上でも重要な項目と見られる。

4番目の「情報開示姿勢」は，企業がIR活動を始めてから久しく時間が経過しているが，業種間格差が存在し，同じ業種間でも，良い企業と悪い企業の間で二極化状態にあると考えられる。また，マネジメントのIRコミットメントが強い会社とそうでない会社でも二極化しており，２つのコード導入後，積極的にIRに取り組む企業と従前と変化しない企業との格差は拡大しつつあると見られる。また，IR部門の役割の重要性が，企業内でも浸透していない企業が少なくないと考える。

柳良平氏の論文によると「IRの改善が資本コストを低減する効果は，アカデミックな論文で言われている上，国内外の機関投資家もその効果を認識している」とある。こうしたことから**図表２-33**に示すように，マネジメントのIRコミットメントは重要であると考えられ，情報開示姿勢が良くないことで，企業価値が毀損されている場合は，企業との「対話」を通じてその要因を取り除くことを目的として議論することとなろう。

［図表２-33］　マネジメントのIRコミットメントの重要性

マネジメントが
「目的」を持った対話やIRに
積極的な企業

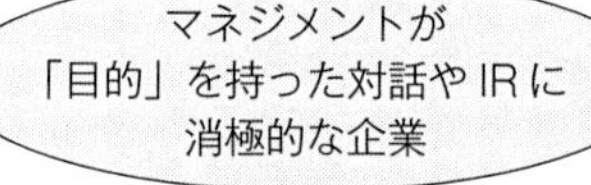

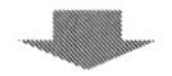

・自社の優位性・ビジネスモデルの開示
・市場の意見を必要に応じ経営戦略に反映
・透明性の高いガバナンス
・様々なステークホルダーを意識した経営

・不都合な事象の消極的な開示
・少数株主を軽視した経営戦略
・形式のみを重視したガバナンス
・特定のステークホルダーのみを意識した経営

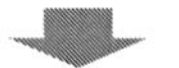

資本コスト低下を通じた企業価値の向上
中長期投資家による株式保有拡大

資本コスト上昇を通じた企業価値の低下
中長期投資家から関心が薄れる可能性

（出所）　三菱UFJ信託銀行作成。

4　良質な「対話」を行うステップ

図表２-34で示すように，企業と投資家間で良質な「対話」を行うためには３つのステップを踏むことが必要であると考えている。

第１ステップは，IR部門と投資家の関係構築・双方の理解・投資家の実力等を見極める段階である。第２ステップは，第１ステップを踏まえて得られた有益な投資家情報を企業内で共有する段階，第３ステップは，第２ステップまでを踏まえた上での投資家とマネジメントの緊張感のある「対話」の実現・継続の段階である。

［図表2-34］　企業と投資家の有効な対話を実現するステップ

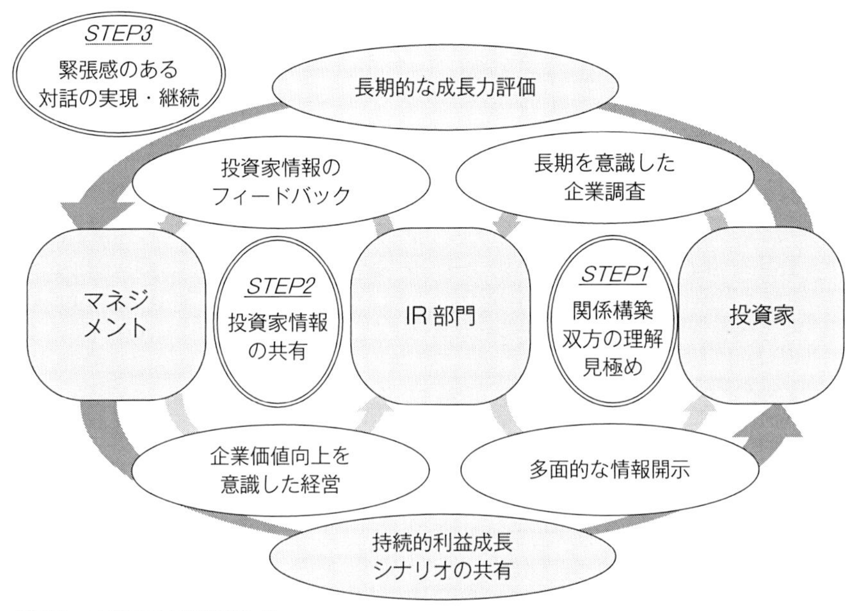

（出所）　三菱UFJ信託銀行作成。

細かく見ていくと，第1ステップでは，通常のIR活動を通じて，IR部門と投資家間で，非財務情報をベースとした長期を意識した議論を行う中で，双方の関係構築，お互いの理解を進める。その過程において，中長期的な企業価値向上の見地で，質の高い議論がなされ，経営に有益な情報が得られた場合，IR部門がその投資家情報をマネジメントにフィードバックし，こうした情報の中で長期的に企業価値向上に資すると思われる情報を経営に活かそうとするのが第2ステップである。

こうした段階を踏まえて，マネジメント自らが投資家と緊張感ある対話を継続的に行うならば，投資家，企業共に，持続的利益成長シナリオを共有しつつ，企業価値向上を目的とした「対話」ができるのではないかと考える。

このステップがないと，投資家と企業間の「対話」を仮に行ったとしても，投資家は，「企業のマネジメントは投資家の考えていることを十分に理解していない」という不満が出てくると考えられ，また，企業のマネジメントから見れば，「投資家は企業のことを理解していない」ということとなり，時間をかけて「対話」を行う意味を見失うことにもなりかねない。

5　対話の事例

ここでは，実際の対話の事例を紹介する。

A社は，製造業分野で国内シェアが高い会社で中長期的な競争優位性が高く，持続的な利益成長が可能な会社の一社として認識していた。ただし，短期的には，価格競争や原材料コスト上昇の影響で，業績は大きく悪化しないものの厳しい状況が継続していた。

短期的な企業業績が良好でない中で，通常のIR部門とのミーティングの際に，マネジメントの中長期的な企業価値向上に対する取り組み・施策に具体性が乏しい点，中期経営計画の社内での位置づけが明確でない点，および中期経営計画の策定方法に課題があると認識しはじめていた。

A社は毎年，3カ年中期経営計画を開示し，ロールオーバー方式を採用していたが，短期業績予想の精度が低く，中期経営計画を見直す度に最終年度の目標数値が変わらないという状況が数年継続していた。この状況に対して，企業価値向上や情報開示の在り方についての問題意識をIR部門に投げかけ，問題点を共有し，解消方法について議論を複数回実施した。**図表2-35**の3つのステップで言えば，第1ステップの段階にあたる。

その後，投資家向け社長スモールミーティングを開催することが決定し，IR部門に投げかけていた問題意識を直接，社長に提示する機会を得た。こうした機会を企業側が設定した理由としては，IR部門が，これらの投資家の意見を重要視し，直接社長に伝えたかったのではないかと考えられる。**図表2-35**で言えば，第2ステップにあたる。

実際に開催されたミーティングは，少人数のミーティングであったため，半分以上の時間が，当方が考えた問題点について費やされた。**図表2-35**で言えば，第3ステップの段階にあたる。

その時の企業側の回答としては，意見を聞いたという水準に留まった。しかし，A社は，社内で議論の結果，次の決算発表時に現在の中期経営計画の数値目標の取り下げと開示内容の見直し（ロールオーバー方式の中期経営計画廃止）を公表した。この変化の速さには驚いたが，他の投資家も同様の事を考えてい

[図表2-35]　対話の事例　A社

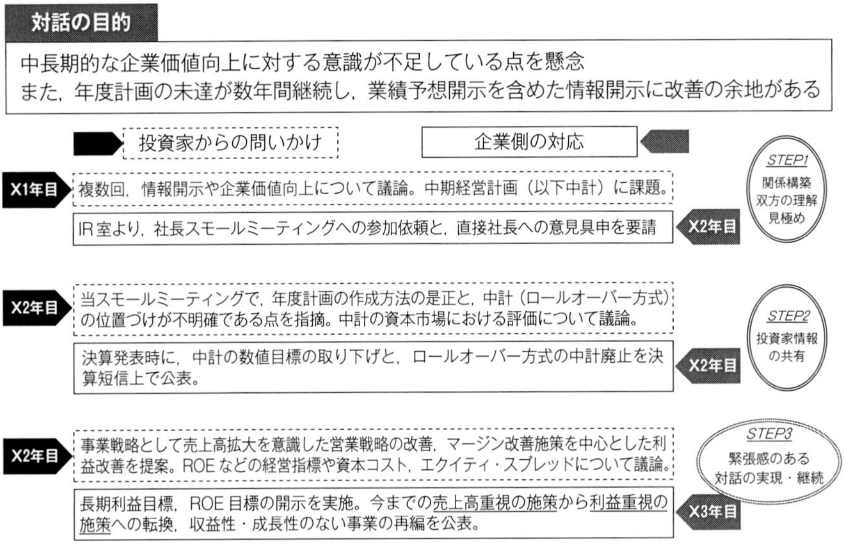

対話の目的

中長期的な企業価値向上に対する意識が不足している点を懸念
また，年度計画の未達が数年間継続し，業績予想開示を含めた情報開示に改善の余地がある

投資家からの問いかけ　　企業側の対応

X1年目　複数回，情報開示や企業価値向上について議論。中期経営計画（以下中計）に課題。
IR室より，社長スモールミーティングへの参加依頼と，直接社長への意見具申を要請　X2年目
STEP1 関係構築 双方の理解 見極め

X2年目　当スモールミーティングで，年度計画の作成方法の是正と，中計（ロールオーバー方式）の位置づけが不明確である点を指摘。中計の資本市場における評価について議論。
決算発表時に，中計の数値目標の取り下げと，ロールオーバー方式の中計廃止を決算短信上で公表。　X2年目
STEP2 投資家情報の共有

X2年目　事業戦略として売上高拡大を意識した営業戦略の改善，マージン改善施策を中心とした利益改善を提案。ROEなどの経営指標や資本コスト，エクイティ・スプレッドについて議論。
長期利益目標，ROE目標の開示を実施。今までの売上高重視の施策から利益重視の施策への転換，収益性・成長性のない事業の再編を公表。　X3年目
STEP3 緊張感のある対話の実現・継続

（出所）　三菱UFJ信託銀行作成。

たと見られ，株式市場でも高く評価された。

これ以降，A社のIR部門やマネジメントとの対話を継続的に行い，中長期的な利益成長シナリオに対する考え方および目標とすべき経営指標について議論を繰り返し行った。結果として，次の決算発表時には，新中期経営計画でのROE数値目標の開示や不採算事業の見直しが発表された。

図表2-36で示すように，企業との「対話」を開始したX0年以降，株価はTOPIX比較で劣後し，**図表2-37**にあるようにPBRも1倍を割りこむなど企業価値は低迷したが，持続的な利益成長シナリオの共有による中長期業績に対する株式市場からの信認度の向上に加え，資本効率改善に対する企業の取り組みも評価され，PBRは1倍を超える水準となった。

企業価値向上を目的として，企業と投資家が，緊張感のある「対話」を行い，その目的が達成できた好事例であると考える。こうしたエンゲージメントも「非財務資本」として市場付加価値に貢献しており，第1章で提案した「非財務資本とエクイティ・スプレッドの同期化モデル」を裏づけるものである。

この事例では，企業価値向上に繋がった要因の1つとして，IR部門が投資家とマネジメントをうまく結び付けて，投資家の意見を経営にうまく反映させ

［図表 2-36］ A 社の株価推移

（出所） Bloomberg より三菱 UFJ 信託銀行作成。

［図表 2-37］ A 社の PBR 推移

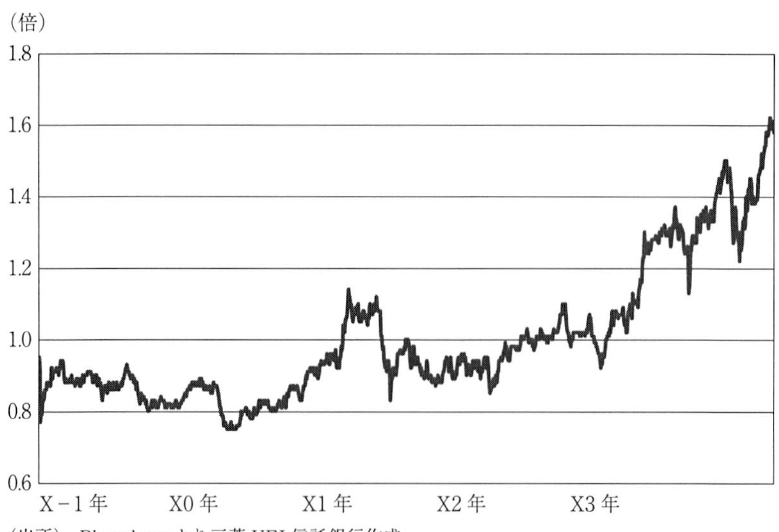

（出所） Bloomberg より三菱 UFJ 信託銀行作成。

ることができた上，マネジメントも投資家の意見を聞く姿勢を見せたことが，良い「対話」に結びついたと言えよう。しかし，この事例では，企業の「対話」の効果が比較的早く出たと考えられるが，通常は，継続的な「対話」は，時間と手間がかかるプロセスであり，投資家も我慢強く「対話」を行う必要があると考えられる。

本章では第1章で提案した「非財務資本とエクイティ・スプレッドの同期化モデル」を裏づける「ビジネスモデル」のケース研究や企業と投資家の「対話」について詳説した。

次章では「非財務資本」としてのM&Aのケーススタディを紹介する。

【注】

1　ESG投資の定義はさまざまである。ESG投資はSRI（社会的責任投資）の1つに含まれると考えられるが，本章では，広義の意味でSRIとESG投資を同義と考え，ESG投資と表記する。

第3章

M&Aによる高付加価値経営の追究

── 旭化成とパナソニックのケース

第1節 M&Aによる持続的成長と企業価値向上

第2章では，日本企業が「ビジネスモデルという非財務資本」を利用してオーガニックな成長を図っているケースを取り上げたが，第3章では，目線を変えて，「M&Aという非財務資本」により付加価値向上を企図した日本企業のケースを取り扱う。

M&Aを実行する際には戦略企画，交渉，実行，統合努力，シナジーの実現等さまざまな価値創造に向けた課題が存在する。また何よりも変革や成長に向けた強い意志が背景にはある。これらがまたM&Aのダイナミズムであり，財務資本および企業にある人的資本や知的資本といった非財務資本をもフルに活用していく場面であるといえる。

すなわち，第1章で提案した「非財務資本とエクイティ・スプレッドの同期化モデル」の概念フレームワークがM&Aにもあてはまる。

M&AはMergersとAcquisitionの略語であり，「合併と買収」と訳される。企業やその事業を取得することであり，その手法としては直接企業の株式や事業の取得を行う「買収」と複数の企業がある法定手続に基づいて一緒の企業や組織になる「合併」や「統合」がある。買収においては，買う側がいれば，当然売却する側もいる。

M&Aによる企業価値向上というと，買収にばかり目が行きがちであるが，事業の売却を通じても企業価値向上は図れる。成長性の低い事業を売却すれば，全社の成長性を高めることができる。また価値が投資家に認識されていない事業を売却することにより，その価値を顕在化することができるのである。

ケースとしては旭化成株式会社（以下，旭化成）とパナソニック株式会社（以下，パナソニック）の２社のM&Aの事例を掘り下げてみる。それぞれのケースにおいては，中長期的な時間軸でその具体的な価値創造を洞察する。

1　M&Aの動向

過去10～20年日本においてM&Aは随分と活発になってきている。大規模な案件が数多く，実際，次々と数千億円規模以上の大型買収案件が毎年いくつも発表されている状況である。また，年々海外買収も増えてきており，かつ各業種横断的に行われている。そういった中で引き続き，日本企業による1980年代後半や2000年以降のいくつかの海外買収後の減損の事例等を引き合いに「本邦企業は買収がうまくない」，特に海外買収においては「高い金額を払い過ぎている」，「対象企業（もしくはターゲット）のインテグレーション[1]がうまくいっていない」ケースが多く，実際価値を創造できていないという批判も多い。

第３章の筆者（本多）は，実際M&Aアドバイザリー業務に90年代後半より米国および日本にて携わり，本邦企業の動向を長く見られる立場にいた。長期的視点に立って企業の成長や存続のためにM&Aを活用している企業がかりに一度の買収案件に失敗したとしても，長期的には企業価値の成長・存続ができているケースが多いと考える。

そもそもM&Aを実施する際には，企業がなんらかの「障壁」に直面し，それを克服しようとする，もしくは「成長の目標」を定めて達成しようという強い意志が背景にある。特に大型でかつ企業に大きな変革をもたらすようなM&Aであればなおさらである。

また，海外の企業の買収を実施する場合には，買い手側にグローバルに対応できる体制や組織がある程度構築されている必要がある。そのような社内体制ができていない中で身の丈以上の買収を実施してしまうと，買収後の苦労は相当なものとなる。対応できるような組織を整えていくことも，第１章で触れられているように，時間をかけて人的資本・知的資本といった「非財務資本」を蓄積することにほかならない。

2　なぜM&Aなのか

そもそも，なぜ企業はM&Aを行うのか，馴染みが少ない方には不思議かもしれない。企業が新たに製品やサービスを世の中に送り出すと当初は成長していくが，やがて大抵の企業は環境の変化によって「障壁」にあたる。技術革新や法制度の変化，市場での競争激化等さまざまな要因がある。企業も成長の後には成熟・衰退期を迎えるのである。製品ライフサイクル説と基本的に同じ考え方であると言えよう。

そのような「障壁」を打破するツールの1つとしてM&Aがある。

第1章にもあったように，コーポレート・ファイナンス理論では上場企業の所有権は株主（もしくは投資家）にあり，株主は企業価値もしくは株式価値の向上を求める。すなわち，継続的な「利益成長」や配当等の「株主還元」という形で投資に対するリターンを求めるのである。企業ライフサイクルにおいて成長期は，企業業績の成長またはその「期待」により株価も上昇する傾向が高いため，事業のオペレーターである企業の経営陣も経済的リターンを求める投資家も共に満足な状況にある。

株式市場での投資家の満足は高い「評価」につながり，株価は上昇し，高いPBRやPERが付く。PBRやPERといった株価倍率[2]（マルチプル）は成長への「期待」の表れである。

一方で，企業が成熟もしくは衰退というステージにさしかかると，企業の株価は伸び悩む。結果として，投資家からの低い「評価」，すなわち低いPBRやPERに直面する。経営陣は企業価値向上のための手立てを考えなくてはならなくなる。本来は成熟期に入る前から断続的に次の将来の成長のための戦略的投資を実施し，かつその結果次の成長ステージが見えていれば問題はないのだが，必ずしも予見して事前の対応ができているとは限らない。また，かりに投資を行っていたとしても，目論見がはずれて結果が伴わないことも多々ある。

株主の期待は企業価値の向上である。買収を含めた成長のために資金・資本を活用するか（利益の成長），そうでなければ増配・自己株買いによる現金の株主への返還（株主還元），非成長事業・非中核事業からの撤退（利益の成長），他社との合併や統合[3]による合理化（利益の成長），究極的には当該企業にプレミアムを付して売却（株主還元）するといったコーポレート・アクション（企業行動）を通じてリターンを得られないものかと考える。

多くの企業は，この成熟に至るまでの成長過程において，売上および利益の拡大に伴い，多額の現金を手にするため，現金の有効活用と株主還元が同時にテーマとなることが多い。

その中で企業が買収を指向する場合には，成長とシナジー[4]の実現に資するような企業を買うことが求められる。時には既存事業からの脱皮，企業構造を大きく変革していく際にはシナジーが出てこない買収を企図することもある。このような買収案件は経営者からの株主への説明が特に重要となってくる。

このように，企業が成長鈍化といった状況を打開しようとするツールとしてM&Aが用いられることが多いのである。また，このような「障壁」が企業の属する業種固有のものである場合には一企業のみならず，業界の再編が立て続けに起きるという傾向も出てくるのである。

それでは本邦企業に置き換えてみるとどうであろうか。第1章でも述べられているとおり，わが国では企業のガバナンスにまだ課題が多い。すべての企業において経営と株主の目線が合致しているとは言えない。

このような「障壁」に直面しているにもかかわらず，特に何の対応もせず，手にした資金を内部留保として蓄えてしまっている企業も多数存在する。よく結果のみを見て買収の失敗が批判されるが，「何もしない」ことは，同じくらいか，もしくは，それ以上として批判されるべき「不作為の罪」であろう。

一方，企業行動を起こす場合でも事業売却，ましてや自社を売却するという決断はまずしない傾向にある。結果として成長のための投資・買収を行おうという選択をする傾向が強くでる。当たり前の話だが，買収が成立するには，買い手と同じ数だけの売り手が必要である。このように，わが国では「売りたい」と考える企業が少ないことも，後述するが，近年の海外買収案件の増加に繋がっている。

年々，株主価値を意識した経営をする企業も増えてきている。一方で，本邦企業は企業の永続性，従業員の雇用，社会的意義等というものにより重きを置いている傾向が強いと感じる。法制度上，従業員のリストラが限りなく難しい日本企業にとって，事業の衰退，利益の低下は自らの企業の永続性に対する脅威となる。そういった意味では多少の時間軸の違いはあるものの，企業の成長を指向するという意味では，株主のめざす方向と本来はそれほど乖離していないはずである。いずれにせよ，M&Aは企業の成長のために行うのであり，その結果として企業価値を高めることをめざしていると言えよう。

3　日本企業を取り巻くマクロ環境

日本においてバブル崩壊後，株価は低迷している状況である。**図表3－1**は

1996年１月からの約20年間のTOPIXの推移を示したものである。この間，多少の上下はあるもののおおむね800から1,800という一定のレンジの中で推移している状況であり，成長はしていない。

［図表３－１］　TOPIXの過去20年推移

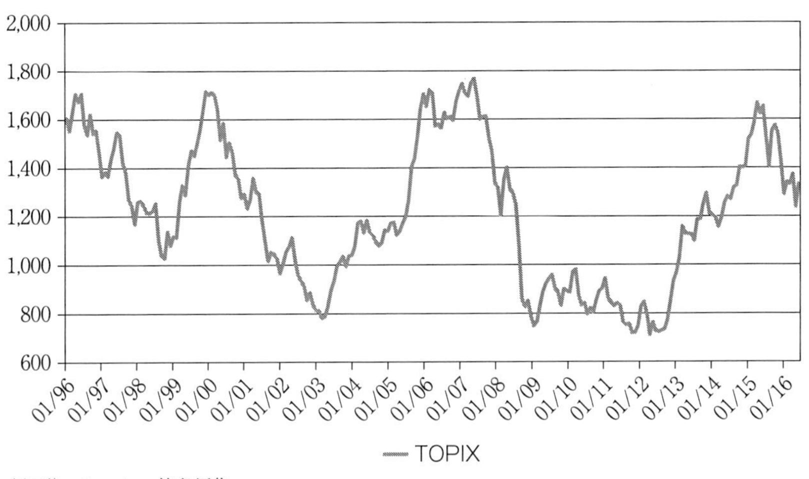

（出所）　Speeda。筆者編集。

一方，海外の株式市場はどうか。米国の指数であるS&P500，EUの平均指数であるMSCI EUおよびBRICsの平均指数であるMSCI BRICを**図表３－２**に示す。**図表３－１**と同様に1996年１月時点を起点としており，各指数ともその起点時を100とすることでその推移を見る。この20年間でS&P500およびMSCI BRICは３倍前後，MSCI EUは２倍近くになっているのである。2008年後半からリーマンショックの影響で一時的に大幅に下落しているものの，その後は回復している状況である。

この違いは何にあるのか。日本の株価低迷の理由には株式市場の構造，上場企業のガバナンス，証券市場を取り巻く規制など，さまざまな要因があげられるが，最大の要因は多くの日本企業が主に事業を営む日本の経済が伸びていないからである。

図表３－３はGDP主要５カ国の2013年時点のGDP総額および過去10年間のCAGR（年平均成長率）を示している。日本の1.3%という平均成長率が他の主要国に比べても圧倒的に低い水準だということが見て取れる。

［図表３－２］　主要地域の株価指数の過去20年推移

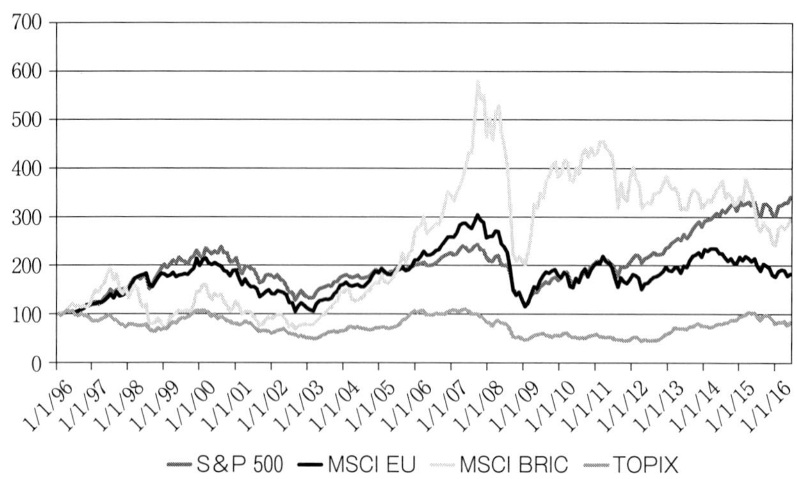

（出所）　Speeda。筆者編集。

［図表３－３］　主要国のGDP成長率

	2013年 GDP（10億ドル）	10年 CAGR（%）
日　本	4,899	1.3%
米　国	16,768	4.2%
中　国	9,469	19.2%
ドイツ	3,636	8.0%
英　国	2,523	3.0%

（出所）　Speeda および IMF。筆者編集。

実際このような経済状況は企業行動にも影響する。日本市場でのプレゼンスをある程度確立してしまった企業は，さらに成長を求める際，海外展開を考えざるを得なくなる。こういった要因もまた年々海外買収案件が増える傾向を後押ししているといえよう。

裏を返して言えば，本邦企業が成長を海外に買い求めに行くのであれば，国内のみで成長性がない，競争力の低い事業であれば，より柔軟に売却対象としても考えてもよいのではないかと考える。

売却する側としても企業全体の成長の鈍化につながるような事業を手放すメリットもある。また，その事業に成長のための追加投資できるような相手に売却すれば，その事業自体の価値の向上につながるのであり，資本市場のみならず社会全体にとってもプラスである。しかし，その動きは未だ鈍い。

4　2000年以降の日本企業による大型M&A案件
―― 海外買収案件の増加

図表3－4および**図表3－5**はそれぞれ2000年代，2010年代の案件規模上位20件を示している。形態の欄に記載しているIn-In，In-Out，Out-Inはそれぞれ国内企業同士のM&A案件，国内企業による海外企業の買収案件，海外企業による国内企業の買収案件を意味する。

2000年代のものは10年間であるが，2010年代のものは2016年７月末時点までのものであり，６年半の間に起きた案件となる。大きな変化の特徴は，海外案件でかつ大型のものの増加であろう。

［図表3－4］　2000年から2009年の規模上位案件

発表年	ターゲット	買い手	取得価額（千億円）	形態
2005	UFJホールディングス	東京三菱フィナンシャルグループ	30.8	In-In
2006	Gallaher Group plc	JT	17.9	In-Out
2006	Vodafone KK	ソフトバンクグループ	17.8	In-In
2005	イトーヨーカドー	セブンイレブン・ジャパン	14.5	In-In
2007	日興コーディアル	Citigroup Inc.	9.2	Out-In
2008	Millenium Pharmaceuticals	武田薬品工業	8.9	In-Out
2004	藤沢薬品工業	山之内製薬	8.4	In-In
2005	第一製薬	三共	8.0	In-In
2006	Westing house	東芝	6.6	In-Out
2009	日本石油	JXホールディングス	6.2	In-In
2000	Verio Inc.	NTTコミュニケーションズ	5.8	In-Out
2008	GE Consumer Finance Co., Ltd	新生銀行	5.8	In-In
2007	三菱ウェルファーマ	田辺製薬	5.3	In-In
2008	Ranbaxy	第一三共	5.0	In-Out
2009	日本興亜損害保険	NKSJホールディングス	4.6	In-In
2008	Philadelphia Consolidated Holding	東京海上日動火災保険	4.5	In-Out
2007	MGI Pharma	エーザイ	4.4	In-Out
2008	三洋電機	パナソニック	4.0	In-In
2003	カネボウ化粧品	IRCJ	4.0	In-In
2002	松下通信工業	松下電器	3.9	In-In

（出所）Speeda。筆者編集。

［図表３－５］ 2010年以降2016年７月時点までの規模上位案件

発表年	ターゲット	買い手	取得価額（千億円）	形態
2016	ARM Holdings plc	ソフトバンクグループ	34.4	In-Out
2013	Sprint Nextel	ソフトバンクグループ	24.2	In-Out
2014	Beam Inc.	サントリーホールディングス	16.4	In-Out
2011	Nycomed	武田薬品工業	10.0	In-Out
2015	HCC Insurance Holdings Inc.	東京海上日動火災保険	9.0	In-Out
2010	住友信託	中央三井トラストホールディングス	7.7	In-In
2015	Toll Holdings Ltd	日本郵便	7.7	In-Out
2011	住友金属工業	新日鉄	7.2	In-In
2016	東芝メディカルシステムズ	キヤノン	6.7	In-In
2014	Protective Life Corporation	第一生命保険	6.5	In-Out
2015	Amlin plc	三井住友海上火災保険	6.0	In-Out
2012	RBS Aviation Capital	三井住友銀行	5.7	In-Out
2015	Stancorp Financial Group Inc.	明治安田生命保険	5.7	In-Out
2013	Bank of Ayudhya PCL	三菱東京ＵＦＪ銀行	5.5	In-Out
2015	GE Japan の GE Capital 事業	三井住友ファイナンス＆リース	5.3	In-In
2016	常陽銀行	足利ホールディングス	4.6	In-In
2015	Symetra Financial Corporation	住友生命保険	4.5	In-Out
2013	GROHE Group	LIXIL	4.3	In-Out
2012	Aegis Group plc	電通	3.8	In-Out
2010	OSI Pharmaceutical	アステラス製薬	3.6	In-Out

（出所） Speeda。筆者編集。

2000年から2009年の間の国内企業同士の主な統合案件としては，東京三菱フィナンシャルグループの買収（現，三菱 UFJ フィナンシャル・グループ），山之内製薬による藤沢薬品工業の買収（現，アステラス製薬），三共による第一製薬の買収（現，第一三共），田辺製薬による三菱ウェルファーマの買収（現，田辺三菱製薬），パナソニックによる三洋電機の買収，JX ホールディングスによる日本石油の買収，IRCJ（産業再生機構）によるカネボウ化粧品の買収，NKSJ ホールディングスによる日本興亜損害保険の買収（現，損保ジャパン日本興亜ホールディングス）等があった。

多くのこれらの国内案件は買収とはいうものの，「対等の精神」をうたった株式交換による統合という形となっている。完全な買収を印象づける現金対価の TOB[5]は稀である。

海外企業の買収案件は上位20件中7件であり，うち3件は武田薬品工業（以下，武田），エーザイ，第一三共と製薬企業のものであった。国内案件も含めると2000年代は上位20件中6件が製薬会社の買収案件であり，製薬業界の再編が活発な時期であったことが言えよう。製薬業界全体がグローバルな新薬の研究開発競争，国内市場の低迷や主力製品の特許切れ等のさまざまな「障壁」に直面した結果として，このような動きが出たのである。

海外買収案件7件のうち，東芝，NTTコミュニケーションズ，第一三共の買収案件は後になって買収が思ったように行かず大幅な減損を計上することになる。

2010年以降の大型案件はほとんどが日本企業による海外企業買収となっている。上位20件中15件が海外企業買収となっている。

国内案件においては，中央三井トラストホールディングスによる住友信託の買収（現，三井住友トラスト・ホールディングス），新日鉄による住友金属工業の買収（現，新日鉄住金），足利ホールディングスによる常陽銀行の買収（現，めぶきフィナンシャルグループ）等の業界再編的な動きもあった。また，東芝メディカルシステムズの売却は，東芝が自社の起こした不正会計事件をきっかけに，やむを得ずキヤノンに売却した案件である。

この間，海外買収案件は通信，金融，消費財，製薬と業種にかかわらず広く行われている感がある一方で，目を引くのは保険会社の多さである。この動きも2000年代の製薬業界同様，保険業界も国内市場の成長鈍化に直面して海外市場に成長と生き残りの道を探るトレンドと考えられる。

今後も，大型の海外買収案件は国内案件に比べてさらに増えると考える。すでに述べたとおり，そもそも大手上場企業で自社売却をしてもよいという経営者は平時においてはほぼ皆無である。また買収を仕掛けるとしても，敵対的買収という手法は日本の風土に合わないだけではなく，ほとんどの上場企業の株主構成[6]がそのようなアプローチを不可能にしている。国内企業同士の再編が進まない大きな理由である。

また，仮に国内同業他社を買収できたとしても，その後にリストラを実施してシナジーを出せなければ，投資に見合う利益成長はなかなか実現できない。しかし，現在の国内の労働基準法の下では，そのようなリストラも難しい。

その上，日本国内の経済はほとんど伸びていない一方，海外は高い伸びを示しているのである。

5　低調な日本企業による売却案件

売却による企業価値向上という選択肢もあること，その一方で本邦企業による売却案件が少ないことはすでに述べたとおりである。仮に国内企業が売却する際にも，株式交換による「対等」色を打ち出す傾向があり，「身売り」の色彩が出やすい現金対価での TOB にて売却するケースは一層稀である。

成長のための投資をするわけでもない傘下の事業に，外部資本を活用するという感覚は乏しく，事業売却案件も比較的小規模なものにとどまる。欧米では，プライベート・エクイティ・ファンド[7]（以下，PE ファンド）が有効なリスク資金の出し手として活用されている。日本においては，PE ファンドに非中核事業を売却するケースは未だ限定的である。

図表 3－4 および**図表 3－5** にある40件のうち，国内にて TOB を用いて買収されたケースは日興コーディアルおよび三洋電機のわずか 2 件である。また同じく，上場企業が傘下の事業売却を行った案件は，東芝による，東芝メディカルシステムズのキヤノンへの売却のみである。また，PE ファンドに売却した案件は，同案件規模上位には 1 件もない。

三洋電機は業績不振に陥り，パナソニックが救済する形で買収を行った案件である。また東芝も自ら積極的に企業価値向上のために東芝メディカルシステ

[図表 3－6]　2000年以降の PE ファンド案件（上位10件）

発表日	ターゲット	買い手	売り手	取得価格（億円）
2006	すかいらーく	野村プリンシパル	－	2,950
2003	ジャパンテレコム	Ripplewood 等のコンソーシアム	Japan Telecom Holdings Co., Ltd	2,613
2011	すかいらーく	Bain Capital LLC	野村プリンシパル	2,600
2007	東京スター銀行	Advantage Partners LLP	Lone Star Shareholders	2,539
2005	国際航業	Cerberus Capital Management LP	UFJ ホールディングス	2,500
2004	DDI Pocket Inc.	Carlyle Group LP 京セラ	KDDI	2,200
2014	GE Japan の住宅用不動産事業	Blackstone Group LP	GE Japan	1,900
2013	パナソニック　ヘルスケア	KKR	パナソニック	1,650
2005	コクド	Cerberus	－	1,331
2006	Toshiba Ceramics Co., Ltd	Carlyle Group	東芝	1,200

（出所） Speeda。筆者編集。すかいらーくおよびコクドの「売り手」の欄は空欄としている。すかいらーくは TOB，コクドは第三者割当増資による過半数取得案件。

ムズを売却したわけではなく，同社の不正会計に端を発した危機に直面し，債務超過を回避するための資本増強の手段として売却を実施したケースである。多くの本邦企業が売却を真剣に検討するのは，このように自社が存亡の危機に瀕したときのみという傾向が強い。

図表3-6は，2000年以降2016年7月末現在までにPEファンドが関わったM&A規模上位10件の案件である。そのなかで本邦上場企業が自社の子会社や事業をPEファンドに売却したケースはKDDI，パナソニック，東芝の3社である。残りは破たん企業の救済（コクド）や金融機関やファンドが保有している事業の売却等である。また，すかいらーくは，オーナー家によるMBOであり，経営陣としてはむしろ売却というよりも不特定多数の株主からの買い戻しという感覚が強い。

第2節　大型 M&A 実施企業の付加価値創造

近年の傾向となっている海外での大型買収を実施している企業は，株主に付加価値を提供しているのだろうか。本節ではいくつかの指標をもって検証する。

分析にあたり製造業を中心とし，食料品業種からはアサヒホールディングス（以下，アサヒ），キリンホールディングスおよび日本たばこ産業（以下，日本たばこ），電気業種からはキヤノン，パナソニックおよびブラザー工業，医薬品業種からはアステラス製薬（以下，アステラス），エーザイおよび武田薬品，精密業種からはテルモ，機械業種からは小松製作所およびダイキン工業（以下，ダイキン），化学業種からは旭化成の合計13社に関して検証する。

図表3-7は各社が手掛けた主な買収案件である。ほとんどのケースが新たな事業領域もしくは新たな地域への進出という性質のものである。

当該13社につき各社およびその属する業種平均につき，過去約10年間のパフォーマンスのPBR，ROE，絶対株価の推移を検証する。

これらの指標の中でPBRは長期の付加価値を検証するのに最も適していると考える。ROEやPERは特定年度に大きな利益の振れ，特に大きな損失やのれんの償却等がある際に平均値を計算した場合，実態がわかりにくくなる傾向がある。また当該年度を平均値から除外する場合でも，その除外の基準に恣意性が加わってしまうおそれがある。PBRはROEとPERの積でもある（第1章参照）ため，双方をも捉えているという考え方もできる。

［図表3－7］ 各社の主要買収案件

買い手	ターゲット	取得価額（千億円）	発表年
アサヒホールディングス	SAB Millerの欧州ビールブランド	2.9	2016
キリンホールディングス	National Foods	2.9	2007
キリンホールディングス	Lion Nathan	2.9	2009
日本たばこ産業	Gallaher Group plc	17.9	2006
キヤノン	Axis AB	3.6	2015
パナソニック	Hussman Corporation	1.7	2015
ブラザー工業	Domino Printing	2.0	2015
アステラス製薬	OSI Pharmaceutical	3.6	2010
エーザイ	MGI Pharma	4.4	2007
武田薬品工業	Millenium Pharmaceuticals	8.9	2008
武田薬品工業	Nycomed	10.0	2011
テルモ	Caridian BCT	2.2	2011
旭化成	ZOLL Medical	1.8	2012
旭化成	Polypore International	2.6	2015
小松製作所	Joy Global	3.0	2016
ダイキン工業	OYL Industries	1.3	2006
ダイキン工業	Goodman Global	3.0	2012

（出所） Speeda。筆者編集。

またこれも第1章でも触れられているが，PBRは会計上の資本（株式）をどの程度上回っているか（1以上），または下回っているか（1以下），すなわち株主に対して財務資本以上の付加価値を創造しているか否かということをシンプルに示すというメリットがある。

絶対株価の推移は一定の意味は持つものの，企業間比較の際には各社配当や自己株取得等の株主還元政策が異なるため，還元の部分も含めた均一の比較は困難である。

1 各社とも高いPBR（付加価値創造）を実現

図表3－8は，各社の2007年1月から2016年7月末の約10年間のPBR平均および2016年7月末時点のPBRを示したものである。東証一部上場企業の同期間平均は1.0倍であり，また足許2016年7月末時点でも1.0倍である。詳細は割愛するが，この10年間，多少の上下の変動はあるものの，第1章にあるとおり，ほとんど1.0倍前後の水準で推移している。

［図表3－8］　各社のPBR

	10年平均PBR（倍）	16年7月末PBR（倍）
東証一部上場企業過去10年平均	1.0	
2016年7月東証一部上場企業平均		1.0
アサヒホールディングス	1.7	1.9
キリンホールディングス	1.4	2.4
日本たばこ産業	2.7	3.3
2016年7月末東証食品業種平均		1.5
キヤノン	1.8	1.3
パナソニック	1.3	1.5
ブラザー工業	1.4	1.0
2016年7月末東証電気業種平均		1.2
アステラス	2.1	2.9
エーザイ	2.7	3.1
武田薬品	1.8	1.9
2016年7月末東証医薬品業種平均		1.8
テルモ	2.8	3.3
2016年7月末東証精密業種平均		1.4
小松製作所	2.2	1.3
ダイキン工業	2.2	2.6
2016年7月末東証機械業種平均		1.0
旭化成	1.2	1.1
2016年7月末東証化学業種平均		1.0

（出所）Speeda。東京証券取引所。筆者編集。

図表3－8からもわかるとおり，ほとんどの当該企業は東証一部平均PBRを超えており，また大半の企業が業種平均も超えている状況である。日本たばこ，アステラス，エーザイ，テルモ，ダイキンは特に大きく業種平均のPBRを超えていることが見て取れる。テルモに関しては，精密業種のみならず，医薬品業種平均も上回る。同社の過去平均2.8倍，および2016年7月末時点の3.3倍は，医薬品業種平均の1.8倍と比べても優れた付加価値創造の数値となっている。

これらの企業群は，海外M&Aを行った結果として高いPBR（付加価値）がついているということではないと考える。このように買収を通じて企業を成長させ，グローバルに展開していこうという意志を持って経営されている（非財務資本）からこそ，長期間にわたって投資家からの「評価」を得ているのではないか。

大型の海外買収案件を実施するには，買収側のマネージメント，事業，財務，法務，人事等，社内の各組織にそれを受け入れる素地がないと難しい。このような案件を実行に移すためには，社内の人材やノウハウに相当な投資を実施する必要がある。そのような投資を日頃から行い，企業の経営を長期目線でかつグローバルな視野を持って行っているからこそ，高付加価値を実現できているということではなかろうか。第1章で述べられている非財務資本とも通ずる考え方である。

2 ROEおよび株価のパフォーマンスはまちまち

これも第1章で述べられているがROEの目安として8％という数字を耳にすることも多いかと思う。**図表3－9**のとおり，13社の大半の企業は足許もしくは過去平均でその水準を超えていることがわかる。共に8％を超えている企

［図表3－9］ 各社のROE

ROE（%）	10年平均	直近期末
アサヒホールディングス	8.7	8.7
キリンホールディングス	3.9	－5.4
日本たばこ産業	14.2	19.5
キヤノン	10.1	7.4
パナソニック	3.8	11.0
ブラザー工業	10.5	9.2
アステラス	11.1	15.0
エーザイ	9.6	9.4
武田薬品	8.1	3.9
テルモ	10.8	9.3
小松製作所	14.0	9.0
ダイキン工業	9.6	13.4
旭化成	8.2	8.6

（出所） Speeda。筆者編集。パナソニックは2011年度，2012年度に多額の特別損失を計上しているため平均値の計算より除外。

業に関しては，網掛けで示している。

ROEは平均を見るよりも各年度の実績値およびその推移を見る方が適しており，長期平均は時には会社の状況を見誤らせてしまうことはすでに述べたとおりである。たとえば，パナソニックは過去リーマンショック後に大型のリストラを実施し，その際に巨額な損失を数期にわたって計上した。その際の当期損失の額が巨大であったため，該当期を計算に含めてしまうと10年平均ROEをマイナスにまで引き下げてしまう結果になるのである。

一方で，株価の推移に関しては各社各様の状況である。**図表3-10**は，2007年1月時点を100として2016年7月末時点でいくらかという値を指数で示している。100を超えていれば，その分，株価は上昇しており，逆に下回っていれ

[図表3-10] 各社の株価推移

	10年パフォーマンス
TOPIX	79.0
アサヒホールディングス	186.1
キリンホールディングス	94.0
日本たばこ産業	140.5
東証食料品業種平均	150.7
キヤノン	44.9
パナソニック	42.0
ブラザー工業	73.6
東証電気業種平均	73.2
アステラス	163.3
エーザイ	94.1
武田薬品	57.3
東証医薬品業種平均	116.0
テルモ	192.4
東証精密業種平均	79.0
小松製作所	87.0
ダイキン工業	225.3
東証機械業種平均	97.8
旭化成	100.5
東証化学業種平均	102.0

（出所） Speeda。筆者編集。

ば下落しているということだ。TOPIX が79ということは21％程度下落しているということである。この間，TOPIX および業種平均の双方のパフォーマンスを超えている企業は，アサヒ，アステラス，テルモ，ダイキンの僅か４社である。

第３節 ケース紹介 — 旭化成とパナソニック

今回ケースを選ぶにあたって日本たばこ，日本電産やソフトバンクといったM&A 成功事例として数多く紹介されている企業は避け，あまりフォーカスが当たっていない大型案件のケースを選んでみることにした。旭化成およびパナソニックのケースである。

案件を選出するにあたり，案件発表後数年は経っており，ある程度成果を検証できること，後述するが開示の充実の観点から買収案件については北米上場企業を対象とした案件であること，また客観的な検証を行うべく筆者の関わりが低い案件および企業であることを重視した。

今回取り上げるケースは買収と売却でついになっており，それぞれ特徴がある。１つ目の旭化成は新規事業で北米に進出し，事業基盤を作るケースである。パナソニックは今後成長のための投資をしないと決めた事業の売却である。

また，いずれのケースも，成長に向けての「障壁」に直面し，それを乗り越える手段として M&A を実施したという共通点がある。

旭化成は新たな成長の柱として北米救急医療機器専業大手，ゾール・メディカル（もしくは ZOLL）社を2012年に買収した。今でもそうであるが，当時の ZOLL 社は高成長企業であった。高成長の企業の場合，対象会社もバリュエーションに対して強気であることが多いため，価格交渉は大変である。新規事業でかつ新しい地域の進出のケースは既存の経営陣を保持（もしくはリテンション）した方が買収後の運営という観点では無難である。激しい価格交渉の中，既存経営陣のリテンションができるよう，友好的に案件をまとめる必要がある。また買い手側の投資家の観点では最も不安に感じるタイプの案件であり，買収前の戦略に関する説明および買収後の買収意義の説明は大変重要となる。

第２節でも触れたとおり，企業の成長のために新たな領域，もしくは新たな海外市場にての買収を検討しているケースは多い。幸いにも旭化成は本買収のインテグレーションにも成功しており，企業価値向上に十分貢献する成果を上げている。

本件を選んだもう１つの理由はZOLL社が米国上場企業であったからである。買収に至る過程，買収に合意した背景，バリュエーション等の開示が充実しているのである。SEC（米国証券取引委員会）のルール上，そのような開示が義務づけられているのである。

旭化成がどのように本買収案件を遂行し，成功に導いたのかを紹介する。また視点を変えて，投資家の利益最大化を最も重視する米国の取締役会がどのような議論を経て売却合意に至ったのかも明らかにする。その内容も本邦企業の取締役会での判断や議論の参考になればと願う。

パナソニックは医療機器子会社のパナソニックヘルスケア株式会社（以下，パナソニックヘルスケアもしくはPHC）を2013年に投資ファンドのKKR（米国に本社を置くグローバルPEファンド大手）に売却した。パナソニックが業績不振の際に行ったリストラの一環としての事業売却である。本件はパナソニックの企業価値向上に貢献したのみならず，PHCに外部資本を導入したことでPHCの成長にも貢献している。

以下，簡単に各社の概要を紹介する。

【旭化成株式会社】

設立時期：1931年
代表取締役社長：小堀秀毅
従業員数：32,821名（2016年３月末時点）
決算期：３月31日
事業概要：「マテリアル（化学およびエレクトロニクス）」，「住宅」，「ヘルスケア」を主要事業とする総合化学メーカー
時価総額：10,981億円（2016年７月末時点）
取締役会構成：社内６名，独立社外３名
株主構成：金融機関等46.2%，その他法人3.8%，外国法人等32.5%，個人その他17.6%（2016年３月末時点）
主要財務データ：

決算年月	2015年３月	2016年３月
売上高（億円）	19,864	19,409
経常利益（億円）	1,579	1,652
当期純利益（億円）	1,057	918

純資産額（億円）	10,977	10,574
自己資本比率（%）	53.7	47.1

（出所） 有価証券報告書，決算短信。筆者編集。

【パナソニック株式会社】

設立時期：1935年
代表取締役社長：津賀一宏
従業員数：249,520名（2016年３月末時点）
決算期：３月31日
事業概要：部品から家庭用電子機器，電化製品，FA 機器，情報通信機器，および住宅関連機器等に至るまでの生産，販売，サービスを行う総合エレクトロニクスメーカー
時価総額：23,465億円（2016年７月末時点）
取締役会構成：社内13名，独立社外４名
株主構成：金融機関等30.7%，その他法人7.0%，外国法人等31.2%，個人その他31.1%（2016年３月末時点）
主要財務データ：

決算年月	2015年３月	2016年３月
売上高（億円）	77,150	75,537
営業利益（億円）	3,819	4,157
当期純利益（億円）	1,795	1,933
純資産額（億円）	18,543	19,925
自己資本比率（%）	30.6	30.5

（出所） 有価証券報告書，決算短信。筆者編集。

1　典型的な企業買収プロセス

両社のケースに入る前に，本セクションでは企業買収の典型的なプロセスに関して説明する。このようなプロセスに関する資料や著書は多く存在するので簡潔に述べる。

主に以下の10段階に分かれる。⑴戦略の策定，⑵戦略に合致したターゲットの選定，⑶公開情報に基づく対象企業の分析，⑷コンタクトを実施し，買収の

意向を伝える，(5)先方に検討する余地がある場合には対象会社の株主もしくは取締役会（後者の場合は大概CEOが窓口）との主要条件交渉，(6)買収監査[8]（もしくはデュー・デリジェンス，あるいはDD）の実施，(7)買収監査と同時並行で最終合意書[9]（もしくは最終契約書）案および価格の交渉，(8)最終合意書の締結（もしくはサイニング）および対外発表，(9)買収の完了[10]（もしくはクロージング），(10)買収後のインテグレーションといった流れである。

随分と手間がかかるプロセスなのである。

逆に売却側からすると，コンタクトを受け売却してもよいと判断したら，(1)DDの受け入れとその準備，(2)最終合意書案および価格の交渉，(3)最終合意書の締結および対外発表，(4)クロージングに向けた協力といった流れとなる。

また，買収の成功のための要素だが，①戦略の立案，②買収するターゲットの理解，③妥当な買収価格，④買収後のインテグレーションの成功と考える。

まず初めに戦略が定まっており，かつ現実的であること，その戦略にターゲット企業が合致していること。次にターゲット企業の事業のファンダメンタルズ[11]および「人」をよく理解していることである。買収提案を実施する前からの理解も重要であるとともに，交渉の過程でさらに理解を深める必要がある。その理解の深度が妥当な買収価格の提示および想定通りのインテグレーションに繋がるのである。そのプロセスの最初の「山」がプロセスの10段階における(3)の公開情報に基づく分析である。

買い手は公開情報に基づく分析を通じて事業内容，その競争力，事業に関連するリスク（訴訟，特許等），会計上のリスク，経営陣（キーマンの特定），株主構成および適正な企業価値算定（もしくはバリュエーション）の把握[12]に努める。その分析に基づき一定の仮定を置き，いつ，誰に，どのようにしてコンタクトするか，買収後どうインテグレーションを実施するのか，税務等の観点からどのような買収ストラクチャーにすべきかを定める。

また，ここで行う初期的なバリュエーションに基づき，最初に提示する価格および提示価格の上限もある程度定めておくのである。さらにはターゲットの選定時にすでに検討している，買収の戦略的意義の確認をあらためて行うことも重要となってくる。

このような分析を実施する際，投資の規模にもよるが，企業はコンサルティング会社，法務や税務の専門家も交えて検討を実施するケースも少なくない。

同分析を行うための情報が十分取得可能か否かは，対象企業が上場企業か否か，上場企業であっても開示が充実しているか否かによって大きく異なる。情報が限定されている場合には，この事前分析は薄くなってしまうため，ステップ(6)における DD は詳細でかつ中身の濃いものとなる。一方，上場企業でかつ開示も充実しているターゲットの場合の DD は相当限定的なものになる。

ステップ(5)の主要条件の交渉だが，対象企業が DD を受け入れてもよいと考える初期的な価格[13]（法的拘束力のない価格もしくは non-binding bid）の交渉が主な中身となる。

DD 段階ではデータルーム[14]に資料が用意され，マネージメント・プレゼンテーション[15]が実施されることが一般的である。それを通じて買い手はターゲットの事業内容やリスク（アップサイド，ダウンサイドともに）を把握するよう努めるのである。それらの情報を価格や最終合意書案の交渉，買収後のインテグレーション計画に反映し，最終的に合意に向かっていくのである。

2 旭化成による ZOLL 社買収

（1） 買収直前の旭化成の状況

旭化成の主な事業構成はケミカル，住宅，医療・医薬，エレクトロニクスおよび繊維であり，その中でも全社の業績はケミカルおよび住宅のパフォーマンスに大きく依存する状況であった。

2008年後半に起きたリーマンショックの影響で，当社も大幅な売上および利益の減少に直面していた。国内の総合化学メーカーは全般的にグローバル再編に取り残されており，国際競争力は決して強いとは言い難い状況である。リーマンショックによる景気の低迷のなかでケミカル事業を伸ばすというシナリオは考えにくい状況であった。また，住宅事業は国内中心の事業である。日本国内の人口の大きな伸びでもない限り長期にわたっての大きな成長が望めないのは明らかである。

リーマンショック直後の2009年３月期およびその翌期の2010年３月期は売上も利益も大幅に低下したことを**図表３-11**で示している。また，その後の業績は回復したものの，リーマンショック以前の2008年３月期の水準には戻っていない状況であった。

［図表３-11］　旭化成の2008年３月期以降の連結業績

決算年月	2008年３月	2009年３月	2010年３月	2011年３月	2012年３月
売上高（億円）	16,638	15,212	13,922	15,559	15,732
営業利益（億円）	1,277	350	576	1,229	1,043

（出所）　有価証券報告書。筆者編集。

図表３-12は旭化成の主要セグメントの売上高および営業利益を示している。各セグメントとも業績が安定的に成長しているとは言い難い。住宅事業は回復を見せたものの，ケミカル事業は引き続き不安定な状況であった。また医療・医薬は伸びているものの，全社業績を押し上げる規模は欠けている状況であった。

［図表３-12］　旭化成のセグメント情報

エレクトロニクス	2009年度通期	2010年度通期	2011年度通期
売上高（百万円）	143,859	159,066	146,721
営業利益（百万円）	7,243	14,258	6,423
医薬・医療	**2009年度通期**	**2010年度通期**	**2011年度通期**
売上高（百万円）	113,303	116,468	119,506
営業利益（百万円）	3,999	7,045	8,804
ケミカル	**2009年度通期**	**2010年度通期**	**2011年度通期**
売上高（百万円）	638,588	760,899	700,617
営業利益（百万円）	26,068	64,379	44,486
住宅	**2009年度通期**	**2010年度通期**	**2011年度通期**
売上高（百万円）	389,752	409,384	452,028
営業利益（百万円）	25,340	36,476	46,340

（出所）　Speeda。年度通期は翌年３月期と同義。

このように業績が低迷し，将来への成長のドライバーが見えない中で株価も低迷し，時価総額は一時1.2兆円程度あったものが，2009年のリーマンショック以降は，その半分の6,000億円前後を行き来している状況であった。またPBRにおいても１倍程度で推移している状況であった（**図表３-13**）。

旭化成としては，第１節で述べた大きな「障壁」に直面している状況である。

［図表 3 -13］　旭化成の株価推移

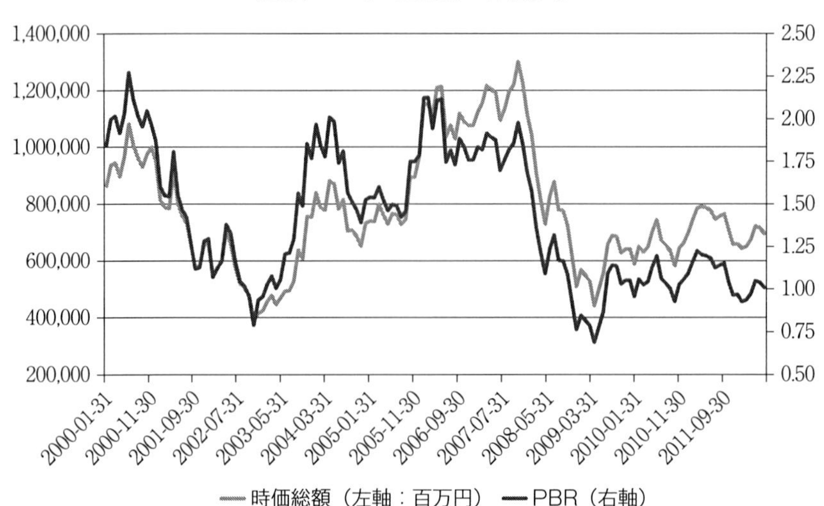

（出所） Speeda。筆者編集。

そのような中，2011年12月 3 日に同社は2015年に向けた中期経営計画を発表した。リーマンショック後の厳しい環境の中で練った計画である。

その中で21世紀の社会が求める新しい価値を「健康で快適な生活」，「環境との共生」と考え，この価値の提供に貢献することをグループの方針として掲げた。**図表 3 -14**に示すとおり，その一環として医療関連事業の拡大も視野に入っている。

元々，旭化成のヘルスケア事業（医療・医薬セグメント）は泌尿器・骨領域・血液疾患等の医薬事業および透析等の血液浄化関連，バイオプロセス関連の医療機器事業の 2 つの領域により構成されており，全社の成長をけん引するには厳しい規模の事業であった。旭化成はこれらに加えて，新たに成長を牽引する事業基盤の構築を検討し，今後グローバルに成長が期待できるクリティカルケア[16]（救命救急医療）分野に絞り，参入の機会を模索することになる。このような方向性を決定したのは，中期経営計画発表より数年前のことである。

一旦買収すると決定した後は他の買収候補含めて，十分に調査を実施し，直接コンタクトを試み，最適なターゲットを探すことに相当な時間と資源を投入した。その中で ZOLL 社をターゲットとして定めた。当然新たな事業領域であるため，すべてのノウハウが社内に備わっているわけではない。旭化成は国

［図表3-14］　中期経営計画にてヘルスケアでの成長を謳う

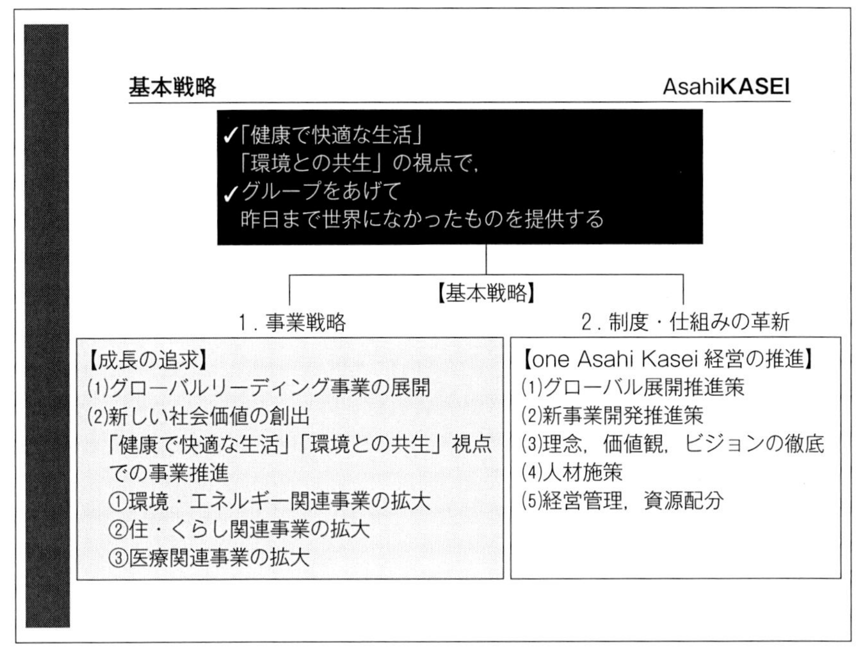

（出所）　旭化成ホームページ。2011年12月発表当社中期経営計画より抜粋。

内外の外部アドバイザー[17]をフルに活用して効果的に調査を進めていった。冷静に自社の力の限界を理解し，外部の力を活用したことも旭化成の蓄積されてきたノウハウとも言えよう。

後述するが，同中期経営計画発表時点で，すでに旭化成はZOLL社買収に強い関心を抱いていた。交渉のタイミングにおいては，買収の具体的な条件提示を同社に初めて打診する直前の状況である。

同中期経営計画の中で2015年度の売上高2兆円，営業利益2,000億円を，2020年度には売上高2.5～3兆円，営業利益2,500億円以上をめざすとした。その実現のためにも今後5年間で1兆円規模の長期投資を実施していくということを説明し，そのうち5,000億円近い資金を新規事業やM&Aに投じていくことも示唆する発表となった。

［図表 3 -15］ 長期投資計画

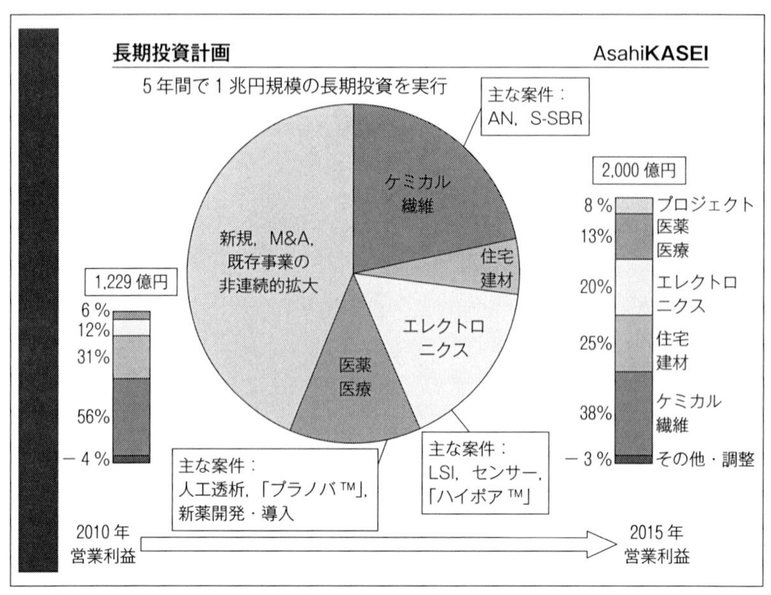

（出所） 旭化成ホームページ。2015年12月発表の中期経営計画より抜粋。

（2） ZOLL 社の概要

設立：1980年
本社：米国マサチューセッツ州
CEO：Richard A. Packer
従業員数：1,908名（2011年10月 2 日時点）
事業概要：生命蘇生技術をコアテクノロジーとする，救命救急領域にフォーカスした医療機器メーカー。同社は生命蘇生技術をコアテクノロジーとした会社で，米国の体外除細動器市場では強固な事業基盤を保有。着用式除細動器「LifeVest」や体温マネージメント機器「Thermogard」等の革新的医療機器で事業拡大を図るとともに，その基盤を欧州，アジアに拡げることを重要な方針として掲げていた。また医療機関および救急機関向け除細動器ではPhilips 社（グローバル医療機器・電気メーカー大手）および Physio Control 社（米国中堅医療機器メーカー）を抑えて最大手のポジション。
旭化成との関わり：事業提携をしており，2011年 8 月より最新型 AED（自動体外除細動器）「ZOLL AED Plus™」の日本での販売を開始。

図表3-16は当時の財務状況を示している。買収前年度の2011年10月2日通期の決算は売上高＄523.7百万，営業利益＄48.2百万であった。売上高成長率は前年比18％であり，営業利益成長率前年比78％である。また過去10年間の売上高CAGRは16％であり，急成長を遂げている企業であった。

[図表3-16]　ZOLL社の業績

	2009/9/27通期	2010/10/3通期	2011/10/2通期	2012/1/2四半期
単位（百万）	USD	USD	USD	USD
売上高合計	385.2	444.0	523.7	133.7
成長率	−	15%	18%	−
製造原価	187.8	202.5	224.0	55.3
粗利益	197.3	241.5	299.7	78.5
販売及び一般管理費	146.3	168.4	207.1	56.9
研究開発費	39.5	45.9	44.4	11.0
営業利益	11.6	27.1	48.2	10.6
成長率	−	134%	78%	−

（出所）Capital IQ。筆者編集。

2006年以降，ZOLL社の成長を牽引していたのが，心肺停止リスクのある患者に用いる着用式除細動器「LifeVest」であった。ZOLL社が患者に医療機関を通じて「LifeVest」をレンタルし，ZOLL社は保険機関から保険償還を受けるというビジネスモデルである。**図表3-17**は買収時の旭化成発表資料であるが，その製品の写真が示されている。

また，2006年発売当時は6百万ドルの売上が2011年には111百万ドルと急成長している製品であったことがわかる。この製品の成長性の評価が買収時の企業価値算定を大きく左右することになる。

ZOLL社の株価はこのような成長性を背景に堅調に推移し，市場平均のS&P500を上回るパフォーマンスを示していた。「(4)　案件経緯」で説明するが，ZOLL社の「LifeVest」の先行きに対する不透明感が出た2011年8月あたりから株価が大きく下落し，軟調に推移した。その問題が解決した2011年12月後半以降は，逆に株価は上昇に転じ，堅調に推移していった。**図表3-18**がその推移を示している。

[図表 3 -17]　ZOLL 社の成長ドライバー「LifeVest」

Life Vest の成長力（FY11 売上 S111mn）　AsahiKASEI

・心停止リスクのある患者に用いる「着用式」除細動器で，のべ 50,000 名以上が使用
・「非侵襲性」が特徴（着脱可能）
・アメリカでは心停止リスクがある患者数が年間 30 万人以上
　ー**満たせていない患者様ニーズには相当の余裕がある**
・また，ドイツなど欧州展開を進めている（日本では未承認）
・**優れたサービスビジネスモデル**：ZOLL が患者様に LifeVest をレンタルし，医療サービス（使用方法説明等）を提供，ZOLL は保険機関から保険償還を受ける（平均着用期間 2 カ月）
・**ユニークな技術であり，薬事承認された唯一の着用式除細動器**

LifeVest の売上高（単位：百万米ドル）

年平均成長率
79.2%
（2006－2011）

2006	07	08	09	10	11
6	17	27	44	71	111

（出所）　旭化成ホームページ。2012年 3 月12日発表「ZOLL Medical Corporation の買収について」より抜粋。

[図表 3 -18]　ZOLL 社の株価推移

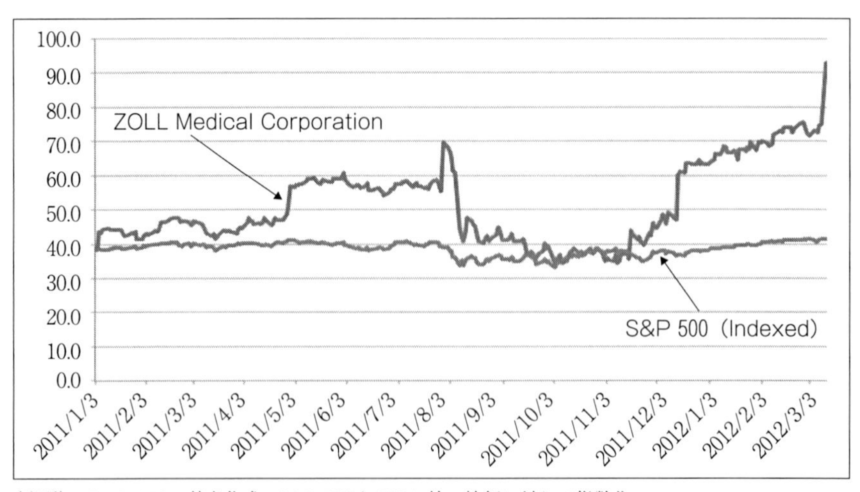

（出所）　Capital IQ。筆者作成。S&P 500は ZOLL 社の株価に対して指数化。

(3)　案件概要および買収の意義

2012年3月12日に，旭化成は，米国上場の医療機器中堅メーカーZOLL社を，ZOLL社の米国子会社による公開買付け，およびそれに続く現金対価の合併により買収することに合意したことを発表した。

ZOLL社の発行済普通株すべてに対して，1株当たり93.0ドル，総額約22.1億ドル（当時で約1,800億円）で取得すること，両取締役会の承認を経た上での友好的な買収であることも併せて発表した。

本買収の背景として，同社との協業を開始した後，同社の日本における薬事コンサルタントおよびマーケティングを，旭化成グループ企業が引き受けるなどの幅広い協力関係を構築し，今後の両社のさらなる協力関係の強化について協議してきた結果，旭化成とZOLL社との間で本買収の合意に至ったと説明した。

本買収により，旭化成はこれまで既存の医薬，医療機器事業を通じて培った，医療現場へのマーケティング力，製品開発力および薬事法等の規制や医療保険制度への対応力を活かすことによって，ZOLL社の日本およびアジア事業拡大を加速することが可能であり，またZOLL社の製品の競争力を強化することができるとの考えを示した。また，ZOLL社の救命救急医療のグローバルに強固な基盤を確保することによって，さらなる成長のための投資の機会を得ることが可能となったとの見解を示した。

また本買収後も，同社の成長戦略の実現および加速のために必要な資源投入を図り，上記の付帯効果を着実に実現し，旭化成の将来の中核事業とするために，M&Aを含め積極的な戦略的投資を行うとの意向も発表した。

救命救急医療分野での革新的医療技術の開発・普及に取り組み，国内外で医療施設のニーズ解決と患者様のQOL向上に貢献していくことにより企業価値向上を図るということを意図した買収であった。買収金額は米ドルで約22億ドル，EBITDA倍率[18]では直近12カ月（もしくはLTM）の約26倍であり，数字だけを見た場合には決して安い買い物には見えない取引であった。

結果論と批判される覚悟を持って述べるが，ZOLL社は外部から見た場合，買収提案に応じる可能性は十分にあったと言えよう。

その主な理由としては，1992年より上場しており，1999年以来CEOのPacker氏はCEO職に約13年も就いているため自社の次のステージを模索していた可能性が高いことがあげられる。しかし，2006年より販売を開始した「LifeVest」が同社の成長ドライバーであったものの，株価をもう一段大きく押し上げる材料は足許にはない状況であった。

このような場合，自社でさらに企業価値もしくは株式価値向上を図るための選択肢は限られてくる。将来の成長性も勘案し，プレミアムを付した金額を提示すれば十分買収できる可能性があるというふうに見えるのである。

(4) 案件経緯

ここでは，買収側の旭化成とターゲット会社のZOLL社との最初のコンタクトから買収合意に至るまでのやり取りを紹介する。

先述のとおりだが，米国上場企業買収の際には詳細に取引の経緯を開示する必要がある。SECの規定により，買い手は公開買付けを実施する場合にはSC-TOという様式での開示を求められ，売り手はSC14D-9という様式での開示を求められる。

特に後者の資料は，交渉の経緯，株主価値最大化という観点で売却することを妥当と判断した根拠，フィナンシャル・アドバイザー[19]（FA）によるフェアネス・オピニオン[20]（fairness opinion；FO）等の開示が求められる。この交渉の経緯を開示させる理由は，株主価値最大化を実現する最良の条件を取得するように取締役会がしっかりと交渉したかを公にするためである。

買収成功の要因として，ターゲット企業の事業内容およびターゲット企業の「人」を理解することの重要性を述べたが，どのような経緯で理解を深め，かつ相互信頼を築いていったかも紹介する。また，このような案件をやりきる企業の強い意志も伝わればと考える。

売り手側に立って，ZOLL社としてどのように会社の状況が推移し，売却を合意するに至ったか，どのような取締役会での議論や判断がなされていったかも併せて紹介する。

若干余談だが，よく米国の上場企業の買収に関して，米国は合理的な市場であるから，株価にそれなりのプレミアムを付与し，価格を出せば買えるというイメージを持たれる方も少なくない。

会社が登記されている州の州法にもよるが，大概の場合には「売却してもよいか否か」という判断は取締役会に委ねられており，「売るつもりはない」と突っぱねることも多い。

このような行動スタイルはビジネスジャジメントルールといい，単独で今後事業を営んでいる方が提示された買収価格よりも高い企業価値＝株価を実現できるという経営の判断を取締役会がすることを認めている。

この際の単独で実現できる価値は，取締役会で承認された事業計画に基づいた企業価値を指し，DCFに基づいた企業のファンダメンタルズの価値算定が重視される。プレミアムは，あくまで買収提示価格がどれだけ株価を上回っているかの参考値であり，その提示価格が対象会社の考える本源的価値を超えていなければ意味がないのである。

一方，一旦売却するということを決めた場合には，当該企業は株主利益の最大化のために，取締役会は売却価額の最大化をめざさなくてはならなくなる。場合によっては，幅広く高い買収の条件提示（もしくはビッド）をする可能性のある候補がいないかを探しにいくことを，取締役会が支持するケースもある。そういったこともあり，米国上場企業のCEOが仮に「買収提案をしてきた日本の会社と一緒になってもよいかもしれない」と考えた場合でも，なかなか首を縦に振れないのである。

提示された条件は単独で事業を営んで実現できる株価よりも高いが，株主に報いることができるであろうか。仮に条件を競わせるための「競合ビッド」[21]（もしくは競合入札）プロセスを実施することになった際には，「この日本の買い手候補は競争に勝ちきれる程度の魅力的な条件を出せるのだろうか」ということも考えているのである。

またすでに述べたとおり，米国上場企業が売却に合意した場合には買い手とのやり取りの経緯の詳細，売却を合理的だと判断した根拠をSEC当局に開示することが義務づけられている。したがって，ターゲット側としてもCEOおよび取締役会は条件提示を受けた際には慎重な議論を重ねる。提示された条件が自社の本源的価値を反映していなければ，DDの受け入れもない。また，DDを一旦受け入れた場合においても，買い手と熾烈な条件交渉をしてくるのである。

「売却してもよい」という返答，がいつ，どのようにくるかは買い手側としてコントロールすることは難しい。この間に先方の理解を深め，関係構築をしていくということは大変重要である。

先方より「売却を検討してもよい」，「デュー・デリジェンスを受け入れてもよい」という返答を得た場合には，そこからの動きは早い。せいぜい3～4週間でDDおよび最終合意書の締結を済ませる必要がある。米国上場企業の開示は相当充実していることがその根拠となっている。一方，事業計画を含めた将来の予測数値は開示されていないため，買い手にとってはその検証はDD期間の大きな作業の1つとなる。

対象企業が提案を受ける際，その提案の確実性[22]および買い手の動ける速さ[23]も重要となる。そういった意味でも，事前の準備，調査，分析が重要なのである。

[最終合意に至るまでの主な経緯]

ここでは，ZOLL社が開示したSC14D-9を元に経緯の概略を説明し，それぞれの局面で，なぜ旭化成が買収の成功につなげることができたのかを明らかにする。

旭化成からZOLL社に対する働きかけという視点と，株主利益の最大化という受託者義務（fiduciary duty）を有する米国上場企業ZOLL社およびその取締役会としての視点とを分けて記述していく。

さらには，各々重要な局面および事象については別途解説を加えることとする。

■旭化成からZOLL社に対する働きかけ

2010年11月初旬より，ZOLL社は世界で2番目に大きい医療機器市場である日本での展開を考えていた。その中で旭化成を含む数社と，同社の除細動器AED Plusおよび体温マネージメント製品群Thermogardに関する販売提携の交渉を実施していた。旭化成とZOLL社との交渉は翌年に入っても継続され，それらの製品も含め，より広範囲の製品群を日本で取り扱うという話にまで発展していった。

その間，旭化成はZOLL社を訪問し，同社の製品およびその市場性，製造その他のオペレーションを目にする機会も得た。またこの間，旭化成は，ZOLL社が日本において製品の品質管理および当局対応を委任していたADMIS社の株式の98.44%を取得した。

旭化成側はZOLL社の事業および製品ポートフォリオを魅力的に感じていたものの，ZOLL社のバリュエーションの理解は深化できておらず，またZOLL社売却可能性に関する意向も不明であった。

ZOLL社CEOのRichard Packer氏の意向を探るべく旭化成の吉田氏（当時，専務執行役員）はPacker氏に面談を申し入れ，2011年6月に面談を実施した。その際に吉田氏より，ZOLL社に大変魅力を感じているということ，またあくまで一般論としてではあるものの，今後の関係強化のために資本提携を検討してもよいと考えていることを伝えた。Packer氏の返答は，ZOLL社は十分な現預金も保有しており，資金調達のニーズもないため，資本提携は必要ないというものであった。

その後も両者間ではZOLL社製品の日本での販売提携の話は継続された。7月12日には，旭化成の子会社ADMIS社に独占的にZOLL社製品を輸入および販売する権利を付与することに合意した。また，両者がさらに販売や研究開発の提携可能性を模索することにも併せて合意した。

2011年9月2日に，旭化成の藤原社長，氷上経営戦略室事業開発グループ長，他1名がZOLL社本社を訪問し，Packer氏のほかCFOのWhiten氏を含む同社の何名かの主要経営陣と面談をした。社内を案内してもらった後，藤原氏，氷上氏，Packer氏およびWhiten氏があらためて席に着いた。その際，旭化成側より救急医療事業の拡大を加速しようという戦略の説明および双方合意できるのであれば両者の統合[24]に関して，初期的ではあるものの，関心がある旨を伝えた。

一方，この面談に先立ち，8月にZOLL社の成長ドライバーとされていた製品の着用式除細動機「LifeVest」の保険償還[25]に関して不透明感が出てきたとのニュースが出ていた。そのため旭化成としても具体的な条件提示を行いにくい状況であることも先方に伝えた。

7月末時点のZOLL社の株価は約70ドルであったが，このニュース直後の8月8日には44.46ドルまで株価は下落してしまった。Packer氏からは，会社の売却は模索していないものの，「株主価値の最大化に寄与する魅力的な機会があれば検討しないこともない」[26]との返答があった。

■ ZOLL社または取締役会の視点

2011年9月2日の旭化成との面談を受け，Packer氏はZOLL社取締役会会長のSmith氏に面談の内容を報告した。

■旭化成からZOLL社に対する働きかけ

帰国後，氷上氏は「LifeVest」の保険償還に関するZOLL社側の考え方への理解を深めるべくPacker氏とメール等でやり取りを実施し，翌月あらためてボストンで面談を行う運びとなった。

また2011年11月には，旭化成の招待でPacker氏が来日した。その際，販売提携の拡大の話とともに，再度ZOLL社の株式の取得に関してPacker氏の考えを尋ねた。

この場では同氏より，「LifeVest」関連の不透明な状況は近々解決されると考えていること，また近々好調な決算も発表できる予定であり，前回同様売却を模索している状況ではないとの返答であった。そのような返答を受けた中でも，旭化成としては仮に買収ということになった場合は，ZOLL社の現経営陣には残ってもらいたいと考えていることも伝えた。

【解説：ターゲットの理解】

ここまでの過程でわかるように，初めて日本での販売提携の会話をしはじめた時から，すでに1年が経過している。

その間，既存の事業提携を軸にさまざまなコミュニケーションの場を持つことが可能となり，旭化成としてもZOLL社の製品およびその市場性への理解をしっかり時間をかけて分析することができている。

また，CEOであるPacker氏の人となりも理解し，旭化成トップの藤原氏含め，人間関係の構築が進みつつあった。

また，このような提携関係があるため，ZOLL社としても事業提携先のパートナーに対する事業の説明が重要ということも認識している。したがって，この後の経緯でも触れるが，ZOLL社の企業価値算定を大きく左右する「LifeVest」関連の情報収集自体も比較的スムーズとなる。

すべての買収のケースにおいて，本ケースのように事業提携の話から買収につながっていくわけではない。しかし，本件に限らず過去の買収案件を見ていても，すでにトップ同士の面識があったり，過去に事業提携の話を密接に行った経緯があるため先方の事業がよくわかっているような買収事例は，比較的成功しているように思える。

■ ZOLL社または取締役会の視点

2011年11月15日にZOLL社の取締役会が開催された。翌年度の業績の見通しを報告するとともに，翌年度の予算の承認を得ることが主な議題である。また，この席にて「LifeVest」の保険償還の不透明感およびそれが業績や株価に与える影響に関しても議論がなされた。

Packer氏は，この場で直近の旭化成との事業提携拡大の議論の進捗および買収意向を表明されていることに関して報告。取締役会としては，販売提携の拡大の議論は進め，必要であれば「LifeVest」の保険償還の件も含め，同提携に必要な，より広範な同社の情報を旭化成に開示することも指示した。

その翌日，同社の株価は35.66ドルにまで下落。株式市場が締まった後にZOLL社は10月末の決算を発表。同日，アナリスト向けの決算説明の電話会議を実施し，その中で「LifeVest」の不透明感から業績の伸びが想定以下であったものの，今後，保険償還の問題は解決するはずだとの考えを示した。また可能性は低いものの，仮に保険償還が付かない場合においても「LifeVest」は一定の伸びを達成する見込みであり，同社の成長を牽引するはずだと説明した。

■旭化成からZOLL社に対する働きかけ

この決算発表は誰もが聞くことができるため，旭化成の案件メンバーもその様子を把握できる。11月下旬，氷上氏はPacker氏と連絡をとり，これまでの議論の継続のために再度直接会うことを提案し，その結果12月9日にドイツのフランクフルトで会うこととなる。

旭化成サイドは，この際に具体的な条件提示をすることを検討する。Packer氏が「LifeVest」の見通しに対しては強気であることは容易に想像がついていた。そういった意味でも，保険償還の問題がある程度解決する前提で条件提示をしなくてはならないと感じていた。また，足許を見た条件提示をした場合には，Packer氏との関係を悪化させてしまうおそれがあるという感覚も持っていた。

一方で仮に保険償還がうまくいかない場合のダウンサイドは守りたいという気持ちもあった。

12月9日に先立ち12月3日には旭化成は投資家向けに中期経営計画を発表しており，医療事業の拡大，積極的にM&Aを実施して長期成長に向けた投資を行うという方針を発表していた。12月9日に，藤原氏，氷上氏，Packer氏とWhiten氏が面談を実施。その際に藤原氏より口頭にて，ZOLL社の発行済普通株式すべてを1株当たり66.0ドルで買収する用意があること，また仮に「LifeVest」の保険償還問題が翌年の5月までに解決されていなければ55.0ドルに条件を下げることを提案した。66.0ドルは前日の株価45.70ドルに対して44.4%のプレミアムとなる。

Packer氏からの返答は売却を模索している状況ではない上に，仮に売却をするとしてもいずれの条件も魅力的ではないと考えるというものであった。「LifeVest」問題の解決を信じている同氏からすると，同氏の考える同社の本源的価値からあまりに乖離した条件と捉えたのであろう。

藤原氏からは，非公開情報の開示を受ければ条件の改善が可能かもしれないと伝え，また氷上氏も「LifeVest」のダウンサイドの計画を共有してもらえないかということを依頼した。Packer氏は，特にこれらの要求に対しての対応は明言せず，仮に買収という形にならない場合でも，日本市場での立場の強化をめざそうということを確認する形で面談は終わった。

■ ZOLL社または取締役会の視点

Packer氏は，その後Smith氏にフランクフルトでの面談を報告した。旭化成の提示した内容は十分ではなく，真剣に検討するには値しないものだという判断で合意した。一方で，日本における重要なパートナーとして，ZOLL社の戦略や事業計画に関する追加情報を共有すること自体は問題ないとの判断となった。監査委員会[27]（Audit Committee）会長のWallace氏とも相談したところ，同様の意見であった。

12月15日，ZOLL 社は「LifeVest」の保険償還問題が解決され，従来どおりの償還が得られることが確認されたことを発表した。その結果，同日の株価は前日の46.83ドルに対して約29％上昇し，60.29ドルで取引を終えた。

■旭化成から ZOLL 社に対する働きかけ

ちょうど，このころ氷上氏は Whiten 氏より ZOLL 社の事業計画を受領。同事業計画は同社の７月の取締役会にて承認されたものであった。

DCF 分析において対象企業の事業計画を使用するということをすでに述べたが，買い手が売り手の事業計画を受領したとしても，その数値をそのまま使用するとは限らない。DD やマネージメント・インタビューを通じて別途「買い手ケース」による対象会社の事業計画を作成し，それに基づいてバリュエーションを行うことが一般的である。その結果は，買い手が事業の先行きに不安を感じる場合には，弱い「買い手ケース」の事業計画となる。逆に追加投資も含め，より長期での成長を見込める場合には，対象会社が策定した事業計画よりも「買い手ケース」の事業計画の方が強いものとなる。

氷上氏は「LifeVest」の償還に関しての説明を受け，かつバリュエーションの議論をするために再度面談を依頼する。その際に Packer 氏より，株主価値を最大化できるような魅力的な条件でない限り検討はしないということ，また特に直近の医療機器業界での買収事例におけるバリュエーションを考慮することの発言があった。両者は翌年１月５日にサンフランシスコで再度面談を実施することで合意する。

当然，旭化成としてもすでに株価が60ドルを超える水準に来ていること，かつ保険償還の問題が完全に解決したため，前提条件を見直したうえでのバリュエーションを行い，条件提示をする必要があることは認識していた。

１月５日の面談に際しては，旭化成側からはFAとして登用した投資銀行のメンバーも同席した。この席では１株当たり70ドル台後半の条件を提示する用意がある旨，また買収にあたって「競合ビッドプロセス」となった場合にはそのようなプロセスには参加しない方向で考えている旨を伝えた。

Packer 氏の返答は，70ドル台の条件では株主にとって魅力的に映らないと考えるというものであった。なお，当日の株価は64.49ドルであった。

日本に帰国後あらためて旭化成のメンバーはバリュエーションに関して見直しを実施し，１月10日に両者間で電話会議を実施することになった。１月９日の ZOLL 社の株価の終値は66.21ドルであった。氷上氏より，１株当たり86.00ドルで全発行済普通株式を取得する提案をすべく取締役会の承認を得たことを伝えた。この条件は当時の株価に対して28％程度のプレミアムであり，かつ「LifeVest」の保険償還問題が解決してからの平均株価に対して約35％の水準であった。その他伝えた主な条件は以下のとおりである。

・手許現金および借入れにより賄った現金にて支払う予定であり，資金調達上の制約はない。
・4週間程度のDD期間を要求。ZOLL社の通常の事業運営に支障が出ないよう，最大限配慮する。
・買収による支配権移転により経営陣や主要な従業員に退職金[28]が支払われることになることは認識しているものの，買収後も同社に残ることを前提としている。

Packer氏は，同提案を取締役会と相談すると述べた。

【解説：価格の提示】

ここまで見ると，価格が66.00ドルから70ドル台後半，さらに86.00ドルまで，2カ月の間にずいぶんと上がっているように思う。ただ，この間にZOLL社の会社を取り巻く状況が大幅に改善し，株価も一気に回復してきている状況である。66.00ドルの提示は先行き不透明感がまだ払しょくされる前の時期での提示条件であり，そういった意味では，実際にZOLL社の本来の姿に対して明示的に条件提示したのはこの86.00ドルということになる。

一方で，この短期間の株価の変動に対応して提示価格を変えていく旭化成側の案件メンバーは相当大変だったと想像される。その都度事業のファンダメンタルズを見直し，それに基づきZOLL社の事業計画を検証し，企業価値を算定しなおし，その上で価格を提示するための社内の承認を取るのである。こういったところにもトップも含めた当社の本件に対する「覚悟」が窺える。

■ ZOLL社および取締役会の視点

翌日から2日間にわたって旭化成の提案はZOLL社取締役会の場で議論された。その結果，同社が懇意にしている投資銀行に今回の買収提案の内容を共有し，財務的見地から彼らの意見をきくことが妥当ではないかという結論に至った。

Packer氏はその投資銀行に連絡し，1月17日に予定される取締役会の場にて財務的見地から本提案に関する意見をプレゼンテーションするよう依頼をした。提案の際の分析に必要となる同社の事業計画はすでに共有済みであった。

取締役会として，仮に売却を行う場合には当該投資銀行をFAとして登用する考えでいた。すでに述べたとおり，米国上場企業が売却を実施する際にはFAからのfairness opinionの取得が義務づけられているのである。

1月17日の取締役会には上記投資銀行のほか弁護士[29]も招かれ，仮に売却する場合の取締役会のfiduciary dutyの検証を行った。また当該提案を議論する中で，足許のM&A環境，ZOLL社の買収ターゲットとしての魅力および妥当と思われるバリュエーションのパラメーターも議論され，類似企業比較，類似案件比較に基づいた妥当と思われるバリュエーションに関しても議論がなされた。
また，仮にZOLL社が独立した企業として引き続き営まれた場合の成長機会，事業を営む上でのリスク，将来的な資金ニーズ等も議論し，それぞれのケースにおいての同社の想定株価に関しても検証を行った。さらには，このような提案を受け，他の買い手候補にもアプローチをし，関心を募るべきか否か，そもそもどの企業であれば同社買収に関心を持ちうるかという議論もなされた。結局その点に関しては，機密性の観点[30]および通常の事業運営に妨げ[31]をもたらさないようにという考慮から，現段階でのアプロ—チは行わないこととした。
また，仮に最終合意書を締結した後，ゴーショップ[32]（go-shop）プロセスを実施し，より優位な条件を探るべきか否かということに関しても検討がされた。取締役会としては，この点に関してはもう少し時間をかけて検討し，再度集まる際にあらためて議論を行うということで合意した。
アプローチをする可能性のある潜在的買い手候補先に関しては，その後約1カ月かけて絞り込みを行った。
一方，10日の提案自体に関しては同社が単独で事業を営む場合に実現できる株主価値を十分に反映してはいないものの，仮に旭化成がDDを経てZOLL社の本当の価値を理解すれば条件を見直す可能性があり，株主利益の実現に寄与する条件が出てくる可能性は相応にあると判断した。
DD後には90ドル台の条件を引き出せる可能性があるとし，取締役会としては機密保持契約書に基づきDDを受け入れ，条件の上積み可能性を探るべきとの判断を行った。

■旭化成からZOLL社に対する働きかけ

1月18日に，両社の当事者と双方のFAを交えて電話会議が持たれた。Packer氏よりZOLL社の真の価値を理解できるよう，機密保持契約の締結を行ったうえでのDDを受け入れること，またその期間は最大4週間までとのコメントを得ることができた。
旭化成の立場からすると，やっと「扉が開いた」状況である。本節1において解説した10段階のうち5段階目から6段階目に移行する段階だ。初めてコンタクトをしだしてから約16カ月，初めて資本提携の話を持ち出してから約5カ月経過している。翌日，氷上氏はFAにDDの項目リストをZOLL社側に送付するよう指示した。
その後ZOLL社の要請で1年間のスタンドスティル[33]（stand-still）条項，2年間の従業員の勧誘の禁止を定めた条項[34]を含む機密保持契約書を締結した。1月30日から2日間かけてボストンの弁護士事務所でマネージメント・プレゼンテーションが行われ，直近の会社の事業に関する説明を受けるとともにデュー・デリジェンスの項目に関する回答・説明を受けた。

その数日後，ZOLL社のFAより，90ドル台の半ばから後半の条件であれば取締役会は好意的に受け止める可能性が高いとの連絡があったものの，当社としてはDDを開始したばかりのこのタイミングで条件の見直しを行うことはないと伝えた。

■ ZOLL社または取締役会の視点

2月9日は同社の株主総会の日でもあり，取締役会のメンバーで集まり，1月10日の買収提案を再度議論することにした。取締役会としては，あらためて，同水準は株主価値最大化という観点では不十分であるため同水準での売却は承認できないことを確認するとともに，経営陣やFAがより良い条件を得られるよう，旭化成との対話を継続するよう指示した。

また，前回の取締役会でも議論された議題でもあるが，仮に競合ビッドのプロセスを実施した場合に，旭化成が提案を撤回するリスクに関しても議論がなされた。取締役会としても最終合意書締結前の競合ビッドプロセスは同社の事業への影響を考えた場合には望ましくはないであろうとの判断をした。また，旭化成の提案が撤回されるリスクを考えるのであれば，条件次第ではあるものの，最終合意書のサイニング後にマーケット・チェック[35]のプロセスを行うことが妥当ではないか，また仮に条件の改善がない場合にはこの交渉を打ち切るという判断を下した。

2月11日には同社の指示により，同社の顧問弁護士から旭化成側の弁護士に最終合意書案が送付された。

買収提案を受けた対象企業側が最初の案を用意することは一般的である。まずは売り手としての希望を事前に買い手側に伝える意味合いがあるのだ。その後お互いの主張を交渉し，最終的に妥結される合意書ができ上がっていくのである。

当該合意書案における主な骨子は次のとおりである。

・One-step merger[36]にて全発行済普通株式およびストック・オプション[37]を対象とする現金対価の合併

・サイニング後，45日間のgo-shop期間を確保，それに伴い旭化成側には3日間のマッチング・ライツ[38]（matching rights）期間を付与

・ターミネーション・フィー[39]（termination fee）は提示された株式価値の2％に相当

・支配権移転に伴い，同社の経営陣や従業員に，買収後同社に残留するか否かにかかわらず退職金規定に基づいた支払いが行われること

2月15日には両社のFA間で条件の見直しに関しての交渉[40]が電話会議にて行われた。ZOLL社の指示により，同社のFAは「93ドルから90ドル台後半の水準であれば取締役会は好意的に受け入れるはず」[41]と伝え，あわせて旭化成側の最終合意書案への修正コメントを送るよう促した。

■旭化成からZOLL社に対する働きかけ

この電話会議を経て，旭化成は実際いくらの価格を提示するかを検討し，最終的には93.00ドルを上限として提示することに関して社内承認を得る。

2月20日，改めてFA同士が電話会議を実施し，先方に対して取締役会の承認を必要とするものの，1株当たり93.00ドルまで上げること，また，この価格は最終提案（best and final offer）（後述）となることを伝えた。さらには競合ビッドプロセスが行われることには反対であり，そのようなプロセスが開始するgo-shop条項が最終合意書に盛り込まれるのであれば買収提案を撤回する可能性も示唆した。

2月22日，ZOLL社のFAより連絡を受けた。旭化成が同社の経営陣を維持したいという意向は理解するものの，最終合意前の段階では具体的な契約の話はできないということである。一方，長期インセンティブ・プランの枠組みや考え方に関しての意見交換程度は可能という内容であった。また最終合意に先立ち，マーケット・チェックを行う可能性が高いとの連絡も合わせて行われた。

その後もDD関連のやり取りは継続された。2月24日には当社取締役会の承認も得たうえで，正式な書面にて過去30日間平均に対して33.4％プレミアムに相当する1株当たり93.00ドルのnon-bindingの提案書をZOLL社に送付した。その主な内容は以下のとおりである。

- 1株当たり93.00ドルは当社としての最終案であること
- 買収の完了に必要な十分な資金余力があること
- DD作業はほとんど終了していること
- 取締役会の承認も経ており，他に必要とされる社内手続はないこと
- 適切な時期に同社の主要な経営陣や従業員とリテンション契約が締結できることは重要と考えていること

また，弁護士を通して最終合意書案への修正コメントを送付した。その修正案においてもgo-shop条項を削除することで，同社が他の買い手候補を探ることを制限するとともに，仮に他の買い手候補が現れた場合にでも，彼らの費用負担を増やすべくbreak-up feeは3.5％にまで上げた。価格を上げるからには他社に同社を取られるような可能性を低下すべく，先方と交渉しているのである。

■ ZOLL社または取締役会の視点

その後数日間は，弁護士間で最終合意書案の文言の修正・交渉に関する細かなやり取りが行われる形で経過した。2月27日には取締役会が開催され，2月24日の提案についての議論がなされた。弁護士およびFAも同席し，取締役会のfiduciary dutyの観点，財務的見地からの助言も受けた。あらゆる事業のシナリオや取り巻く環境，今後の株価の動向を考えたうえでも，当該提案はZOLL社が今後単独で数年事業を営んで達成できる価値を十分に上回っており，株主利益

に寄与しているという判断に至った。
また，取締役会としては，旭化成にとっての同社の価値，買収後のZOLL社事業拡大の可能性に関しても考慮した。さらには，他の買い手候補へのコンタクトに関しても引き続き議論がなされた。
旭化成がサイニング前の競合ビッドプロセスやサイニング後のgo-shopには拒絶感が強い点が考慮され，条件も十分に株主利益の最大化に寄与しているため，旭化成が最終合意書で求めている取引保護[42]（deal protection）条項の骨子には理解を示す方向性となった。
しかしながら，本提案が妥当な水準であることを全く確認しないわけにもいかないとの判断で，「ZOLL社の買収に関心を示す可能性があるか否か」という形で潜在的候補に探りを入れる程度のマーケット・チェックはした方がよいという判断となった。また，そのような確認を実施することであれば，旭化成からの理解も得られるのではないかと判断した。
取締役会は，最も関心を示す可能性が高いと思われるA社，B社，C社の3社へのコンタクトをFAに指示した。コンタクトの際に，仮に関心がある場合には3月7日までに買収に関する提案をするよう伝えることとした。
これに合わせて仮に関心を示し，条件提示をする企業が出てきた場合に備え，柔軟性を保つためにも現状の最終合意書案における旭化成側からのdeal protection関連の修正は再度押し返す形で提示することとした。
同日の取締役会後，Packer氏は，旭化成との電話会議で24日の提案を取締役会で議論したところ，引き続き議論を継続するようにとの結論であったことを伝えた。
C社はコンタクトを実施した時点でおそらく関心がないだろうとのコメントがあり，A社からは3月1日には買収に関心なしとの正式な返答があった。

■旭化成からZOLL社に対する働きかけ

3月1日の両者間の人事関連DDの電話会議においては，旭化成社内の人事労務のメンバーおよび外部の人事アドバイザー[43]も加え，買収完了後のマネジメントおよび主要従業員にとっての長期インセンティブ・プランについての話し合いも行われた。このインセティブ・プランに関する電話会議はその翌週にも再度行われることとなった。
また，その後も最終合意書案に関する両者間の交渉は3月12日の本件発表まで続くことになる。
3月6日，ZOLL社側のFAから旭化成のFAへ連絡がきた。「翌日に取締役会が開かれるが，まだマーケット・チェックの最中である。買収を確実にするのであれば条件を上積みした方が良い」とのこと。この間すでに3月5日にはZOLL社にB社からは断りが入っており，すでに関心はないと思うとコメントしたC社の正式な返答を待つ（この時点で可能性は相当薄い）状況であった。

もちろん，そのようなことを感知しているわけではないが，旭化成は24日提示の条件がbest and finalだとZOLL社側に伝えるようFAに指示した。

【解説：リテンション関連】

初めて具体的に買収後のリテンションに関しての打合せをしたのは3月1日である。おそらくZOLL社側としても，このような話ができるほぼ最短の時期と考えられる。2月27日にはマーケット・チェックは行うものの，旭化成のbest and finalのオファーを基本的には受け入れるという取締役会での判断がされた。リテンション契約に目が眩んで本件を進めているのではないという外的証拠が後々fiduciary dutyの観点で必要となるのである。

Packer氏としては初めて資本提携の話を持ち出された前年後半より，旭化成からは残ってほしいとのラブコールを受けており，かつ買収提案の条件として主なマネジメントが残ることが提示されているため，意向は十分に理解している状況にある。現実的には，このような買収案件にてマネジメントが残ることを買収の契約書で縛ることは困難であり，ターゲット企業としてもfiduciary dutyを理由に買収の最終合意書締結までは，そのような話はできないというスタンスを維持するケースも多い。

Packer氏としても，このプロセスを通じて旭化成との関係を快く思い，その時点で買収後も残ろうという意思が表れていると言える。もちろんその後，現在に至るまで同社に残って同事業の運営にあたっているのは双方のケミストリーがよほどあったと言えよう。このような上場企業のCEOであれば，支配権移転に際して多額の退職金を手にするため，単純に買収企業の提示する給与やインセンティブ・プランだけのために残るケースは稀である。

一方，買収交渉の過程で関係を壊してしまうことも十分にある。価格で合意できず敵対的買収を仕掛けるといった極端なケースでなくとも，交渉の過程で「意思決定が遅い」,「発言や行動に合理性が欠ける」等の印象をターゲット側に与えてしまうと，買収後にも残ろうとは思わないだろう。そういった意味では，リテンションに向けた交渉およびプレゼンテーションはすでにコンタクトした時期から始まっていると考えるべきなのである。

■ ZOLL社または取締役会の視点

3月7日，再度取締役会を開催。直近の最終合意書案を検討するとともに，FAよりA社，B社，C社ともに買収提案をする意思がないとの報告を受ける。
最終合意書案において，いくつかのMAE条項[44]，表明補償，同社のマネージメントや取締役の免責条項，termination fee等関連の項目において修正の必要はあるものの，1株当たり93.00ドルで本件の交渉をまとめるべきであろうとの結論に達した。
3月8日から11日にかけては最終合意書に関する調整および交渉は継続することとなる。

■旭化成からZOLL社に対する働きかけ

3月10日，ZOLL社の指示に基づき，ZOLL社のFAより再度条件の上積みの要求があったものの，これも従来のスタンスを崩さず，前回提示した条件がbest and finalであるとし，上積みを拒否した。

【解説：best and final offer】

結局，旭化成は当初86.00ドルを提示し，DDを実施し，価格は一度だけ93.00ドルに見直しをした後，93.00ドルから動かなかった。

米国上場企業買収のみならず，これ以上出せない，出さないと決めたら，その時点でbest and finalということを明示する必要がある。それを言わない限りにおいては，「まだ上昇余地があるのではないか」という印象を先方に与えてしまう。特に交渉の経緯が開示される米国上場企業のケースでは，best and finalという言葉が出てきていない中で合意してしまうと，十分に交渉していないではないかと見做されるおそれがある。そのため，その言葉が出てくるまでは価格の上積みの要求を継続的に進めてくる。

■ ZOLL社または取締役会の視点

3月11日，再度取締役会が開催された。その場に先立ち，取締役会メンバーには直近の最終合意書案およびFA作成の本件財務分析等の書類が回覧された。取締役会の場では，弁護士より，これまでの交渉の経緯の説明および，このような支配権移転の際の取締役としてのfiduciary dutyの確認があらためて行われた。またFAからは本件に関する財務的見地からの意見が述べられ，本件は株主にとって「妥当（fair）」なものであるとのfairness opinionが提出された。取締役会では各論点に関して活発な議論がなされ，最終的には93.00ドルの提案を全会一致で承認した。

■旭化成からZOLL社に対する働きかけ

> 翌日3月12日，旭化成の取締役会も最終合意書を締結することを承認し，同日の米国株式市場の取引開始前には本件合意の共同発表にこぎつけた。
>
> ZOLL社はSC14D-9の「Reasons for the Board's Recommendation（取締役会が本件を推奨する理由)」セクションにて，本件を推奨する理由，その判断に至るまでの交渉の経緯，どのようなリスクを検討したのかということを開示した。提示価格，同社の業績や将来性，他の戦略的選択肢，交渉の経緯，本件の完了に向けた確実性，FAの意見等を詳細に記載し，株主価値最大化の観点から本件を推奨するとの意見を述べたのである。

(5) バリュエーション

買収に際してバリュエーションが適切であったかどうかの判断というのは非常に難しい。仮にどんなに戦略がしっかりしており，成長している企業を妥当なバリュエーションで買ったように思えても，不景気に突入する前夜であれば結果として高値摑みになってしまう。また，割安な価格でかつシナジーが十分に見込めるように見えた案件でも，その業種自体が成熟から衰退段階の状況で買収しても高値摑みになってしまいかねない。

事業の理解および分析が買収に際してたいへん重要と述べたが，自分たちではなかなかコントロールできない株式市場や，為替や金利動向等のマクロ環境も案件の成功に無視できない要因である。

そういった観点では，本件はリーマンショックから少しずつ景気に明るみが見え出し，株価も回復しはじめたばかりであり，かつ為替も1ドルが90円を割っている時期であったこと等，マクロ的観点からも旭化成にとって恵まれたタイミングであったかもしれない。

旭化成が実施したバリュエーションの詳細は開示されていない。読者からすればなぜ55.00ドル～66.00ドルのレンジから86.00ドル，93.00ドルと価格を迅速に変更しているのかも不思議かもしれない。旭化成がその都度「自社ケース」のZOLL社事業計画を見直したうえで，本源的価値に軸をおいてバリュエーションを実施していたと考えられる。

当初の価格提示の際は主力製品「LifeVest」の将来性に関して不透明感があったため，旭化成側の見立てによる同社の事業計画は保守的なものとなる。一方，「LifeVest」の不透明感が晴れ，DDを通じてさらに安心感を高めることができたのであれば，その事業計画は強気なものになる。交渉およびDDの過程で，DCF法の前提となる事業計画をより精緻にしていくことは基本であり，それに沿って行動したのではないかと考える。

一方，価格提示の「戦術」として，86.00ドルから93.00ドルにいきなり上げる必要があったかということに関してはいろいろな考え方があるだろう。具体的にいうと，２月20日時点でのFA間の電話会議の場でもう少し違った価格の提示の仕方をして，先方の出方を窺うという方法もあったのではないかと考える。もちろん案件メンバーで議論した結果決まった話であろう。また，最終的に93.00ドルという結果は変わらなかった可能性は否定できないが，試す価値はあったのではないかと窺える。

ZOLL社の開示資料の中には，FAの提供したfairness opinionが掲載されていることはすでに述べたとおりである。本件の93.00ドルが妥当との判断に至ったバリュエーションの中身が開示されている。妥当とする根拠のバリュエーションの幅が時には著しく広く，その結果としてfairness opinionの存在意義の可否があることを述べたが，本件におけるDCF法に基づくバリュエーションのレンジは狭く，一定の意義を果たしていると考えられる。

同FAの行ったDCF算定方式において93.00ドルは85.68ドルから97.15ドルというレンジに入っており，企業のファンダメンタルズに対して払い過ぎという感はない。DCF算出の際に用いているエグジット・マルチプル[45]や割引率も当時の状況に照らし合わせてみても，妥当と考えられる。

米国株式市場は，この当時から2016年（現在）に至るまで大きく上昇しており，それに合わせて各社のマルチプルは切り上がり，バリュエーションは高くなってきている状況である。仮にその後のタイミングで買収をしようとした場合には，遥かに高いエグジット・マルチプルがZOLL社側の企業価値算定に適用され，より高い価格を求められた可能性は否定できない。タイミングというのも結果として案件の成否に大きな影響を及ぼすのである。

[ZOLL社のFairness Opinion概要]

以下にfairness opinionの中で開示された類似案件比較，類似業種取引比較，プレミアム分析，DCF法を紹介する。各手法に基づきどのように本件が株主価値最大化という観点で妥当とされたかを示す。

実際，買い手も売り手も最も重視するのは企業の本源的価値を表すDCF分析に基づき算定される企業価値である。企業のファンダメンタルズの分析が重要ということはすでに何度も述べているが，事業そのものの成長性，それが実現されるための前提条件等を理解して分析を行うことで企業の本源的価値を算出するのである。類似案件取引倍率やプレミアム分析はむしろ本源的価値に基づいて取引を実施した場合，他の案件に比べても遜色ないかということをクロスチェックする意味合いの方が強い。

(A) 類似案件比較

この手法においては，案件当時から遡り過去5年間の医療機器業界のM&A案件でかつ案件規模が900百万ドル以上のものを抽出し，あわせて各案件の買収直前のLTM EBITDA倍率および案件発表前30日平均株価に対するプレミアムを抽出し，それらの案件と比較して本件の水準を検証している。それを表しているのが**図表3-19**である。

この分析によると，参考にすべきEBITDA倍率のレンジは9.4-31.6倍であり，その中央値は16.9xとなるので，その結果算出される株価は61.86ドルであるため，本件にて提示された株価は，その中央値をはるかに超えているということになる。リーマンショック直後，株式市場の大幅下落の中，中小型銘柄が殊更に下がっていた中での買収とのことでAdvanced Medical Optics, Inc.およびMentorの両社がサンプルの計算から除外されている。

一方で先述のFairness opinionに関する批判が出るのも，このようなレンジの広さである。このケースにおいてはレンジの下限と上限で3倍以上あるのである。

実際，当該類似案件比較であるが，結果としてのマルチプルのみならず案件自体も随分幅広く選んでいるように見える。上記の買収案件には成長性の異なるターゲット企業の買収案件が混在している。事業の成長性が低いターゲットは低い倍率で株式市場にて取引され，買収時も然りである。逆に成長性が高い企業は高い倍率で取引され，それに基づいて買収されるのである。よりていねいに本件の価格の妥当性を分析するのであれば，これらの案件のうち，ZOLL社と同様に買収当時の業績が高成長をしていたものに絞るべきである。

いずれにせよ，上記の類似案件より導かれる株価は**図表3-20**のとおりとなった。93.00ドルは中央値の61.86ドルを上回っているので妥当としている。

ZOLL社の2011年10月期の業績は「LifeVest」の保険償還問題があったため

[図表3-19] 類似案件

Date Announced	Acquirer	Target	EV/LTM EBITDA	Premium (30-day avg.)
Dec-11	FUJIFILM Holdings Corporation	SonoSite, Inc.	23.4x	32.3%
Jul-11	Apax Partners Worldwide LLP	Kinetic Concepts, Inc.	9.4x	18.2%
Jul-11	TPG Capital	Immucor Inc.	11.3x	34.9%
Apr-11	Johnson & Johnson	Synthes	12.3x	24.4%
Apr-11	Endo Pharmaceuticals	American Medical Systems Holdings	14.8x	39.9%
Oct-10	St. Jude Medical Inc.	AGA Medical Holdings, Inc.	30.4x	44.4%
Jun-10	Covidien plc	ev3 Inc.	31.6x	23.8%
Jan-09	Abbott Laboratories	Advanced Medical Optics, Inc.	10.7x	252.7%
Dec-08	Ethiconn, Inc.	Mentor Corporation	13.2x	99.1%
Jul-08	GE Healthcare Ltd.	Vital Signs, Inc.	18.2x	29.2%
Dec-07	Philips Holdings USA Inc.	Respironics, Inc.	19.7x	30.7%
Jul-07	Teleflex Incorporated	Arrow International, Inc.	16.9x	19.3%
Jul-07	ReAble Therapeutics LLC	DJO Incorporated	19.4x	25.1%
May-07	Hologic, Inc.	Cytyc Corporation	25.4x	32.7%
May-07	Cardinal Health, Inc.	VIASYS Healthcare	16.9x	29.8%

(出所) SEC。ZOLL社開示SC 14D-9より抜粋(脚注省略)。

[図表3-20] 類似案件EBITDA倍率から導かれる株価

Selected Transactions EV/LTM EBITDA Per Share Indicative Values	Range	Median
LTM EBITDA	$36.66 – $110.83	$61.86

(出所) SEC。ZOLL社開示のSC 14D-9より抜粋。

伸びが鈍化していたものの,前年対比で売上高は18%,営業利益は78%も伸びているのである。また翌期の第1四半期は売上高が対前年同期比18%増と成長が回復していた。さらには「LifeVest」が成長を牽引し,**図表3-23**(後掲)に示したが,以後4年間で売上は倍に,営業利益は3倍になることを同社は予測している状況である。このような成長性を有していたターゲット企業は**図表3-19**においては数社程度である。

筆者がすべての案件に明るいわけではないが,**図表3-19**の案件のうち,St. Jude Medicalが買収したAGA Medical Holdings,Covidienが買収したev3および富士フイルムホールディングス株式会社が買収したSonoSiteは高い成長性を有していた企業であった。それぞれ20倍台,30倍台のEBITDAマルチプルを支払っているケースである。

より本件が株主に魅力的に映るよう幅広く選んだ可能性も否定できないが,こういった対象選択の恣意性も時にはfairness opinionに対する批判に繋がっているのかもしれない。

(B) 類似業種取引比較

類似業種取引比較においては，米国医療機器業界の当時の上場企業で，時価総額500百万ドルから6,000百万ドルの企業が株式市場で取引されていたEBITDAマルチプルと本件を比較している。**図表3-21**がその抜粋であるが，これも類似買収案件同様，類似企業の成長性等は特に勘案せずに幅広く企業を選んでいる感がある。

図表3-21にある(1)，(2)の注を付した企業は比較対象から外した。その結果採用されたレンジは，EV/LTM EBITDAでは5.9倍から30.5倍，2012年予測EBITDA倍率では6.1倍から27.4倍とした。その結果，**図表3-22**にあるとおり，

［図表3-21］ 類似企業の株式市場での取引倍率

Company	EV/LTM EBITDA	EV/2012E EBITDA
Hologic Inc.	10.2x	9.5x
ResMed Inc.	11.7x	10.5x
Teleflex Incorporated	8.5x	7.8x
Align Technology Inc.	17.7x	15.3x
Thoratec Corp.	14.0x	10.7x
Steris Corp.	7.1x	6.5x
Volcano Corporation	30.5x	27.4x
Masimo Corporation	11.2x	11.5x
Nxstage Medical, Inc.	134.1x	79.3x
Cyberonics, Inc.	16.0x	13.8x
Insulet Corporation	NM	NM
Integra LifeSciences Holdings Corporation	13.1x	7.9x
Abiomed Inc.	688.4x	78.2x
Endologix Inc.	NM	NM
Orthofix International N.V.	7.9x	7.1x
ArthroCare Corporation	5.9x	6.1x
Wright Medical Group Inc.	11.9x	8.9x
DexCom, Inc.	NM	NM
Given Imaging Ltd.	23.0x	16.8x

（出所） SEC。ZOLL社開示SC 14D-9より抜粋（脚注省略）。

［図表3-22］ 類似企業取引法により導かれる株価

Selected Companies Per Share Indicative Values	Range	Median
LTM EBITDA	$24.84 – $107.22	$44.75
2012E EBITDA	$30.81 – $120.54	$47.37

（出所） SEC。ZOLL社開示のSC 14D-9より抜粋。

中央値からは40ドル台半ば前後の数値が算出される。結果として本件は，類似業種の株式市場で取引されている条件と比べても高い条件となっており，妥当と結論づける根拠の1つとされている。

(C)　DCF分析

ここに示すDCF分析が，旭化成が単独で事業を営んでいった際に実現できると考えていた旭化成の本源的価値である。

DCF分析を実施するにあたって，**図表3-23**の事業計画書の数値に基づいて分析を行ったとのことである。当該事業計画は案件の最中に旭化成にも提示されZOLL社取締役会でも承認された計画である。売上高（Net revenue）は

[図表3-23]　ZOLL社の5カ年事業計画

Projected Financial Information
(dollars in millions, except per share information)

	2012	2013	2014	2015	2016
Net revenues	$ 613	$ 742	$ 900	$ 1,073	$ 1,285
Growth %	19%	21%	21%	19%	20%
Cost of goods sold	264	312	360	427	510
Gross profit	349	430	540	645	775
Margin %	57%	58%	60%	60%	60%
Expenses					
Selling and marketing	174	201	236	270	309
	28%	27%	26%	25%	24%
General and administrative	52	63	78	100	122
	8%	9%	9%	9%	9%
Research and development	53	62	77	95	112
	9%	8%	9%	9%	9%
Total expenses	278	326	391	466	542
	45%	44%	43%	43%	42%
Income from operations	70	104	149	180	233
Other income	–	–	–	–	–
Income before taxes	70	104	149	180	233
	11%	14%	17%	17%	18%
Taxes	25	37	54	65	84
Net income	45	66	95	115	149
EBITDA	102	143	196	236	301
Debt free cash flow	24	41	65	79	106
Basic earnings per share	11%	14%	17%	17%	18%
EPS	1.94	2.77	3.73	4.34	5.23
EPS Growth	44%	42%	35%	16%	21%
#Shares (in millions)	23.1	24.0	25.6	26.5	28.5

（出所）　SEC。ZOLL社開示SC 14D-9より抜粋（脚注省略）。

2012年の613百万ドルから2016年には約倍増し，1,285百万ドルとなることを予測しており，EBITDA は同期間に102百万ドルから301百万ドルと約 3 倍になることを予測しているのである。

ターミナルバリュー算出にあたっては2016年の予測 EBITDA に9.5倍から10.5倍のレンジのエグジット・マルチプルを採用したとのことである。その採用根拠は前述の類似業種取引比較の際の各企業の2012年予測 EBITDA マルチプルの中央値である10.0倍を中心に置くというものである。また，キャッシュフローの現在価値を算出するための割引率は9.5%から10.5%のレンジを採用し，これは ZOLL 社の加重平均資本コストであるとした。

結果として**図表 3 -24**のように，同社の本源的価値は85.68ドルから97.15ドルのレンジにあり，93.00ドルはそのレンジのなかでも中央値よりも高めであると示している。一方で，算出されている本源的価値の下限の価格提示で DD を受け入れたことは興味深い。

[図表 3 -24]　DCF が導く株価

Discounted Cash Flows
Per Share Indicative Values

	Range	Median[1]
Company management projections	$85.68 – $97.15	$91.30

[1] Reflects indicative value based upon exit multiple of 10.0x and discount rate of 10.0%.

（出所） SEC。ZOLL 社開示の SC 14D-9より抜粋。

(D) 上場企業買収プレミアム分析

また，上場企業買収のプレミアム分析に際しては，案件規模が900百万ドル以上の米国上場企業買収案件82件の事例を検証し，上下10%の案件の数値は排除したとのことである。その結果**図表 3 -25**のとおり中央値は31.9%となり，本件もそのレンジにあるとしている。

[図表 3 -25]　上場企業プレミアム分析

Public Market Transactions
Premiums Paid

	Range	Median	Transaction
Selected Transactions	11.7% – 70.2%	31.9%	29.0%

（出所） SEC。ZOLL 社開示の SC 14D-9より抜粋。

(6)　案件完了後のパフォーマンス

図表3-26は2016年2月に旭化成が発表した中期経営計画のスライドからの抜粋である。2010年度には売上高，営業利益でそれぞれ8％，6％であったヘルスケア事業の全社への貢献が，2015年度予測ではそれぞれ15%，25%へと伸長している。全社の売上高，営業利益とも伸びている中でのことであり，本件買収によりヘルスケア事業の強化が図られ，全社の成長を牽引していることがわかる。

また2015年度の決算発表にてZOLL社（クリティカルケア事業）の業績を発表している（**図表3-27**）。2015年度の売上高および営業利益は，それぞれ1,405億円，119億円であった。売上高は2014年度の1,106億円から27%の伸びであった。

投資回収という観点でも，約1,800億円投じて買収完了後4年目で119億円と

[図表3-26]　ZOLL社買収後の当社の事業ポートフォリオ

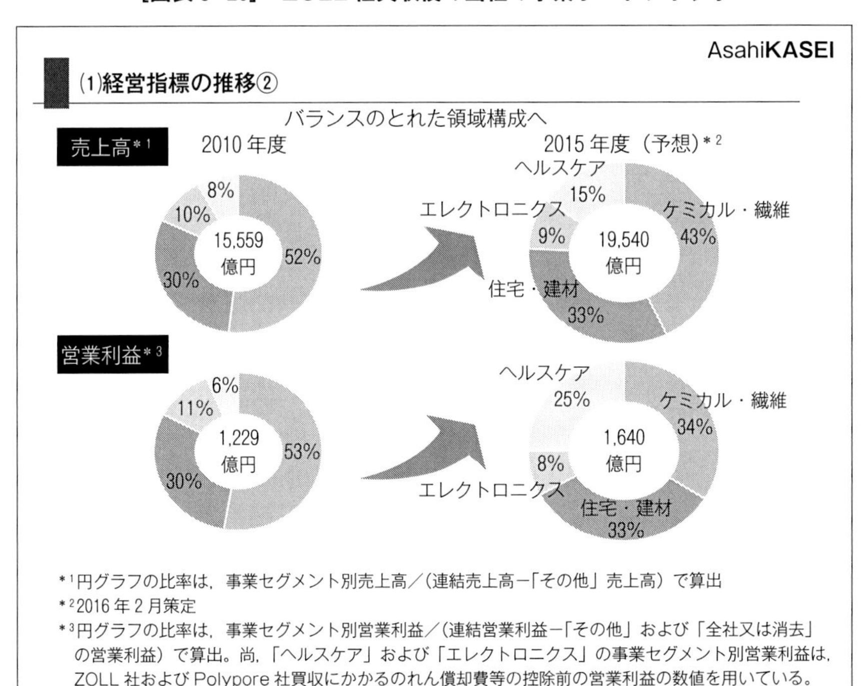

（出所）　旭化成ホームページ。新中期経営計画“Cs for Tomorrow 2018”（2016-2018）より抜粋。

[図表 3-27] クリティカルケア事業の売上高・営業利益

事業別売上高・営業利益*1 AsahiKASEI

（億円）

	売上高			営業利益			15年度最新予想*2	
	14年度	15年度	増減	14年度	15年度	増減	売上高	営業利益
ケミカル	8,243	7,035	−1,208	542	553	11	7,090	560
繊維	1,303	1,321	17	105	137	32	1,330	135
住宅	5,518	5,830	312	592	654	62	5,860	620
建材	520	494	−26	41	58	18	510	55
エレクトロニクス*3	1,504	1,745	241	143	69	−74	1,750	70
医薬・医療	1,465	1,449	−16	267	243	−24	1,460	250
クリティカルケア	1,106	1,405	299	41	119	78	1,410	125
その他	205	130	−74	9	6	−4	130	5
消去又は全社	−	−	−	−161	−187	−25	−	−180
合　計	19,864	19,409	−455	1,579	1,652	73	19,540	1,640

*1　セグメントの営業利益は各セグメント内の事業間取引の消去を含んでいるため，事業別の営業利益を単純合算した数字とは一致しない。
*2　2016年2月時点の予想
*3　2015年度第2四半期より，2015年8月26日付けで買収を完了した米国 Polypore International, Inc. 及びその連結子会社の業績を「エレクトロニクス」事業に含めて開示している。

（出所）　旭化成ホームページ。2015年度決算説明資料より抜粋。

いう営業利益の水準はまずまずと考えられる。また，2016年度の営業利益は135億円を予測している。仮に実効税率を35％とした場合には５％程度の回収率となり，企業の資本コストに近い水準となってきているといえよう。

この間に同事業のさらなる成長のため，先行して追加投資を行っていることを考えると，投資回収の観点からも良い買収案件であったのではないかと言える。外から検証している立場の者としては，追加投資を実施していないベースでの営業利益がどの程度であるのかは気になるところである。

一方，買収当時にZOLL社から受領していた事業計画に照らし合わせた場合，同事業の推移はどうだったのであろうか。その事業計画とは**図表 3-23**（前掲）に示したものであり，案件経緯で触れたとおり，ZOLL社がfairness opinionのためにFAに提供し，かつ旭化成側とも共有したものである。

旭化成の2015年度（2016年３月期）は，当該事業計画においては2015年度と2016年度の間に位置する（ZOLL社は当時９月末決算）。両年度の売上高の半分ずつを加算した金額が，旭化成の2016年３月期の売上高と仮定しよう。2015年，

2016年の売上高（**図表3－23**におけるNet revenue）予測は1,073百万ドル，1,285百万ドル，とされていたので，1,179百万ドルが該当する売上高となる。旭化成が発表した2015年度の1,405億円という実績値は，当時の為替約1ドル＝120円で割ると1,171百万ドルと計算され，ほぼ予測どおりといえよう。

営業利益（**図表3－23**におけるIncome from operations）はそれぞれ予測されていた180百万ドルと233百万ドルを下回っている状況である。ただし，これは買収時点で当社が発表したとおり，さらなる成長のために追加の先行投資を実行した結果ともいえる。

旭化成としても買収当時の想定を上回るパフォーマンスをしているとの印象を持っているようだ。買収時の同社の経営陣をそのまま維持し，経営は基本的には任せている状況である。買収後4年経過するが，当時CEOであったPacker氏を含めた主要経営陣はまだ残っている。旭化成としては，ZOLL社が成長のための追加投資や買収を行う際にも積極的に支援し，同事業は順調に成長しているといえよう。

2015年3月実施の旭化成のクリティカルケア事業説明会の場において，Packer氏自身が事業の説明とともに，旭化成の傘下に入ったのちのパフォーマンス，なぜ両者がうまく行っているのかということに関して説明を実施している。これは買収後3年程度経過した時期である。

その際，日本では60名強の従業員がおり，同年度の売上はおよそ1,000万ドルを見込むこと，また除細動器，自動心肺蘇生装置，ライフベストの承認も受けており，5年後には，1億ドル以上の売上を見込んでいることと，あわせて，グローバルでのライフベストの拡大の売上拡大の状況や，アメリカ，日本，ドイツに続きフランスでも保険償還の承認を受けたこと，またインドおよび中国への展開に関しても説明を実施した。さらには新製品がFDA（アメリカ食品医薬品局）より承認を受けたことも発表した。

旭化成グループに入った後の3年間を振り返り，直近12カ月の売上で，約9億ドルとほぼ70％の伸びを実現したことを紹介し，両者が非常にうまくいっており，両者間では多くのシナジーが出てきており，単体であった時よりも大きく拡大し，より大きな投資を行って成長を加速することができていると述べた。計画や戦略を立てる際も，5年という，より長い期間を考えることができるようになったとのことである。

旭化成の技術をさらに活用する道も探っていること，また，ZOLL社と旭化

［図表３-28］　買収完了後の時価総額およびPBR倍率の推移

（出所）　Speeda。筆者編集。

成の社員間の相性が非常に良いということもあり，双方にとってメリットが非常に高い状況だと説明した。

現在Packer氏はZOLL社の会長を務める一方で，旭化成本体のヘルスケア事業管掌ということで専務執行役員として迎え入れられている。また，新たにPacker氏の後任としてZOLL社社長に内部昇格したJonathan Rennert氏も上席執行役員となっている。旭化成としてZOLL社のマネジメントをうまく取り込もうという努力が窺える。

図表３-28は買収後の旭化成の株価およびPBRの推移を示している。買収完了後から2015年前半までは，旭化成の株価およびPBRは順調に推移していった。一方，2015年途中からは旭化成が発表した別のエレクトロニクス事業におけるM&A案件，および同年後半から顕在化した「くい打ち問題」等の影響で株価は下落してしまったように窺える。

（７）　本件の総括

なぜ本件は成功し，結果として株主価値の付加価値創造に繋がったのか。マクロ要因は横において，当初述べた戦略，事業の理解，価格，インテグレーションという観点から簡潔に述べる。

旭化成が厳しい事業および株式市場の環境に直面した際に，その局面を打開するべく将来に向けた成長戦略の1つとしてM&Aも用いて成長投資を行っていくこと，クリティカルケア領域への進出ということを定めた。また，その領域には実際に買収可能性があるターゲット候補群がいくつか存在しており，現実的な戦略であった。さらにはその考え方を中期経営計画の発表という形で投資家にも説明していた。

選定したターゲット企業とも事業提携を通じて良好な関係を築くことができ，事業全般および製品の理解を深めることが可能であった。また，主要経営陣とも事業提携関係をベースに交流を深めることができ，人となりも理解しあえる状況にあり，案件の交渉の場でも既存の提携関係を元に情報提供の依頼も比較的しやすい状況にあったと考えられる。

条件交渉の際には当社は柔軟性を示すところは示し，一方でこれ以上条件を上げないと決めた後はぶれない交渉をしたと言える。また対象会社のCEOの立場にも配慮しつつも，合理的な判断を迅速に行ったことで，先方CEOからの信頼も得たのであろう。価格に関しての節度を守るとともに，リテンションの成功につなげることができたと考えられる。

買収完了後もインテグレーションを上手にやっていると見られる。ZOLL社の経営陣を旭化成本体のマネジメントチームに登用し，買収発表時に約束していたとおり，同社の事業のさらなる発展のために積極的に長期的視野に立った成長投資を継続的に実施しているのである。

買収後にさらに事業に投資を行うという約束等を交わして買収が行われるケースは少なくない。ただし，実際に買収後，投資の意思決定までのスピードの日米の差に，買収された側の米国経営陣が辟易としてしまうケースも多々あると聞く。そういった意味でも，旭化成は買収後，現在も柔軟な対応とマネジメントをしているのであろうと想像する。

3　パナソニックによるPHC社の売却

ここではパナソニックによるパナソニックヘルスケア社（以下，PHC社）の売却を紹介する。

冒頭でも述べたとおり，日本企業が自社を売却する，もしくはそれなりの規模の事業を売却するという動きは稀である。集中と選択，取捨選択という単語を耳にすることはあると思うが，実際に選択した事業に集中的に投資をし，選択しなかった事業に追加投資を行わないということはしても，その選択しなかった事業を「捨てる」ということはしない傾向にある。ましてや営業利益をそれなりに出している事業なら，なおさらである。

自社の業績が低迷するくらいでは売却の意思決定をする企業は少なく，債務超過に陥るなど，自社の存亡の危機に直面して初めてそのような動きが出てくるのである。直近では東芝やシャープのケースもそうであるし，過去の金融機関の統廃合もそうである。

投資ファンドへの売却案件も件数は多少増えているものの，規模は欧米と比してたいへん小さいものとなっている。背景としてはいくつか考えられる。まず１つとしては投資ファンドの日本での活動の歴史が浅いということ，それに起因して経験豊富なプライベート・エクイティ・バンカーもまだ限られていること，次に第１節でも述べたように，日本においては売却案件自体が少ないことがあげられよう。

そのような背景もあり，本件はユニークなのである。「本邦上場企業」が「存亡の危機ではない」状況で，「営業利益に貢献している相応の規模の事業」を「投資ファンド」に売却したのである。

パナソニックは本業ではグローバル競争が激化し，さらにはリーマンショック，東日本大震災やタイの大洪水といった逆境に直面して業績が大幅に低迷した。株式市場自体は回復に向かっている中，同社の時価総額はリーマンショック直後の水準と変わらない水準となっており，株式市場からの評価は厳しいものとなっていた。

その時点で，同社としては中長期で考えた場合の「危機」と捉えて事業改革を実施したのであろう。本件売却のみならず，事業横断的に見直しを行い，集中と選択を実施し，大幅なリストラも複数年度にわたって実施したのである。またヘルスケア事業を今後も維持成長させていくためには，大手競合がひしめく中で相応の投資をしていかなければならず，その余力もノウハウも社内にはないということを冷静に判断し，手を打ったと言えよう。

このようなリストラや売却は，パナソニックの投資家からの信頼回復，および企業価値向上に貢献しただけではない。PHC 社にとっても，投資ファンド KKR に売却されたことにより，株主がパナソニックという同事業の成長に関心を持たず，追加の資本投下をする意思のない株主から KKR という PHC 社の成長を支援する株主に変わったのである。その結果として PHC 社は KKR

の支援を得て，委託販売先であるバイエルの血糖測定器事業を買収することで企業価値の向上の機会を得たのである。

このように，大企業に埋もれており，外部資本を投入すれば成長余地がある事業はまだ多数あると考えられる。

（1） 売却直前のパナソニックの状況

パナソニックの株価はリーマンショック以降しばらく低迷していたことが**図表3-29**で見てとれる。リーマンショック以前は時価総額7兆円近くあり，PBRも平均して1.5倍以上で取引されていた。それが2011年以降になると時価総額は2兆円からさらに下落，PBRも1倍以下となり，ついには2012年の11月ころには時価総額は1兆円を下回ってしまったのである。

業績自体はリーマンショック以降，**図表3-30**のとおり，2010年度にかけて一定の回復を示していたものの，その後2011年度，2012年度と業績が大幅に低迷する。2期連続で当期純利益は7,000億円以上の赤字となった。

そのような状況のパナソニックが，投資家の信頼を徹底的に失ったのは2011年度および2012年度における度重なる業績予想の下方修正であった。

2011年4月28日に，パナソニックは2010年度の決算発表を行った。2010年度

[図表3-29] パナソニックの株価推移

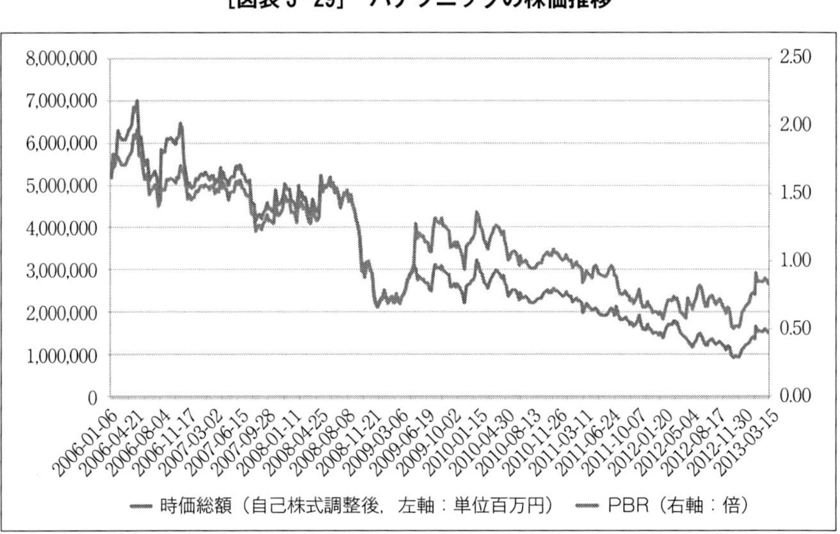

（出所） Speeda。筆者編集。

[図表 3-30]　パナソニックの業績

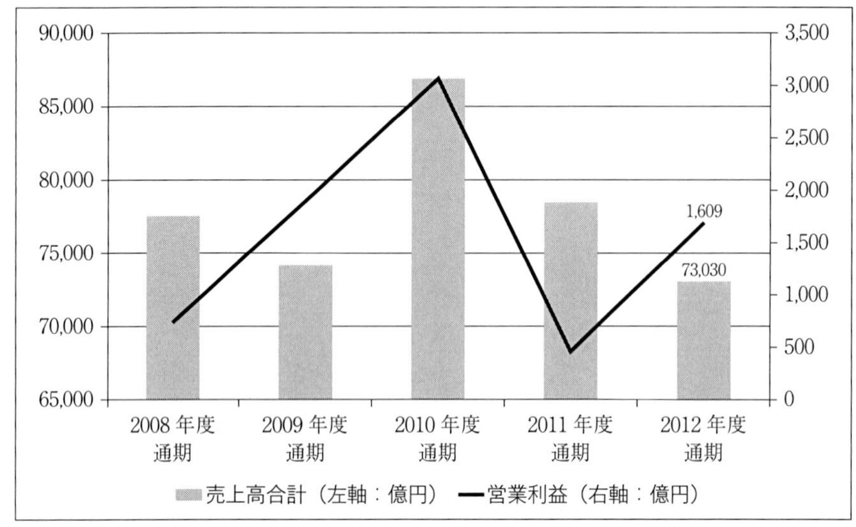

（出所） Speeda。筆者編集。

の売上は86,927億円，営業利益は3,053億円で，前年の三洋電機の買収完了もあり，前年度対比で伸長を示した。一方，2011年度の通期予測を売上高88,000億円，営業利益3,100億円，当期純利益500億円としたものの，直前の東日本大震災の影響を加味していないものとして後日改めその影響を加味した連結業績予想を発表するとした。

同年６月20日にあらためて業績予想を発表した。その予想では，売上高87,000億円，営業利益2,700億円，当期純利益300億円とした。また同年９月30日の上半期決算の予想は，売上高40,000億円，営業利益100億円，当期純利益700億円の損失になるとの発表を実施した。

その後同年10月31日には上半期の決算発表を実施する。上半期の業績としては，売上高40,052億円，営業利益476億円，当期純利益1,362億円の損失となった。当期純利益の赤字は課題事業の抜本的な構造改革のためとした。構造改革を前倒しするとして通期の業績予想の下方修正も発表した。売上高83,000億円，営業利益1,300億円，当期純利益は4,200億円の赤字になるというものであった。この下方修正の発表を受けて，株価は翌日約５％下落した。

さらに翌年２月３日には再び業績の下方修正を発表することとなった。売上高は80,000億円，営業利益は300億円，当期純利益の赤字はさらに拡大し7,800

億円になるというものであった。主な原因としてはグローバルな景気後退によるデジタル商品を中心とした大幅な減収が起き，固定費をカバーしきれなかったことをあげた。また，当期純損失の拡大に関しては，のれんの減損や追加の事業構造改革費用によるものと発表した。

このような度重なる業績下方修正は投資家の期待を大きく裏切り，２月末には，６月27日付で社長が交代（新たに津賀社長が就任）することを発表した。

新社長就任後もパナソニックは引続き業績不振および継続的な構造改革に追われた。2012年５月11日の2011年度決算発表の場で2012年度の業績予測も発表したが，同年10月31日の第２四半期決算発表の際にはまたしても下方修正することとなる。

図表３-31はパナソニックがその際に発表した資料の抜粋であるが，当初公表していた500億円の当期純利益に対して見通しを7,650億円の赤字としたのである。その主な差異は大幅な売上減少による営業利益の予想以上の低下，および当初予定した410億円程度の構造改革費用が4,400億円となることに起因するというものであった。

［図表３-31］　パナソニックの業績

2012年度　年間業績見通し　26

（億円）

	見通し	当初公表	公表差	前年	前年差
売上高	73,000	81,000	▲8,000	78,462	▲5,462
営業利益	1,400 (1.9%)	2,600 (3.2%)	▲1,200	437 (0.6%)	+963
税引前利益	▲3,650 (▲5.0%)	1,600 (2.0%)	▲5,250	▲8,128 (▲10.4%)	+4,478
当社株主に帰属する当期純利益	▲7,650 (▲10.5%)	500 (0.6%)	▲8,150	▲7,722 (▲9.8%)	+72

【為替レート】

	上期	下期	年間	公表
1USドル	80円	78円	79円	78円
1ユーロ	101円	97円	99円	103円

Panasonic ideas for life

（出所）　パナソニックのホームページ。2012年10月31日発表決算説明会資料より抜粋。

同発表が市場に与えたインパクトは大きかった。発表翌日には株価は約2割下落し，400円前後で推移した。時価総額は1兆円を割る状況であった。

そういった中，翌2013年3月28日，津賀社長就任後初めて新規中期計画および2013年事業方針を発表した。そこで「一刻も早く赤字事業をなくす」ための「不退転の決意」を表明した。また2013年度と2014年度の間に赤字事業の止血，構造改革を完遂し，各事業部の収益性を改善することで2015年度までに営業利益3,500億円以上をめざすと発表した。

もちろん，この発表以前からも赤字事業の止血のための施策は打っていた。たとえば前年12月には三洋電機のデジタル・カメラ事業を売却し，2013年2月には半導体事業を富士通と統合させ，また物流子会社の売却も発表していた。

この事業方針の説明の場でトップマネジメントのコミットメント，構造改革が終了するタイミングに関してのガイダンスを出したことにより，投資家に多少の安心感をもたらすことができた。追加の構造改革費用に関して，今後2年度で2,500億円必要だという具体的数値を明示したことも安心感に繋がったのであろう。

PHC社への外部資本の導入意向（実質売却意向）を公にしたのもこの場であった。

（2） PHC社の概要および売却の意義

PHC社の売却もまた上記のようにパナソニックが大きな「障壁」に直面した中で決定されていったのである。

PHC社の売却は2013年9月27日発表された。同日開催の取締役会において，パナソニックはPHC社の全株式を（KKRの関連者である投資ファンドが実質的に100％を保有する）PHCホールディングス株式会社（以下，PHCHD）に譲渡することに関し，PHCHDおよびその株主であるKKRとの間で，株式譲渡契約を締結することを決議したことを発表した。

本件譲渡により，2014年3月31日をもって，PHC社はパナソニックの子会社から外れ，PHCHDの子会社に異動し，パナソニックがPHCHDの議決権比率の20％に相当する株式を引き受けることで，パナソニックの持分法適用関連会社となると発表した。

[売却当時のPHC社の会社概要]

設立：1969年
代表取締役社長：山根健司
事業内容：各種ヘルスケア機器の開発・製造・販売（診断薬・医療IT・ライフサイエンス機器等）を行う。主力事業はBayer（ドイツの大手総合化学およびヘルスケア企業）の糖尿病モニタリング機器の受託製造を行っていた診断薬事業であり，世界中の糖尿病患者向けに高品質かつ生活の質の向上をめざす製品提供の取組みを強化していくことで，糖尿病ケア分野におけるグローバルトップクラスの企業をめざしていた。
沿革：松下寿電子工業株式会社として，1969年に設立され電機・電子機器事業を営んできた。2005年に，パナソニックグループのグローバルマーケティング力とブランド価値の向上をめざし，「パナソニック四国エレクトロニクス株式会社」に商号変更，その後，同社はヘルスケア事業を柱に据えることとし，2010年10月に商号を「パナソニックヘルスケア株式会社」に変更。12年４月には，ヘルスケア事業へのさらなる成長と経営体質の強化を図るため，三洋電機株式会社で営まれていた医療ITのメディコム事業とライフサイエンス機器のバイオメディカ事業を吸収分割により承継。
従業員数：約3,000名（2013年３月31日時点）
大株主および持ち分比率：パナソニック株式会社100％
パナソニックとの取引：パナソニックおよびパナソニック子会社は，PHC社から医療用モニター等の製品を仕入れている。また，パナソニックおよびパナソニック子会社は，PHC社およびその子会社より製造，サービス等を受託しており，PHC社およびその子会社に対しては建物の賃貸を行っている。
主な業績：

決算期	2011年３月期	2012年３月期	2013年３月期
純資産	144,385百万円	134,139百万円	133,746百万円
売上高	58,178百万円	58,161百万円	98,068百万円
営業利益	3,340百万円	1,908百万円	7,973百万円

パナソニックは，PHC社が担う医療機器事業は今後も成長が期待される有望な分野であるとしたものの，PHC社のさらなる成長のためには追加の投資と医療業界の知見の導入が必要であり，パナソニック単独でのさらなる経営資源の投入は難しい状態との認識を発表した。その状況を鑑み，同分野のノウハウと資金リソースを持ち，事業ビジョンを共有できるパートナーを迎え入れることが事業の成長のために最適と判断したことを併せて発表した。

KKR傘下のPHCHDに株式を譲渡することにより，PHC社の企業価値向上に資するとともに，パナソニックの経営資源の集中に合致するものと判断し，本件譲渡を決定した。また，パナソニックが，PHCHDの株式の20％を保有することにより，パナソニックのブランドを使用する事業において，顧客に対して一定の責任を果たし，PHC社ともWin-Winの協力体制を維持できるものとした。

また連結決算上，本件譲渡により約750億円の営業外収益が生じる見込みとした。

本件に関してはいろいろな考え方があるかと思う。直近連続で7,000億円以上の赤字を出してきた企業が売却する資産にしてはあまりインパクトがないのではなかろうか。また，赤字の止血を謳ったパナソニックが，なぜ利益を出している企業を売却したのであろうか。

しかし，この判断自体は非常に合理的なのである。第1節でも述べたライフサイクルの考えを思い出していただきたい。この場合，パナソニックがPHC社の投資家である。保有事業が成長のために投資を必要としている中，その投資を継続していかなければ，やがてその事業は成熟し衰退していくのである。その投資を支援する意思やノウハウを持たないのであれば売却するべきなのである。このことが，株主であるパナソニックにとっての価値向上というわけである。

また，売却相手が同様に当該事業にさらなる投資が必要という理解を持って買収する場合には，その新しい株主が成長投資を支援し，結果としてPHC社自体の企業価値向上につながる。PHC社で働く従業員やその他利害関係者にとってもプラスになるのである。

一方，大型の売却案件といっても，パナソニックのように7～8兆円の売上を計上する大企業にとって，PHC社は売上が1,000億円に満たない「小規模」事業であったこと，PHC社の沿革にも記載したが，元々パナソニック本体の事業ではなかったことも事実である。長期的な競争力を考えた場合には，このタイミングで，他にも手放した方がよい事業もあったであろう。

売却を通じて企業価値を向上することを，より本格的に指向する場合には，長期的視点にたち，よりインパクトの高いポートフォリオの入れ替えが必要だと考える。このような考え方が定着するのには，まだ時間がかかりそうである。

(3)　売却後のパナソニックのパフォーマンス

その後のパナソニックの業績の推移は**図表3-32**のとおりである。2014年度には，2015年度に達成を目標としていた営業利益3,500億円超を達成した。

またそれに併せてパナソニックの株価は**図表3-33**のとおり堅調に推移して行った。時価総額も3兆円を超える水準まで伸長し，PBRも2倍を超える水準にまで伸びていった。さまざまな構造改革や非中核事業の売却を経て，投資

[図表3-32]　パナソニックの業績推移

（単位：億円）	2012年度通期	2013年度通期	2014年度通期	2015年度通期
売上高合計	73,030	77,365	77,150	75,537
営業利益	1,609	3,051	3,819	4,157
当期純利益	−7,543	1,204	1,795	1,933
ROE	NM	8.6%	10.65%	10.95%

（出所）　Speeda。

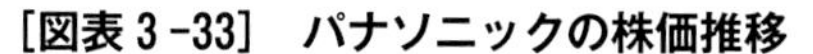
[図表3-33]　パナソニックの株価推移

（出所）　Speeda。筆者編集。

家からの信頼を回復して行ったのではないかと考えられる。一方で，2015年以降の株価およびPBRの下落にも注目する必要はある。

（4） KKR傘下におけるPHC社

KKRによる買収が完了した2014年3月31日から約1年あまり経た2015年6月10日に，PHCHDは，Bayer AGの子会社であるBayer HealthCare傘下のバイエルダイアベティスケア（Bayer Diabetes Care）事業（以下，BDC）の株式および資産譲渡契約を締結したことを発表した。買収総額は10億2,200万ユーロ（約1,380億円。1ユーロを135円として換算）であった。

以下はBDCの概要である。

事業責任者：マイケル・クロス
本社：スイスのBaselおよび米国NJ州のWhippany
事業概要：BDCは世界中で糖尿病患者および医療従事者向けに血糖値測定システムを提供する企業。20年来，PHC社の製品を販売してきたパートナーであり，同社の主力製品については独占販売を行う。
業績（2014年12月期）：売上高9億900万ユーロ
営業地域：世界125カ国
従業員数（2015年4月時点）：約1,500名

PHC社の「高品質で，コスト競争力を備えた開発製造機能」とBDCの「グローバルな販売網」を統合することにより，変革期にある糖尿病ケア分野において，世界中の消費者へより的確にアプローチが可能になると発表した。

また，世界保健機構（WHO）によると，世界中に糖尿病患者は3億5,000万人近く存在し，1985年より3,000万人増加したと推定されており，今後特に中低所得国において，さらに増加するとしている。これにより市場では低価格製品の販売数量の伸びがみられ，その中でPHCHDとBDCが一体となることで，品質が高く，安価な製品を必要とする顧客へ提供し続ける体制が強化できるものと発表した。

本件は本邦企業のカーブアウト案件でPEファンドが投資先企業の大型海外買収を支援した初めてのケースでもある。

すでに述べたように，海外買収を実施するには社内の体制整備や相応のノウハウが必要である。BDCは世界中で営業を営んでいるグローバルな組織である。

グローバルに展開しているパナソニックでも，知見が限られているヘルスケア領域で，このような案件を子会社のPHC社が実施することは容認し難かったのではないかと考える。

糖尿病ケアの競合は世界の大手ヘルスケア企業である。J&J（米国大手総合ヘルスケア企業），Roche（スイス大手医薬品および診断薬企業），Abbott（米国大手医療機器企業）であり，それぞれ製販一体体制である。本件による垂直統合を通じ，より迅速に顧客のニーズに対応し，大手との競合に対応できる体制になったと言えよう。

今後の買収成功はインテグレーションの成功にもかかっている。ただ，そもそもこのような案件を仕上げることができたのは，グローバルなネットワークがあり，ヘルスケア業界に投資経験を有するKKRがPHC社を支援したからということは間違いない。

PHCHDおよびPHC社は非上場企業であるため，情報の開示は限定的である。このケースが最終的に成功したか否かは，数年後にKKRが他社への売却もしくは株式上場を通じて保有株式を売却する時点になれば明らかになるであろう。

このような企業の非中核事業の売却案件は資本市場の活性化にも繋がるのみならず，その事業自体の活性化にも繋がっている。近いうちに本件の成功が明らかになり，このような案件が今後増えていくきっかけになればよいと考える。

4　M&Aが企業価値に貢献

今一度，第1章および前節で述べたPBRモデルを元に，付加価値創造に関して今回のケースで取り上げた各社を検証する。**図表3-34**および**図表3-35**において，PBR1倍の領域が純資産（会計上の簿価あるいは財務資本の価値）である。それを上回っている領域が市場付加価値である。

市場付加価値は第1章に述べられているような「非財務資本」に対する投資家からの「評価」や「期待」と言えよう。「非財務資本」をレバレッジして「財務資本」の価値を上げているのである。

「非財務資本」にはノウハウや特許等を含む「知的資本」，経営陣や組織体制を含む「人的資本」，ESGやCSRを含む「社会・関係資本」があげられる。また，そもそもの前提であるが，企業が投資家や社会に自社のことを理解してもらえなければ，どんなに「素晴らしい」企業であっても，「評価」や「期待」は顕在化しない。

[図表3-34]　旭化成のPBRの推移

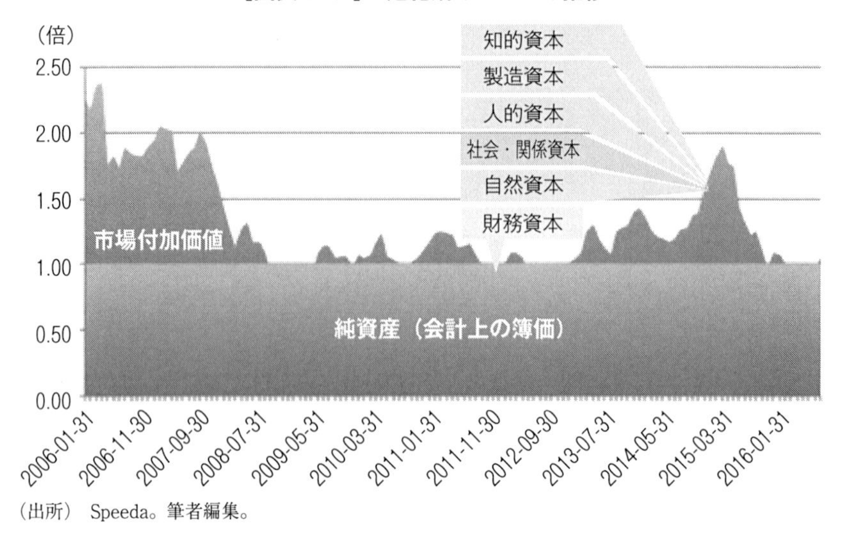

（出所）Speeda。筆者編集。

[図表3-35]　パナソニックのPBRの推移

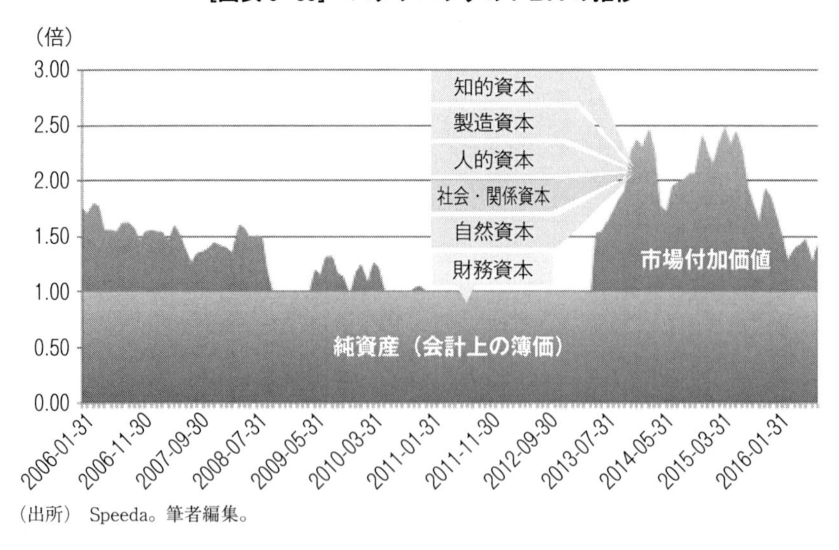

（出所）Speeda。筆者編集。

M&Aのさまざまな局面で「非財務資本」は活かされている。企業が戦略・中期計画を明示し発信することや，M&A案件の意義の説明を含め情報開示や投資家との対話を丁寧に行うことは，「社会・関係資本」の一例である。

M&Aの際の交渉や判断というのはノウハウの蓄積（ノウハウがないという判

断も含め）であり，経営陣の「覚悟」によるものであり，「人的資本」や「知的資本」が発現している例である。

また，実際に海外での大規模な買収を実行するためには，対応できる組織や体制が整備されていなくてはならない。さらには買収した企業の優秀な経営陣を保持したい場合，買収側の経営陣が相手からも信頼されるようなグローバルな感覚を持っていないと難しい。

図表３−34は，旭化成の過去約10年間の付加価値創造の推移を示している。同社の付加価値は買収が完了した2012年以降，顕在化してきたことがわかる。市場に発信していたヘルスケア強化という戦略を実行に移し，その後の実績も評価された結果と言える。

一方で2015年途中から，付加価値が剥離して行っていることが見て取れる。１つは同年発表した別のM&A案件において，投資家が確信を持てていないことがあげられるが，最も大きかったのは同年の住宅事業にて発生した「くい打ち」問題であろう。この「くい打ち」問題はまさに「社会・関係資本」の毀損である。

図表３−35はパナソニックの推移を示している。同社が付加価値を毀損することになった複数回にわたる業績下方修正は，投資家からの信頼を裏切ったことで，「社会・関係資本」の毀損であったと言える。危機克服のための道筋を2013年に不退転の決意を持って示し，それを事業売却も含めて実行することにより，その後大きく付加価値が顕在化していることが見て取れる。

一方で直近は，また投資家からの「評価」や「期待」が低下してきていることも見逃せない。

上記の２つの図表を見てわかるように，10年の期間において「山あり谷あり」，良い時もあれば悪い時もあるのである。絶えず付加価値を提供し続けることが理想であるのは疑いようがない。

ただ各ケースで紹介したように，企業がある「障壁」にあたり，それを乗り越えていくためには「非財務資本」や「財務資本」をフルに活用し，時にはM&Aというツール（非財務資本）を活用する。それらの「資本」の有効な活用を示すことで，またその企業の「資本」に対する「評価」や「期待」が回復していくのである。

こうしたケースが示唆するように，第１章で提言した「非財務資本とエクイティ・スプレッドの同期化モデル」はM&Aにおいても支持されるものと考えられる。

次章では「非財務資本」としての「脱予算経営」のノウハウのケーススタディを紹介しよう。

特別な外国企業の事例であるが，日本企業にも示唆に富んだ内容になっている。

【注】

1　Post merger integration（もしくはPMI）とも言われる。M&A完了後の統合のプロセスであり，マネージメント体制の確立，販売や製造，管理および情報システム等の統合等の作業を指す。買収後のシナジー実現のうえできわめて重要である。

2　株価や企業価値（もしくはEnterprise Value, もしくはEVとも表現され，時価総額＋有利子負債－現預金として計算される）を財務数値で割った値。同業他社との比較において割安か割高かの目安として使用される。代表的な指数としてはPBR，PER，EV/EBITDA等がある。

3　合併や統合は複数の企業が一定の法定手続に基づいて1つの組織になることであり，両者の株式を交換することで実現することが多い。国内同士の企業のM&Aにおいては現金による買収よりも対等感があるということで多く使用されてきた。

4　買収後の生産，販売，管理，IT等さまざまな面での合理化を通じたコスト削減（コストシナジー）を指すことが一般的。一方で双方の販路を活かして売上や利益を伸ばす「トップラインシナジー」という概念もある。一般的には後者は具現化に時間を要するため買収を企業が発表した際に，投資家はコストシナジーに注目する。

5　株式公開買い付け。特定企業の株式を不特定多数の株主から株式市場外で「取得株数，価格，買い付け期間」を公告した上で取得する方法。対象企業の経営陣と価格を合意した上での友好的なTOBと対象企業の経営陣の賛同を得ずに行う敵対的TOBがある。後者は日本では稀であり，さまざまな制約の影響で成功もきわめて困難である。

6　未だ取引金融機関や企業等の安定株主が大きな比率を占めるケースが多い。これらの株主は経営寄りの立場をとる傾向がある。

7　投資ファンドともよばれる。複数の機関投資家や個人富裕層から資金を集め，事業会社に投資する。また，その投資先に取締役を派遣する等経営に関与することで投資先の企業価値の向上を図る。そのうえでM&AもしくはIPOを通じて売却し，運用益を上げることを目的としている。

8　買収にあたり事業，会計，法務，人事，環境等に関して実施する調査。対象会社の協力を得た上で実施される。調査を経た上で企業買収にあたってのさまざまな法的義務を負うことになる。調査の結果を価格や最終合意書に反映することとなる。

9　M&Aの最終段階において締結される契約書であり，買い手および売り手の権利および義務を定めたものである。主に価格，対価支払いの条件，表明保証，免責条項等が盛り込まれる。

10　企業買収の場合，買い手が株式取得の決済を完了し，株式を実際保有し支配権が移転することをもって買収は完了する。上場企業がターゲット企業である場合には広く不特定多数の株主からの取得をすることになるため，各国の規制で募集期間が定められており，その期間を経た上で最終的に株式の取得が完了する。

11　企業の本源的価値であり，それを決定するのは企業の財務状況や業績動向である。

12　企業価値算定に際しては主に企業の本源的価値を算定する割引現在価値法（DCF法）を使用し，また類似買収事例の取引倍率や類似上場企業の株価倍率を参考にしながら算定することが一般的である。

13　法的拘束力のある価格は最終合意書に定められた価格となる。Non-binding bid時点での価格は公開情報を元に算出した価格となる。DDにおいて大きな問題点や強気になれる材料を発見した場合には，最終合意までに価格に反映する。一方，買い手側が問題点と感じたとしてもターゲットとしては問題と感じないことも多い。

14　DDに際して対象会社が用意する社内資料をまとめてサーバーにあげる。ネットが普及する以前は物理的に1つの部屋に資料が用意され，そこに調査チームを送り込み社内資料を調査していたため，データルーム（部屋）とよばれる。現在はエレクトロニック(電子)・データルームとも呼ぶ。

15　会社の経営陣や主要従業員にインタビューを実施することで会社の戦略，事業，財務，法務，人事等に関して調査をする。データルームの資料が事前に開示されている場合，その資料に関する質疑応答の場ともなる。

16　心肺停止，心筋梗塞，脳卒中，脳挫傷等の重篤な患者に医療を提供。

17　特に医療機器業界に詳しいコンサルティング・ファーム。

18　EV/EBITDAとして計算される。EBITDAは支払い金利，税金，減価償却費を控除する前の利益を指す。企業が営業活動を通じて生み出すキャッシュフローとほぼ同等と考えてよく，その何倍で当該企業が取引されているかの目安となる。EVに関しては脚注2を参照。

19　投資銀行や証券会社のアドバイザリー部門が担当する。複雑な案件，初めての海外買収案件を実施する際などは買収側の企業もフィナンシャル・アドバイザーを登用することも多い。条件交渉やバリュエーションの助言およびDDの補助のために雇う。

20　売却価格が算定した企業価値のレンジに照らし合わせて財務的見地より妥当とする意見書であり，米国上場企業売却を決定する際にFAから取得し，開示することが義務づけられている。「妥当」の根拠として用いる企業価値評価のレンジの下限と上限の幅が極端に広いケースも多々あることから，fairness opinionの存在意義に関しての議論もあり。

21　競争入札方式にて企業売却を行うプロセスのこと。買収に関心を持ちうる候補企業が招待され，一定のDD期間を経たうえで一斉に価格および最終契約書の主要な条件を提示することを求められる。最も良い条件を提示した企業が最終合意に向けた優先的交渉権を獲得する。

22 確実性の観点からは資金力，取締役会の承認等の社内の必要手続が済んでいるか等が検討される。

23 スピードの観点からはDDに必要とする期間や取締役会の承認等の社内の必要手続が済んでいるか等が検討される。

24 初期的段階の買収に用いられる表現だが，実際は買収したいことを示唆する。

25 医療機器や医薬品が保険償還の対象になるか否かは，その製品の成長に大きな影響を及ぼす。保険償還の対象にならない場合は患者の自己負担となってしまうため，医師・患者がその治療を選択しない可能性が高まるからである。

26 米国上場企業のCEOや会長に買収提案をした場合にはこのような返答を得ることが多いが，必ずしも「どうぞ買ってください」という意味とは限らない。SECで後々交渉の経緯が開示された場合にしっかり株主利益を考えて行動しているということの証明を担保するためにこのような返答をするのである。

27 米国上場企業においてはaudit committeeの設置が義務づけられており，財務報告および開示に責任を持つ取締役の合議体である。

28 米国上場企業においては買収や合併等により企業の支配権の移転が発生した場合に主要経営陣や従業員が自動的に契約を解除され，それと同時に退職金を手にする雇用契約を結んでいることが一般的。

29 株主価値最大化のためのfiduciary dutyを取締役会が果たしているか，法的観点からの確認を絶えず行いながら交渉を進めていく。一方，本邦企業が米国上場企業買収を検討する際には米国上場企業関連の法務に精通した弁護士を登用することが交渉の大枠を理解するうえで望ましい。

30 他社に買収意向確認のためにコンタクトを実施する際，関係者も増えてしまうため情報漏洩のリスクにさらされる。場合によっては周知の噂となってしまい，株価に影響が出てしまうケースもある。

31 買い手候補が増加すると，各候補にDDの対応をする必要があり，対象企業にとっても負担増となる。

32 最終合意書の中で対象企業がより良い条件を求め，一定期間積極的に他の買い手候補を探しに行くことを認める条項。その結果，買収に関心をもつ相手が出てきた場合には競合ビッドプロセスに発展することもある。買い手側としては拒否したい条項であり，最終合意書の交渉のポイントの1つ。対象企業としては，取締役会が株主価値の最大化を図ったことを担保する意味で，初期段階ではほぼ必ず提示してくる。

33 Stand-stillはターゲット企業に対して，合意なく株式の取得を行わないということを約束させる条項。DDにて機密情報を開示する際に要求することは一般的である。

34 Non-solicitation条項と言い，ターゲット企業の主要な従業員を勧誘してはならないことを約束させる条項。重要な従業員の特定もDDの際の重要な作業となるため，対象会社がDDの際に要求することは一般的である。

35 Go-shopと比べて柔らかい手法。最終合意書締結前に潜在的な買い手候補がいるか否かを短期間で限定的に確認する。買い手を積極的に探しているというようなことも敢えて伝えないことが多い。

36　米国上場企業買収手法としてはone step merger（1段階合併）とtwo step merger（2段階合併）がある。前者は対象会社の株主総会決議を経て売却に合意し，買い手企業と即合併。後者は買い手側がまず過半数（厳密には対象会社が籍を置く州にもよるが）以上の株式を公開買付けにて取得し（1段階目），そのうえで対象会社と現金対価にて合併する（2段階目）。公開買付けが順当に進む場合は後者の方が案件のクロージングまでは早い。

37　米国上場企業においては経営陣や主な従業員に相当規模のストック・オプションを付与しているケースもあり，買収金額の中でもそれなりの比率を占めることもある。

38　Go-shopの結果，より良い条件が他社より出てきてしまった場合に，それと同等の条件を再度提示できる権利。

39　最終合意後に他社がより良い条件で対象企業を買収することになった際に当初の買い手に支払われる違約罰。Break up feeとも呼ばれる。

40　買い手と売り手の双方がFAを登用している場合，当事者の代わりに交渉を担うこともある。

41　このような価格の示唆が出てくる際には，対象企業としてもほぼ案件をまとめる方向に向かっていることが多い。

42　最終合意書において定める，go-shopをさせない，他社が買収することとなった場合のtermination fee等，買収の完了を「保護」するため一連の仕組み。

43　買収後の経営陣や従業員のリテンション計画策定のために，特に海外企業買収時には人事コンサルティング会社を登用するケースも多い。

44　Material adverse effectのことを指す。買収合意後からクロージングまでに本件を取り止めざるをえない予期せぬ重大な事態を指し，その条件を規定する。大概その中身は相当実現性の低いものとなっており，世界規模のテロや大規模な天変地異により企業が打撃を受けた場合等に限定されることが一般的である。

45　エグジット・マルチプルの考え方は，仮に事業計画期間の最終年に会社を売却した場合，いくらで売却できるかという考え方である。この際に設定されるエグジット・マルチプルは，算定当時の同業種の上場企業が株式市場で取引されている株価倍率を参考にする。したがって，その時点での株式市場のパフォーマンスに大きく影響される傾向となる。

「脱予算経営」による高付加価値経営の追究

――スベンスカ・ハンデルスバンケン銀行のケース

本章ではこれまでの議論とは異なる，管理会計の視点から，新しい高付加価値経営としてのビジネスモデル「脱予算経営」[1]を取り上げる。伝統的な予算制度には予算によるコントロールなどの経営管理上の利点も多いが，「ゲーミング」など種々の欠陥もあり，必ずしも付加価値を最大化しないケースも多い。

こうした問題を改善して，企業の付加価値を有機的に高めようとする試みが脱予算経営であり，その顕著な成功例として北欧のスベンスカ・ハンデルスバンケン銀行がある。特別な外国銀行のケースであり，日本企業にはあてはまらない場合も多いと考えられるが，本書の趣旨に照らして示唆に富むと思われるので，本章のケース研究として直近の状況とあわせて詳しく紹介したい。

脱予算経営（ビジネスモデル）も「非財務資本（知的資本，人的資本，社会・関係資本）」[2]であり，その成果はスベンスカ・ハンデルスバンケン銀行では，競合他社よりも高い持続的な ROE（財務資本）に長期的に転換されており，本書の提案する「非財務資本とエクイティ・スプレッドの同期化モデル」による高付加価値経営の実践であるといえる。

ちなみに**図表 4－1** にスベンスカ・ハンデルスバンケン銀行と三菱 UFJ フィナンシャル・グループの過去10年の PBR グラフを示しているが，自己資本規制もあり，巨大な自己資本を有する銀行は一般企業よりも相当に PBR が低くなる傾向がある。しかし一貫してスベンスカ・ハンデルスバンケン銀行の PBR は高く，付加価値創造が継続的に行われている。

これは，前提として同行が経営目標とする「ROE 経営」が功を奏していることに直接的に起因しているといえるが，「脱予算経営」という非財務資本が間接的に付加価値創造を下支えしているのである。

［図表４－１］ スベンスカ・ハンデルスバンケン銀行と三菱 UFJ フィナンシャル・グループの過去10年の PBR グラフ

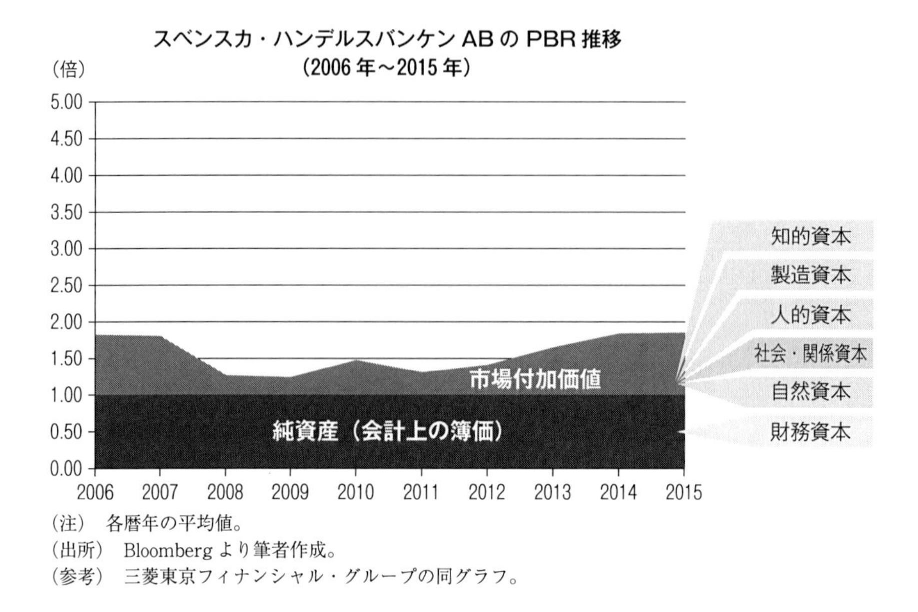

（注） 各暦年の平均値。
（出所） Bloomberg より筆者作成。
（参考） 三菱東京フィナンシャル・グループの同グラフ。

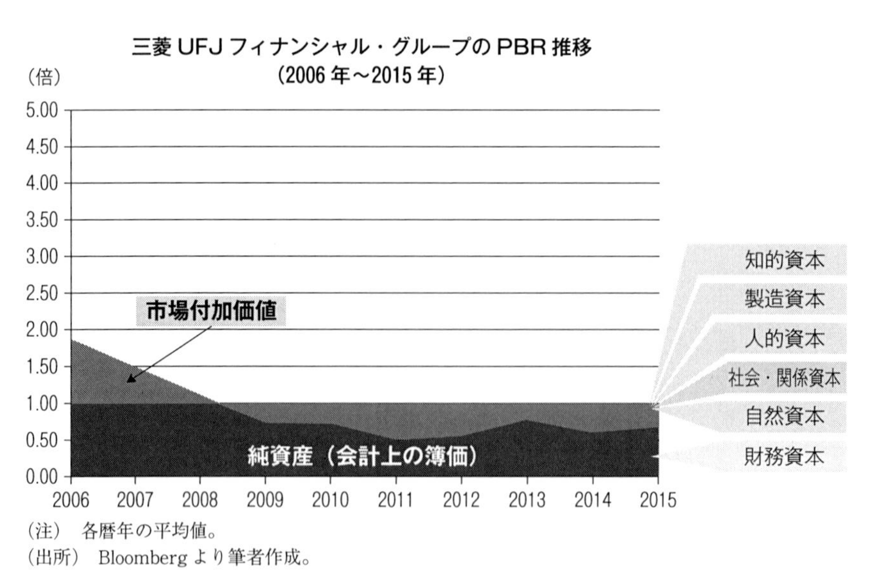

（注） 各暦年の平均値。
（出所） Bloomberg より筆者作成。

第１節 伝統的予算制度が付加価値を創造しない理由

はじめに，本節では「伝統的予算制度のデメリット」を俯瞰してみたい。法的・制度的な強制力がないにもかかわらず，長年世界中の企業に定着して「所与のもの」になっている予算制度は，ほとんどの企業で毎年当たり前のように利用されているが，実はその一方で，予算制度のデメリットも指摘されている。「管理会計の実務上の目的は企業価値の最大化であるが，予算は逆機能的で，付加価値を必ずしも最大化しない」とする主張である。予算管理に逆機能があるなら，本書の提案する「非財務資本とエクイティ・スプレッドの同期化モデル」による高付加価値経営に反することとなり，ビジネスモデルの改善が必要であると思料される。

1 付加価値創造を妨げる「膨大な時間と労力の浪費」に起因する組織の疲弊

日本企業でも経営企画部門経験者は実感があると思われるが，上場・非上場にかかわらず，ほとんどすべての企業が年次予算を作成しており，一方で「あまりにも時間や労力がかかりすぎる」という企業内部からの不満・批判は根強い。

年次予算編成スケジュールの具体的な例を**図表４－２**に掲げてみよう。これは，典型的な日本企業（３月期決算）の予算策定プロセスのフローを表しているが，予算作成に約４カ月，トップマネジメントから，予算編成部署，各部門のエリート社員多数を巻き込み，膨大な時間，労力をかけているのは否めないだろう。企業によっては，予算策定プロセスに延べ半年くらいの時間をかけている例も珍しくはない。

一方，米国企業も実態は同じようである。米国企業の典型的な予算カレンダーを**図表４－３**に示してみた。ハーバード大学ビジネススクールのジェンセン教授が「ゲーミング，時間の浪費，価値を創造しない意思決定は，多くの企業に共通する予算制度の問題点である」と伝統的年次予算制度の欠陥を指摘している（Jensen［2001］）。

このように予算策定プロセスには日本だけではなく，米国でも多大なる時間と労力をかけているようである。典型的なパターンとして，米国企業の過去５

［図表４－２］　３月期決算の日本企業の予算カレンダーのイメージ

カレンダー	トップマネジメント	予算編成事務局	予算責任単位(部門)	予算委員会
12月中旬		予算編成方針作成		
12月下旬		予算編成方針示達	予算編成方針示達	
２月中旬			部門予算案作成	
			予算案修正	
２月末日		予算案修正		予算案修正
３月初旬		総合予算案作成		
		予算案審議		
３月20日			予算案審議	予算案審議
３月25日		実行予算示達		
３月27日	予算決定，承認		実行予算示達	実行予算示達
(５月中旬)	(決算発表,年次業績予想開示)	(４月－５月)		

(出所)　溝口［1987］より，３月期決算の日本の上場企業を想定して筆者作成。

年間の売上，各利益計画と実績を比較してみると，唯一達成できている項目は純利益である。売上と費用は少なくとも10％は予算と実績が乖離している。頻繁に起こる事例は，売上は未達だが，費用（特に研究開発費や投資予算）がカットされ，純利益の予算目標が達成できるように裁量的利益調整が発生するパターンである。多くの米国企業では，賞与は計画した利益目標にリンクされているので，予定どおりの賞与が支払われる。こうしたゲーミングが頻発しているようである。

2　予算の欠陥と裁量的利益調整による付加価値最大化とのコンフリクト

長期間かけて作成された予算は，最終的な年度決算終了時から遡って見ると，実は各部署の「１年３～６カ月前の業績予測」に基づくもので，環境変化の激しい業界では期中で「賞味期限切れ」になってしまう。

自社のビジネス実績だけでなく，経済情勢，金利，為替，原油価格，競争条件等が激変する現在のビジネス環境では，予算は古すぎて役に立たない場合も少なくはないだろう。特に年次固定予算では利用価値に疑問があり，より柔軟

［図表4－3］ 12月期決算の米国企業の予算カレンダーのイメージ

カレンダー	スケジュール内容
5月中旬	年次予算策定プロセスが開始される。財務担当最高責任者（CFO）と戦略担当最高責任者（CSO）が，順番が逆であるが，Wall Streetのアナリストの来年の業績予想コンセンサスに，来年の業績に影響を及ぼす自社の知る（しかし非開示の）環境変化を加味することによって，そこから，全体の純利益（EPSが米国の場合重視されていて，唯一の開示項目であることも多い）の目標を立てる。この全体の純利益の目標値は最高経営責任者（CEO）によってレビューされて，各事業部長に来年度の会社の利益目標として示達される。
6月上旬	各事業部長は，各部署からの情報に基づいて，来年の暫定業績予測を準備する。ここでの事業部長のポイントは，CEOを怒らせるほど安易にならない範囲で，それにもかかわらず十分に達成確率の高い予測を提出することである。
6月下旬	驚くべきことではないのであるが，各事業部長から提出された業績予測の単純合計は，もちろん全社的な収益目標には遥かに及ばない。そこで，各事業部は次の1カ月をかけて，自分たちの保守的な予測の正当性を主張し，なぜそれ以上の収益を上げることが不可能なのかを説明して回るのに精力をかける。
7月上旬	CEOの我慢も限界に達し，CEOと各事業部長は，業績予測と全社収益目標のギャップをどう割り当てるのかを交渉し始める。今年も例年通り，交渉の上手な事業部長は少ない追加ノルマの割り当てになり，交渉の下手な事業部長は大きな追加ノルマが課されることになる。
7月下旬	こうして各事業部の目標が合意されると，そこから各事業部内の各部門の目標を定めるプロセスが始まる。もう1カ月かけて各部署が当初予測の正当性を主張し，鋭意プレゼンを行った後に，事業部長は当該事業部全体の目標の割り当てを課すことになる。そして，各部署はひと夏かけて，どうやったら割り当てられた目標を達成できるかを考える。多くの時間は内部的な費用の割り当ての議論に費やされる。かなりの経費が他部署由来で発生する場合も多いからである。苦労して戦略的に自分たちの部署がコントロールできる売上を伸ばしたり，経費を節減したりという前向きな行動よりも，内部で他部署の同僚を打ち負かす方が有利になる。不毛の社内政治や口論がはびこるわけである。
9月上旬	毎年同じであるが，かかる環境下で，複数組織にまたがるプロジェクトの資金負担の割り当てを決めるのは，事実上不可能である。たとえば，結果として，相互に利用不可能な十数個の電子メールシステムを個々に設置してしまうというようなことが起こる。そして，会社として電子メールのサービスをコーディネートするためにこれらのシステムを接続する最終的なコストは，結局，会社全体のビジネスを統合するプロジェクト予算の相当な割合になってしまうのである。
9月中	最終的な予算交渉が開始される。事業部ごとに来年の事業計画について，上級経営陣（CEO，CFO，CIO，CSO，人事，法務，リスク管理等）に対してプレゼンテーションを行う。各事業部の主なビジネスを説明するが，フォーカスは，計画を達成できそうにない理由を強調することにある。うまく説得できた事業部ほど，業務目標を下方修正してもらえる可能性がより高くなるのである。 担当部署の立場で考えると，短期的な予算達成のために最も強力なレバレッジになるのが，メリットは遠い将来に具現化するが，短期的には費用負担の重い，いわゆる「戦略的プロジェクト」の延期または中止である。しかしながら，こうした戦略的プロジェクトの多くは，企業が長期的に継続して存続していくためには必要不可欠である。
11月中	経営トップが予算を取締役会に提出して承認を得る。（利益ガイダンスとしてEPS予想値の投資家向け開示）

（出所） Jensen［2001］より筆者作成。

な予算システムを求める意見は多い。

たとえば，世界有数の石油化学メーカーであるボレアレス社のブヤーテ・ボグネス元副社長（当時）は次のように語っている[3]。

> 「原材料市況（インプット）も製品市況（アウトプット）もほとんど価格のコントロールが効かず，業界内での業績予測は‘宝くじ’をあてるようなものだった。翌年の予算を書き上げてインクが乾くか乾かないかのうちに原材料価格や製品価格が激変し，一連の予算編成作業がまったくの時間の無駄になってしまうのであった。」

同様に，外部への開示用の年次業績予想も，基本的には1年以上前に策定された社内予算に基づくものであり，環境が激変する中，状況によっては，突然の下方修正の繰り返しになり，かえって投資家の判断を誤らせて，付加価値を最大化しないという批判も根強いようである。

上記のような「賞味期限切れ」の年次予算では，環境変化のきわめて激しい今日では，たとえ予算目標を達成できたとしても，それが本当に適切なものかどうかは検証が困難であるという問題がある。あるいは経営が近視眼的になって長期的な企業価値最大化を阻害する可能性もある。Jensen［2001］が示唆するように，米国企業でも予算ゲームにより，売上の不調を経費先送りやカットで調整して，純利益だけは予算に合わせて着地する傾向がある。

アリゾナ大学のチェン教授らの実証研究（Cheng et al.［2007］）でも，開示された業績予想（社内の固定年次予算とリンク）達成に執着する米国企業は，経営が近視眼的（Managerial Myopia といわれる）になり，ショートターミズムのために，長期的な研究開発費を犠牲にして目先の業績予想を達成しようとする裁量的利益調整に走り，長期の利益成長，付加価値創造にマイナスの影響を与えているという。米国公認管理会計士協会（IMA）でも予算制度の改善を訴える論調が増えている[4]。

日本企業においても，首藤［2010］は，年次業績予想開示（年次予算に基づく前提）の純利益に合致させるように日本企業が裁量的発生高（会計基準で認められた範囲内の経営者の裁量による利益調整。たとえば，減価償却や，引当金などが対象）を計上する形で利益調整を行っていることを実証研究で示している[5]。

首藤［2010］は以下の内容を示唆しており，たいへん興味深い。

・証券取引所の要請に基づく決算短信の年次業績予想開示は，法定開示より早期の適時開示かつ重要な経営者予想情報を含むことから，投資意思決定の貴重な情報源として定着している。
・かかる環境のもとに，業績予想開示制度における経営者予想値を目標とした利益調整の存在が確認できた（ただし，売上については強い関係を証明できなかった）。
・利益の実績値と経営者予想値の差額として定義される利益予想誤差の分布の調査では，経営者は当期利益と経常利益に関する利益予想値を目標値とした利益調整を行っていることが示された。
・経営者が当期利益の利益予想値を達成する手段として，裁量的会計発生高を利用している。
・利益予想値にわずかに満たない，あるいはちょうど達成できた企業は，業績予想開示数値を何としても達成しようとして，正の裁量的発生高を計上していた。
・業績予想利益を上回る結果であった企業は負の裁量的発生高を計上していた。つまり，次期移行も継続して利益予想を達成できるように利益平準化を行っていることが示唆された。

実証研究でも，予算とそのリンクである業績予想開示が，粉飾決算まで行かないまでも，経営者の裁量的行動，ゲーミングを呼んでいることは明らかにされている[6]。

予算制度においては，多くの企業が事前の予測に基づいて設定された「固定目標」を設定しているが，事前に予算案が本部から示達されて，その実現について本社と現場が合意をするという条件は「年次固定業績契約」であり，かえって合理的な経営行動を阻害する逆機能に陥りやすいという指摘がある。そうであれば，企業経営が１年以内というタイムスパンの短期志向になり，本書の提案する中長期的な「高付加価値経営」につながらないであろう。

既述のように社内で多数の人材を巻き込み，長期間を要して作成され，それでも環境の変化に対応できない伝統的な年次固定予算が「年次固定業績契約」として評価されると（ましてや米国企業のように賞与と予算達成の相関関係が強いと），端的に言えば，現場としては，期中の本部介入による追加ノルマや業績効果を危惧して保守的になり，期首に「売上予算を過少申告」して「費用は過大申告」しようとするインセンティブが働くのではないか（ゲーミング）。

それでは付加価値創造の最大化には逆機能的である。しかしながら，実際に現場は「期首売上予測は過少申告し，費用は水増し申告」して，「予算スラック（slack）」を確保すれば，業績評価でも社内政治でも，現場サイドは余裕ができ，より安全に保身を図ることができるのである。一方，当然ながら予算統括本部は，その反対の方向の指導，依頼，交渉を執拗にするであろう。こうした社内交渉や社内政治にかける「労力」はきわめて大きいのである。

最前線の現場と本部管理部門では「情報の非対称性（information asymmetry）」が存在するので，こうしたゲーミングが可能になるのであるが，それが逆機能となって，付加価値創造を阻害する蓋然性がある（売上の最小化，費用の最大化）。

その結果，それぞれの立場と思惑から，現場と本社は限りない無益で不毛な「予算ゲーム（あるいはバトル）」に陥ってしまう。いたずらに多大なる時間と費用を浪費して，しかも企業価値の最大化という，本来の管理会計の目的（ストレッチな目標，すなわち売上を最大化して費用を最小化する）のベクトル方向とは整合性が取れない，逆機能的行動をとるようになるのである。

3 「予算ゲーミング」のパターンと逆機能

先行研究では，Ginsburg［1981］がゲーミングの9類型を示しており，予算ゲームの代表例を興味深い比喩で的確に表しているので**図表4－4**に紹介する。誇張された表現ではあるが，日本企業の予算折衝場面でも頻繁に発生するゲーミングのパターンであろう。

この9類型は，「言いえて妙」であるが，こうした予算ゲームの予算行動は多くの企業で散見される典型例ではないだろうか。予算行動は人間の心理学も反映していて興味深いが，こうした行動は必ずしも付加価値創造につながらないだろう。

ここまで，主に予算設定時のゲーミングについて具対例も交えながら述べてきたが，予算期間中，あるいは特に期末もゲーミングが活発に行われる。

売上不調時における期末の押し込み販売，値引き合戦ゲーム（「何が何でもノルマを達成しよう」という焦り），あるいは売上好調時には，期首予算達成後の売上の翌期への先送りゲーム（「これ以上やっても評価は同じ。来期の目標が高く割り当てられると困るので売上は抑制しよう」という打算）が起こるだろう。極端に不調のときは途中断念ゲーム（「今期はあきらめて来期にかけよう」という転換）

[図表４－４] 予算ゲーミングの９類型

タイプ	詳 細
1．庭師タイプ	巧みに予算を獲得する。しかし，予算の使途が明確ではないため，有用でない活動にもまんべんなく予算が使われるので，期待したほど成果が上がらない。
2．カモ猟師タイプ	予算請求額の中には，本当は必要でない予算項目（decoy：カモ猟のときにつかわれる「おとり」の木製のモデル）を紛れ込ませる。予算編成事務局やトップマネジメントからdecoyの部分に関して説明を求められると，専門用語を多用して相手を困惑させる。チェックする側は騙されてはいけないと思い，細部にわたって検討を加える。しかし，そうなることを予想してdecoyが予算原案に組み込まれている。議論の焦点をぼかして，多めに予算を獲得したり，時間切れを待ったり，非生産的な議論に終始して経営資源を浪費する。
3．起業家タイプ	成功確率の低い，あるいはわからないプロジェクトを，将来のための投資であると強調する。失敗しても言い訳ができる。
4．ギャンブラータイプ	ポーカーフェイスで「予算を削るなら辞める」という。自信家であるが，管理職にこのタイプが多い。
5．外科医タイプ	「十分な予算がなかったから失敗した」と惨状を再現しながら主張し，さらに予算を削減するなら，結果に責任は持てないと主張する。
6．企業戦士タイプ	企業人間，会社人間タイプ。予算原案を示し，予算を認めるのも削減するのも「本部の自由にしてくれ」という。よき戦士としての評価が高いので，多くの場合は予算原案がそのまま承認される。しかし，よき戦士でも，予算はできるだけ多くほしいという願望は持っている。
7．溺れる者タイプ	彼はいつも不当な扱いを受けてきている，というみんなの印象を利用する。「今，救ってくれなければ溺れてしまう。」と主張。しかし，本当にそうかどうかは他の者には決してわからない。
8．救世主タイプ	自分の部門でなく，全社を救うための方策として，自分の部門の予算増額が必要であると主張する。もし予算措置を講じなければ，企業全体が危機にさらされるという。
9．正直者タイプ	要求は正当であると誰もが思う人。予算はそのまま承認される。予算を実際にカットすると，このタイプは「溺れる者」に変身する。

（出所） Ginsburg［1981］。

となるであろう。

期末には，このように次の期間の予算設定もにらんで駆け引きが起こる。同様に，不調時は必要な費用や投資を先送りする傾向が生まれやすい。あるいは期末に費用が余っていたら，既得権として，あるいは余らせてしまうと次期の予算で経費が減額されるので，「期末に無理やりでも経費予算を使い切る」といったゲーミングが起こりやすい。

第2節　逆機能の解決策としての付加価値モデル「脱予算経営」

1　脱予算経営の萌芽

伝統的年次予算制度は「固定業績契約」とも呼ばれ，上場・非上場を問わず世界中の企業の大半で採択されている。一方で，これまで述べてきたゲーミングによる逆機能の弊害も大きい。

それでは，ゲーミングの解決策はあるのか。そのソルーションとして，予算の弊害に対する問題解決のために，北欧を中心として注目を集めつつある「脱予算経営」というマネジメント手法が発展してきている。本章では，予算ゲーミングの緩和策としての「脱予算経営」を非財務資本と財務資本の同期化を企図した「高付加価値経営」の１つの形として取り上げてケース研究を展開してみよう。

伝統的予算制度の問題点を述べてきたが，その処方箋として「脱予算経営（BBM：Beyond Budgeting Model）」の考え方をここで紹介する。

脱予算経営は，ホープとフレイザーによって著書が発表され，翻訳も出版されている[7]が，もともとは1990年代からBBRT（Beyond Budgeting Round Table）[8]で提唱されてきたマネジメントモデルで，主に北欧で発展してきたものである。端的に言えば，ゲーミングおよび弊害の多い伝統的予算制度を廃止あるいは改善して，変化適応型のプロセスを採用することと，徹底的に分権化した組織を導入することが重要であると説いている。

具体的にHope and Fraser〔2003〕では，予算を廃止して数十年も成功裏に経営されている企業も紹介されている。画一的なフォーマットはないが，たとえば，年次固定予算を廃して，四半期ごとのローリング予測とバランスト・スコアカード[9]で管理する手法もある。あるいは，相対的業績比較で同業他社とのROE比較のみに重点を置くやり方もある。こうした柔軟な変化適合型のプロセスで付加価値経営を図るもので，脱予算経営は日本企業にとっても大変示唆に富んだものになっている。

簡潔に定義すると,「脱予算経営とは，相対的目標値とそれに基づく報酬算定,継続的な計画の更新，需要動向に即応した資源配分，ダイナミックで部門横断的な調整，さまざまなレベルからなる多くのコントロールを支援する首尾一貫した，予算の代替的プロセス」である。それらは画一的なプロトコールでなくて，企業ごとに創意工夫があってよいだろう。

しかし，誤解してはならないのは，脱予算経営は業績標準や財務規律を緩めることを意味していないということである。その効果は，むしろ反対である。業績の責任は「中央集権」的だった本社から「分権化」で各事業部門へ委譲される。多くの場合は最前線の部署が責任を負うのである。

脱予算経営では，現場の従業員が目標や行動の設定に関与することによって(そのツールとしてバランスト・スコアカードが有効かもしれないが)，オーナーシップやモラールが向上し，継続的な改善の原動力が生まれ，付加価値を最大化することを企図している。

2 固定業績契約（伝統的予算制度）と相対的改善契約（脱予算経営）

基本的に，脱予算経営では，伝統的予算制度を「固定業績契約」と呼び，脱予算経営を「相対的改善契約」と定義している。**図表4－5**にまとめて比較してみよう。

「脱予算経営」の原則は，分権化された組織による相対的な改善をめざす変化適合型のマネジメントモデルである。IIRC［2013］のフレームワークでいえば,「人的資本」,「知的資本」,「社会・関係資本」の非財務資本ともいえよう。そこでは，現場に権限委譲がなされ，現場のマネジャーが自分自身で業績をコントロールすることが求められている。それはトップによる責任の押し付けではなくて，むしろトップのリーダーシップが必要であろう。

中央集権よりも現場への分権が「人的資本」の価値を高め，組織に活力を生む蓋然性は高い。1997年にマッキンゼーが6,900人の米国企業のマネジャーを対象に実施したサーベイ調査（McKinsey［2006］）でも，従業員は意思決定に

[図表 4 - 5] 固定業績契約（伝統的予算制度）と相対的改善契約（脱予算経営）の比較

	固定業績契約	相対的改善契約
目標値	売上，利益，預かり財産等の目標値は XXX 百万ドルに固定される。	マネジャーが事前に確認してベンチマークされた KPI（Key Performance Indicator：主要業績指標）について継続的に改善を行い，競争集団の中でトップ X 番以内に入るようにする。その目標達成のためには，組織は収益獲得能力を最大限に発揮するとトップは確信している。
報　酬	上記の固定目標値をクリアできれば，利益の XX%を得られるが，これは目標値の80%から120%の幅を持っている。	各年度末の「事後的」業績に基づいた競争集団の成績表，つまりリーグテーブルによって，トップがマネジャーの業績評価をするとマネジャーは理解している。
計　画	この契約には，マネジャーが合意したアクション・プランが付随している。	合意されたガバナンス原則および戦略的な境界線の範囲内で，中期的な目標を達成するために必要な行動をマネジャーは最大限やってくれるとトップは確信している。
資　源	資本支出予算および業務予算を支援するために合意された資源が，予算書には固定的に含まれている。	マネジャーは必要なときに必要な資源をいつでもトップが提供してくれると理解している。トップは合意された KPI に沿った範囲内でマネジャーが資源の投入量を収めてコントロール（NPV，IRR などの基準）してくれると信頼している。
調　整	マネジャーの活動は，同意された計画あるいはマネジャーの上司によって，他のマネジャーと調整されることになる。	トップは，マネジャーが期間契約およびに顧客の要求にしたがって，自己の活動を自主的に他のチームと調整すると想定している。
コントロール	マネジャーの業績は，月次でモニターされる。予算とのあらゆる差異が確認され，幹部は是正措置を取る権利を有している。予算修正案の形での予測は四半期ベースで求められる。	トップはマネジャーがストレッチな予測を最大限出してくれると信じている。マネジャーは，基本的にトップは権限委譲してくれていて，業績をモニターしていて KPI などの重要指標がどうしようもない状況になって初めて介入するものであると認識している。

（出所）『脱予算経営』清水孝監訳，生産性出版，2005年，34頁より筆者作成。

参画できたときに最も満足感を感じており，有能な人材にはよりその傾向が強い。彼らが企業を選ぶ理由のトップ３は「価値と組織文化（58%）」，「自由と自律性（56%）」，「面白くて挑戦的な仕事（51%）」であった。

脱予算経営の変化適応型モデルでは，KPIの相対的改善契約（ベンチマーク），ローリング予測，バランスト・スコアカード，顧客満足度，中長期経営計画などが有効なツールとして重視される。企業文化によっては導入が難しい面もあろうが，それでも日本企業によっては一部受け入れ可能な変革かもしれない。

こうした相対的改善契約に基づく変化適応型のマネジメントプロセスは，ゲーミングを排し，「高付加価値経営」に貢献する可能性がある。脱予算経営は長期的な「非財務資本とエクイティ・スプレッドの同期化モデル」につながるものである。ただし，日本企業の実務の観点からは，定着している伝統的年次予算の呪縛，東証の年次業績予想開示制度の問題も含めて「予算の完全廃止」はハードルが高そうでもある。脱予算経営も参考にしながら，プリンシプルベースで自社に適した予算制度の改善や業績予想開示の柔軟化を「日本型脱予算経営」として検討することも選択肢であろう（柳［2011］）。

脱予算経営の「相対的改善契約」では，各企業，部署は付加価値の増大につながるようなKPIの指標（たとえばROE）について，「相対的な」，「事後的な」結果によって業績が評価される。売上の単純な数値目標と違って，競争相手と最後まで戦い，途中で断念したり手を抜いたりすることもできず，最後まで全力を尽くすことになるので付加価値を最大化しやすい傾向がある。期末が終わり，事後的に分析しなければ競合他社のKPI（たとえばROE）がどうなったかはわからないので，全社員が最後まで最大限の努力をすることになり，ゲーミングの余地は少ないと解釈されるのである。

また，単純な売上絶対額の目標値ではないので，どこまでやればよいということもないし，たまたま業界を取り巻く環境が好転し，幸運な「神風」が吹いて収益目標値をクリアしても，他社がそれ以上に収益を上げればアンダーパフォームとみなされ，評価されないシステムである。

逆に，不幸な不可抗力要因の発生により業界全体が低迷して，売上絶対値が目標数値を下回っても，同業他社よりはましな状態で競争相手をアウトパフォームしてさえいれば，固定年次予算目標とは違って，評価される。相対評価はある意味では「フェア」な制度ではないだろうか。

本節の最後に「固定業績契約」と「相対的改善契約」についてまとめておく。

(固定業績契約)

年次固定予算で年間目標値が定められる。数値目標を達成するかしないかで業績評価される。たとえば今期純利益100億円がある事業部の目標であれば，問われるのは数値のみで，好況で業界全体が予想以上に純利益を上げても100億円さえ達成できればよい。逆にどんなに不況でも100億円達成しなければならない。また１年以上前に「事前に」作られた目標なので現実とは乖離してしまう。

(相対的改善契約)

年次固定予算ではない相対的な業績契約が脱予算経営である。たとえば，「業界で３位以内の純利益」を目標にする。好況で純利益が順調でも他社がそれを上回っていれば３位以内に入れないし，「事後的」に判明する目標なので，最後まで努力する。また，不況時でも途中であきらめなければ，他社の落ち込みがより厳しければ，低調な結果でも３位以内には入れる可能性がある。最後まで最大限の努力をして価値を最大化できる。評価も相対的に公平になされる。

第３節　脱予算経営による「高付加価値経営」
── スベンスカ・ハンデルスバンケン銀行の事例

脱予算経営を代表する著作であるHope and Fraser〔2003〕は，スウェーデンの銀行である「スベンスカ・ハンデルスバンケン銀行」を2003年時点の脱予算経営の好事例にあげる。本節では，脱予算経営のベストプラクティスと言われるスベンスカ・ハンデルスバンケン銀行のケーススタディを直近のアップデートも確認しながら取り上げてみたい。

1　スベンスカ・ハンデルスバンケン銀行の概要

世界の巨大銀行（シティグループ，ドイツ銀行，JPモルガン・チェース，バンク・オブ・アメリカ他）や日本のメガバンク（三菱UFJフィナンシャル・グループ他）などの国際的金融機関の水準からすると大規模ではない（邦銀で言えば総資産はりそなグループよりも小さい）が，北欧のスベンスカ・ハンデルスバンケン銀行は，住宅ローン，ファイナンス，生命保険，投資信託，テレホンバンキングおよびネットバンキングなどを含む５つの金融商品ベースの子会社を持ち，あらゆる金融サービスを提供しており，市場では「世界最強の銀行」の１つに挙げられている。

以下，スベンスカ・ハンデルスバンケン銀行の2015年アニュアルレポート等の公開資料から，その企業概要をまとめてみよう。

【法人概要】

法人名：Svenska Handelsbanken AB
本社：スウェーデン
代表者（CEO）：フランク・バン・ジェンセン[10]
設立：1871年（創業144年）
株式上場取引所：ストックホルム証券取引所（NASDAQ OMX）他
信用格付：AA（Fitch）（2016.5.26にAA－より引き上げ）
事業内容：リテール銀行業務，投資銀行業務含む資本市場関連業務，資産運用業務，年金・保険業務
店舗網：849カ所（スウェーデン，フィンランド，ノルウェー，英国，オランダ等のほか計25カ国に展開）
従業員数：11,819名

【決算サマリー】

スベンスカ・ハンデルスバンケン・グループ　（単位：百万円）

	2014年	2015年	前年差
資金収益	322,569	328,442	5,873
役務取引等利益	101,303	110,349	9,046
トレーディング収益	21,040	30,879	9,839
その他収益	8,726	7,909	－817
業務粗利益	453,638	477,578	23,940
人件費	－139,309	－148,959	－9,650
一般管理費	－60,372	－61,604	－1,231
減価償却等	－5,470	－5,766	－296
実勢業務純益	248,486	261,250	12,764
与信費用	－21,087	－18,908	2,179
固定資産売却損益	71	83	12
税引前当期利益	227,470	242,424	14,954

税金費用等	－47,692	－48,923	－1,231
税引後当期利益	179,779	193,501	13,723
総貸出金	21,404,778	22,098,969	694,191
総預金	12,103,641	8,925,643	－3,177,998
総資本	1,501,632	1,518,693	17,061
総資産	33,339,444	29,862,054	－3,477,390

＊11.84円/SEKにて換算（2016年8月4日付BTMU仲値）

- ROE：2015年　13.5%，2014年　13.4%
- 自己資本比率：2015年　27.2%，2014年　25.6%
- 経費率：2015年　45.3%，2014年　45.2%

【時価総額】

発行済株式総数　1,936,715千株

2016年8月4日終値ベースの時価総額　約2兆4,000億円

＊参考に株価パフォーマンスを**図表4－6**に示す。

［図表4－6］　ベンチマークを凌駕する株価パフォーマンス

（1999年12月末の株価を100とする指数でのベンチマーク比較）

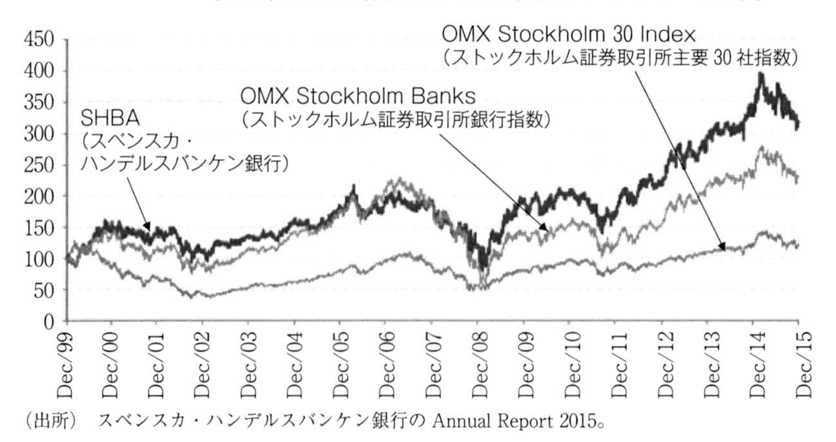

（出所）　スベンスカ・ハンデルスバンケン銀行のAnnual Report 2015。

【2015年業績ハイライト】

- 27年間にわたり顧客満足度調査において同業他社との相対比較で優位性を維持。
- 44年間にわたりROEにおいて同業他社との相対比較で優位性を維持。
- 実績業務純益は前年比７％の増加。144年の歴史における最高益を更新。
- 支店と顧客のリレーションを重視。多くの支店を有し地域に根差したきめ細かい営業姿勢を敷くとともに，効率的な支店運営を志向（「支店こそが銀行」の分権化モデルの訴求）。
- 経費率45.3％と低位を維持。北欧の主要行平均は46.2％。
- スウェーデンにおいてはトップシェアを維持（国内マーケットシェア31％）。
- 自己資本比率27.2％と財務基盤強固。格付AA（Fitch）は世界的にも高水準。

【金融機関比較（参考）】

	ハンデルスバンケン	Nordea	SEB	Swedbank	三菱UFJ	りそな
税引後当期利益	1,935億円	4,123億円	1,963億円	1,862億円	9,514億円	1,633億円
総資産	29.9兆円	72.8兆円	29.6兆円	25.4兆円	298.3兆円	49.1兆円
ROE（％）	13.5％	12.2％	12.2％	13.5％	7.6％	9.68％
時価総額	2.4兆円	3.6兆円	1.9兆円	2.4兆円	7.1兆円	1.0兆円

（注） Nordea，SEB，Swedbankはスウェーデンの主要銀行。

【最強20行のランキング】

1．OVERSEA-CHINESE BANKING（SINGAPORE）
2．SVENSKA HANDELSBANKEN（SWEDEN）
3．NATIONAL BANK OF CANADA（CANADA）
4．CANADIAN IMPERIAL BANK OF COMMERCE（CANADA）
5．DBS GROUP HOLDINGS（SINGAPORE）
6．UNITED OVERSEAS BANK（SINGAPORE）
7．FIFTH THIRD BANCORP（U.S.）
8．BANCO BRADESCO（BRAZIL）
9．UBS（SWITZERLAND）
10．BOC HONG KONG（HONG KONG）
11．BANCO SANTANDER BRASIL（BRASIL）

12. TORONTO-DOMINION BANK（CANADA）
13. CREDIT SUISSE GROUP（SWITZERLAND）
14. JP MORGAN CHASE（U.S.）
15. STANDARD CHARTERED（U.K.）
16. CITI GROUP（U.S.）
17. ROYAL BANK OF CANADA（CANADA）
18. HANG SENG BANK（HONG KONG）
19. BANK OF MONTREAL（CANADA）
20. SBERBANK（RUSSIA）

（出所） 2011年『ブルームバーグ・マーケット（Bloomberg Markets）』誌による「世界最強の銀行」ランキング。

このように見ても，スベンスカ・ハンデルスバンケン銀行は定性的・定量的に世界で最も優れた銀行の１つであり，「高付加価値経営」を実践している企業といえるだろう。

2 スベンスカ・ハンデルスバンケン銀行のCEOのメッセージ骨子

（スベンスカ・ハンデルスバンケン銀行のAnnual Report 2015より抜粋）

同行のアニュアルレポートを読むと，「トップのメッセージ」から業績に加えて，スベンスカ・ハンデルスバンケン銀行の企業文化や理念を知ることができる。以下，同社の2015年のアニュアルレポートからCEO（最高経営責任者）のフランク・バン・ジェンセン氏（当時）のメッセージの概要を抜粋する。

「相対的ROE」をKPIに脱予算経営を実践して高付加価値経営を志向していることが伝わってくる。

「今日まで144年に渡り，当行は成長と発展を遂げてきました。顧客ごと，取引ごと，また支店ごとに成長してきたのです。本年（2015年）も，これまで同様に成長と発展に尽力し，健全な事業作りに邁進して参りました。より多くの顧客獲得と，その満足度向上と同時に，全事業で徹底したコスト・コントロールも行ってきたと自負しております。このように，われわれは株主の皆様のため，価値創造に取り組んできたのです。前年の営業利益は，205億SEKで過去最高の利益を記録しました。44年にわたり，当行のコーポレートゴールである“同業他社の加重平均より高いROE”を達成しております。

長年当行の株主資本は，配当を含めて年間平均15％で成長しています。これは，競合する同業他社とは異なり，政府・中央銀行からの公的資金注入や株主からのエクイティファイナンスの負担に依拠することなく，自助努力で実現した数値です。このように当行は安定かつ長期的な価値創造を行っております。これは経営の根本が，“長期的視野と安定性”に根ざしているというシンプルなセオリーに起因します。それは顧客との関係や取引，従業員の見解など当行全体に浸透しています。」

このCEOの考え方にすべてが凝縮されているといっても過言ではない。スベンスカ・ハンデルスバンケン銀行は「長期的視野と安定性」のもとに企業目的である「同業他社の加重平均より高いROE（ピアをアウトパフォームするROE）」を44年連続で達成している。

脱予算経営を採択しているので，一般企業と比べてたいへんユニークであるが，フランク・バン・ジェンセンCEOのメッセージに「予算や業績予想の達成・未達」という言葉はいっさいなく，あくまで「相対比較」を志向している。「相対的改善契約（ROE）」が最優先の経営目的になっているのである（後述するように，これは筆者（柳）の考えでは正のエクイティ・スプレッドの創出と同義である）。

さらに「支店こそが銀行」という分権化の企業文化にCEOが言及している。

「支店への権限委譲による分権化は，当行のコアとなるビジネスモデルです。私たちは，顧客をよく知る支店の従業員こそが決定権を行使すべきと考えています。この支店ごとの分権モデルが的確な意思決定と同時に，より高い顧客満足につながると確信しています。実際に，顧客の皆様は，市場や顧客に即した一番の理解者が決定権を担う事を高く評価して下さっています。分権化こそ，現在当行が6市場，836支店という広範囲で多くの支店を持つ所以なのです。

“支店こそが銀行であり，銀行とはすなわち支店（The branch is the Bank and the Bank is the branch）”というビジネスモデルが根幹です。支店が地域に根差しており，顧客を良く知り，共にその場で意思決定が可能である点を，顧客は高く評価しています。しかし一方で，場所や時間を問わず，いつでも取引を可能にしてほしいとの要望もあります。そのため，当行では実際の『支店』のみならず，携帯やタブレット端末，コンピューター上の『デジタル』の世界でいつでも取引可能な『支店』を開発しています。また，当行では『顧客との契約はすべて支店との契約』となっており，常に支店こそが，顧客との取引責任を担っています。顧客満足度調査や表彰により，この体制の有用性は，幾度となく立証されています。

支店への権限委譲と分権化モデルは，顧客満足度を高めるだけではありません。リスクアセスメントにも有効であり，貸付損失をも低く抑える事ができるのです。また，権限委譲により，コミットメントが高く，高度な見解のもと，賢明な自発的決断力を持つ従業員が多く育っています。

業務の効率化もビジネスモデルに組み込まれており，『デジタル』による効率性向上のメリットは持続的な銀行業務継続の重要部分でもあります。それゆえに，この分権化モデルの保持は困難ではなく，『ローカルとデジタル』による分権化をいっそう推進しようと考えています。」

このように脱予算経営を支える分権化モデルも「支店こそが銀行」の企業文化として確立していることがわかる。これらのジェンセンCEOメッセージのエッセンスを俯瞰するだけでも，スベンスカ・ハンデルスバンケン銀行が，中央集権的で年次固定予算・業績予想開示に依拠した通常の銀行・企業と異なり，分権化の文化の中で相対的改善契約を志向する脱予算経営を訴求していることが垣間見える。また，いかに非財務資本（人的資本，知的資本，社会・関係資本）を財務資本（ROE）に転換して「高付加価値経営」を実践しているかも俯瞰することができるだろう。

3　脱予算経営によるスベンスカ・ハンデルスバンケン銀行の「高付加価値経営」のエビデンス

それでは，さらに2015年の同行アニュアルレポートから，高付加価値経営の成功のエビデンスを概観してみよう。

スベンスカ・ハンデルスバンケン銀行は1970年代，つまり40年以上も前に伝統的予算管理制度を廃止して，変化適合型のユニークなプロセス「相対的改善契約」を導入して，顧客志向かつ分権化を重視した経営を行ってきている。その結果，ほぼ一貫して競合他社を40年以上もアウトパフォームして実績で脱予算経営の有効性を証明して，世界中から尊敬を集めている。

まず，企業目的とCEOが位置づける重要なKPI（Key Performance Indicator：主要業績指標）であるROEは，予算を廃止した翌年の1973年から2015年現在まで，脱予算経営（非財務資本）の効果により一貫して競争相手を凌駕してきている。第１章で理論的背景を論じたようにROEと企業価値創造の相関関係は強く，これは脱予算経営という「非財務資本（知的資本，人的資本，社会・関係資本）」とROEあるいはエクイティ・スプレッド（財務資本）の同期化といえるだろう。

図表４－７に企業目的である「競合他行とのROE相対的比較」を示す。

［図表４－７］　競合他行とのROE相対的比較（1973年～2015年）

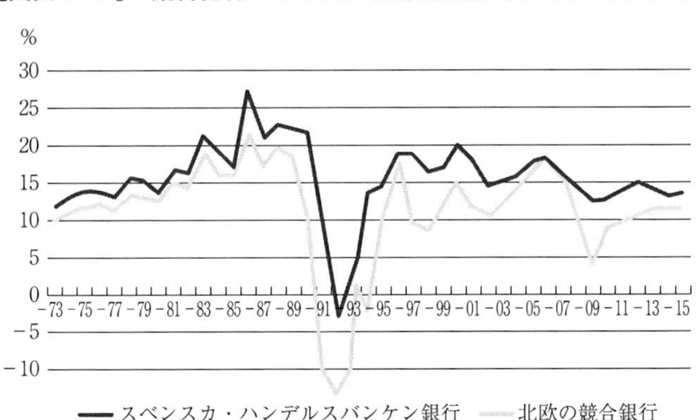

（出所）　スベンスカ・ハンデルスバンケン銀行「アニュアルレポート2015」同行ホームページより。

さらに，**図表４－８**にエクイティ・スプレッドの状況（1973年～2015年）を示しているが，1992年前後の銀行危機を除いて一貫して正のエクイティ・スプレッドを確保する価値創造企業である（第１章の理論を参照）。

一方で，「資本コスト＝投資家の期待収益率」の基本に依拠して仮説を構築すると「長期的な同業他社加重平均ROE」は「株主資本コストの近似値」になると推論できる。したがって，「相対的改善契約で同業他社の平均ROEを長期的に凌駕する脱予算経営」＝「長期的に株主資本コストを上回るROE（正のエクイティ・スプレッド）経営」と解釈することができるだろう。

このように「脱予算経営」と「非財務資本とエクイティ・スプレッドの同期化モデル」は価値関連性がある。スベンスカ・ハンデルスバンケン銀行の40年

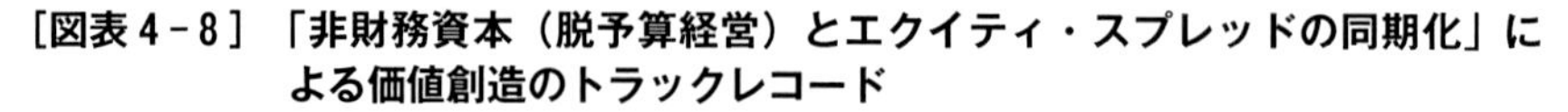

[図表4-8] 「非財務資本（脱予算経営）とエクイティ・スプレッドの同期化」による価値創造のトラックレコード

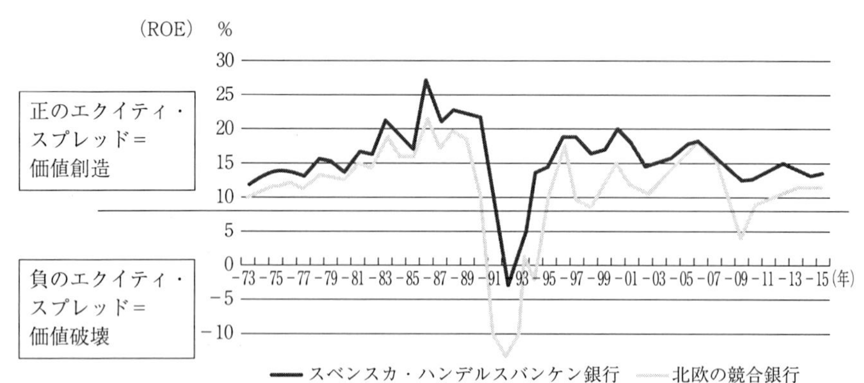

（出所） スベンスカ・ハンデルスバンケン銀行「アニュアルレポート2015」同行ホームページより改変。

以上にわたり競合他社平均を凌駕するROEとPBRのトラックレコードはこの仮説を実証している。

また，スベンスカ・ハンデルスバンケン銀行は「支店こそが銀行」の企業文化で，顧客満足度（CS）や顧客ロイヤリティの指標でも同業他社を常時上回っている（**図表4-9**）。

加えて，これも同行の重視するKPIであるが，収益対費用比率（コスト・インカム・レシオ），いわゆる経費率（以下，経費率）も一貫してライバル銀行よりも低い（**図表4-10**）。

収益性指標や効率性指標だけではない。リスク管理でも同行は競合他行を凌駕している。貸倒損失率も競合対比で少なく（**図表4-11**），信用格付けも高い（**図表4-12**）。決して無理をして過大なリスクをとって収益や効率を求めているのではなく，CEOメッセージにあるように“長期的視野と安定性”の基盤に依拠して，安定的かつ持続的に付加価値を担保できるように，リスク管理や信用力にも十分な配慮が行われている。すなわち，真の意味でサステナブルな企業価値の創造が図られているわけである。

このように長期にわたり，安定的持続的に「相対的改善契約（特にROE）」で競合他社を凌駕し続ける「高付加価値経営」の担い手であるスベンスカ・ハンデルスバンケン銀行は，いかにして脱予算経営に舵を切ったのか，その経緯を見てみよう。

［図表4－9］　顧客満足度・ロイヤリティの競合比較

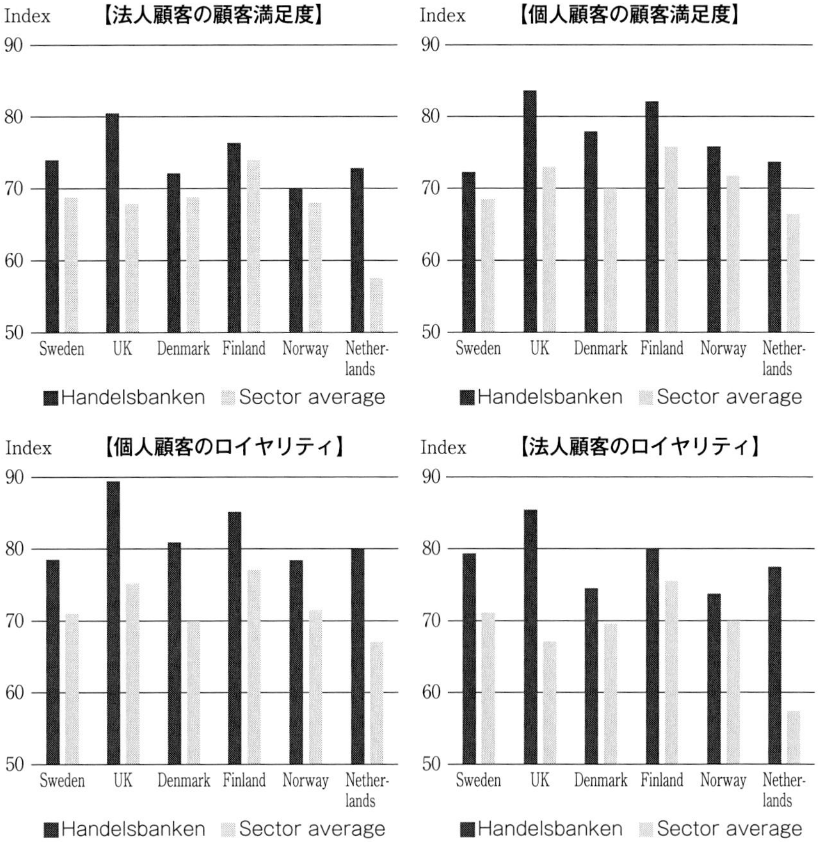

（出所）　スベンスカ・ハンデルスバンケン銀行「アニュアルレポート2015」同行ホームページより。

［図表 4 -10］ 経費率の競合比較（貸倒損失を除く）

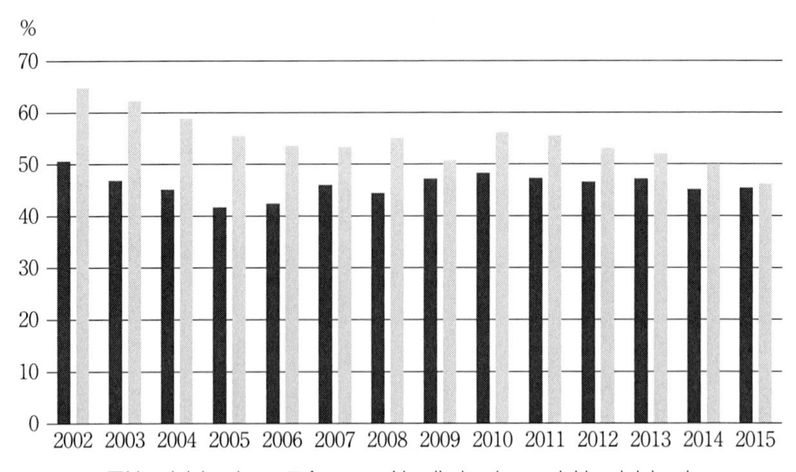

（出所） スベンスカ・ハンデルスバンケン銀行「アニュアルレポート2015」同行ホームページより。

［図表 4 -11］ 貸倒損失率の競合比較

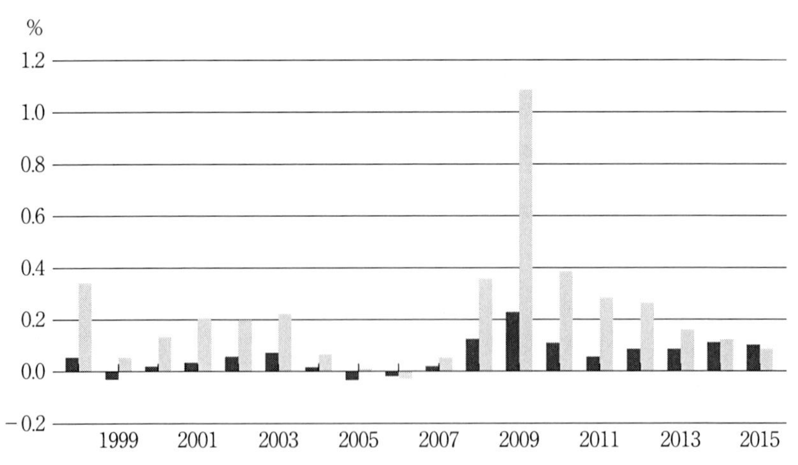

（出所） スベンスカ・ハンデルスバンケン銀行「アニュアルレポート2015」同行ホームページより。

[図表4-12] 信用格付けの競合比較（北欧の銀行間比較）

	Moody's			Standard & Poor's		Fitch	
31 December 2015	Financial strength (BCA)*	Long-team	Short-team	Long-team	Short-team	Long-team	Short-team
Handelsbanken	a2	Aa2	P-1	AA−	A-1+	AA−	F1+
Nordea	a3	Aa3	P-1	AA−	A-1+	AA−	F1+
SEB	a3	Aa3	P-1	A+	A-1	A+	F1
Swedbank	a3	Aa3	P-1	AA−	A-1+	A+	F1
DNB	a3	Aa3	P-1	A+	A-1		
Danske Bank	baa1	A2	P-1	A	A-1	A	F1

*Baseline Credit Assessment (BCA) is an indicator of the issuer's standalone intrinsic strength.

Source : SNL

（出所） スベンスカ・ハンデルスバンケン銀行「アニュアルレポート2015」同行ホームページより。

4 スベンスカ・ハンデルスバンケン銀行における脱予算経営導入の経緯

実は1960年代末期のスベンスカ・ハンデルスバンケン銀行の業績は芳しくなかった。スウェーデンで最大の銀行になることを戦略に量的拡大を目標として宣言していたが，このために無数の小口取引を扱い，マーケティング活動に多額の費用をかけた結果，高コスト体質になっていたのである。ほぼ同時に多額の貸倒損失を計上したことも事情を悪化させている原因であった。

また，当時の銀行業界は極度の規制業種であり，同行も金融当局との関係を著しく悪化させていた。加えて，内部的な問題として中央集権型の官僚制によって，コスト負担が重く意思決定も遅かった。結果として，現場の支店長は顧客ニーズに的確に対応する能力が阻害されていたのである。

かかる状況のもと，伝統的予算管理上の問題点を克服して銀行を再生させるためにワランダー博士が1970年にCEO（当時）として迎えられた。

ワランダー氏の予算管理制度に対する見解は，直感力よりもむしろ稀に見る豊富な経験に起因するものであった。プロのエコノミストとしての経験や，その後スウェーデンの電子機器メーカーであるエリクソン社の社外取締役を務めたことにより，計画と予算編成のシステムが生み出す業績予測には２つのタイプがあることを彼は学んでいた。

１つ目は「明日も今日と同じ天気だろう」型で，この場合，彼の言葉を借りると「なぜ予測するのに多くの時間をかけてわずらわされなければならないのか」ということになる。２つ目は「明日は今日とはまったく違った天気になるだろう」型で，この場合は「正確な予算を編成・予測を実施するのは望み薄」ということになってしまう。

ワランダー氏は次のように言う。

> 「このように予算というものは，おおむね正確ではあるが陳腐なものになるか，悲惨なほどに間違っていて危険なものになるかのどちらかであり，したがって私の結論はこうだ。予算など捨ててしまえ！」

こうして脱予算経営への道が始まったのである。

スベンスカ・ハンデルスバンケン銀行は1972年に伝統的予算管理制度を廃止。相対的改善契約で，真に顧客志向で，株主志向の組織に生まれ変わる大改革に着手した。

ワランダーCEO（当時）の理想とするビジョンは，分権化して最前線の従業員に権限を与えることであったが，そのためにはトップダウンで伝統的な予算管理制度を廃止することが前提であると彼ははじめからわかっていたそうである。その代替的プロセスの変革（脱予算経営の施策）を説明していく。

5　スベンスカ・ハンデルスバンケン銀行の脱予算経営の５つのアプローチ

(1)　相対的戦略目標の設定 ── リーグテーブル方式

同行は，ROE などの少数の KPI を定めて，ライバル銀行と比較した相対的な業績改善を継続的に行っている。そして，従業員も目標が変動することを心得ている。事後的な相対的改善の評価なので，切れ目なく最後まで従業員は全力を尽くし，期首期末のゲーミングの余地はない。

長年にわたって競合比較の順位表「リーグテーブル方式」の相対的業績比較で勝ち続けており，スベンスカ・ハンデルスバンケン銀行は世界最強の銀行の1つになっている。同行では相対的な業績改善目標が各レベルで機能しているのである。

① グループ全体（最上位）
会社全体でROE（Return On Equity：株主資本利益率）というKPI（主要業績指標）で競合他社に打ち勝つように最大限努力している。
② 統括地域ごと
それぞれの統括地域部門がROEと収益対費用比率で，お互いに競争している。
③ 支店レベル
経費率，行員1人当たりの利益，利益総額で各支店が切磋琢磨して競争している「支店こそが銀行」。

図表4-13で，このスベンスカ・ハンデルスバンケン銀行のリーグテーブルのイメージを確認いただきたい。

たとえば，全社的なROEについて，競合グループで3位以内に入らないと上級管理職の賞与が削減される，また統括地域間のROEの順位で高い順に一定の賞与ファンドを割り当てる，さらに支店同士の経費率の低い順に追加賞与を配分する，などが考えられる。

もう少し詳しく述べると，同行では，相対的な業績が銀行の各職層で機能している。グループ全体のレベルにおいては，同行はROEという主要尺度で相対的にライバル他行に勝とうとしているし，地域ごとのレベルでは，各地域統括部署がROEと費用対収益比率で，お互いに競争している。また支店レベルにおいては，費用対収益比率，行員1人当たりの利益，および利益総額で，各支店が切磋琢磨しているのである。

最も熾烈な戦いは地域ごとのROE競争のレベルにあり，毎年勝者となった地域統括部署には優勝カップが授与されるが，ハンデキャップ制度もある。つまり毎年，国際決済銀行（BIS）規制（投融資のポートフォリオのリスクプロファイルによって設定される，貸出金に対する自己資本比率の基準）と過去3年間の実績に基づき，管理会計上の疑似自己資本を各地域に配分するのである。

前年度に最も高いROEを上げた地域統括部署から最も多い自己資本の割り当てを受けるため，翌年度に高いROEを達成することがより困難になるとい

［図表4-13］　スベンスカ・ハンデルスバンケン銀行のリーグテーブルのイメージ

【業界内ランキング】

KPI＝全社のROE

順位	銀行	ROE
1位	A銀行	30%
2位	Handelsbanken	20%
3位	B銀行	15%
4位	C銀行	12%
5位	D銀行	10%
6位	E銀行	9％
7位	F銀行	8％
8位	G銀行	5％
9位	H銀行	4％
10位	I銀行	3％

【銀行内統括地域別ランキング】

KPI＝各地域のROE

順位	地域	ROE
1位	A地域	35%
2位	当該地域	27%
3位	B地域	22%
4位	C地域	20%
5位	D地域	18%
6位	E地域	15%
7位	F地域	12%
8位	G地域	8％
9位	H地域	7％
10位	I地域	4％

【銀行内支店別ランキング】

KPI＝支店の収益対費用比率

順位	支店	収益対費用比率
1位	A支店	30%
2位	当該支店	40%
3位	B支店	45%
4位	C支店	47%
5位	D支店	50%
6位	E支店	55%
7位	F支店	57%
8位	G支店	60%
9位	H支店	62%
10位	I支店	65%

（出所）　ジェレミー・ホープ，ロビン・フレイザー著［2005］，森沢［2005］，スベンスカ・ハンデルスバンケン銀行のホームページより筆者作成。

うシステムである。同様に，前年度に一番ROEの低かった地域から一番少ない自己資本を配分されるため，翌年度に他の地域にROEで追いつくことがより容易になる。

また，どうやって各支店が競争すると同時に協力することができるのか。その秘訣の1つは，各支店が低コストと高収益性をめざして全力で努力する一方で，「顧客の奪い合いは決してしない」ことにある。各顧客は特定の支店に帰属し，すべての取引は（どの場所で発生しようとも）当該支店の損益計算書に戻って反映されるのである。「顧客の争奪戦や支店間の軋轢などの逆機能は起こらない」ように工夫されている。

(2) 集団的報酬制度の工夫 ── 従業員の「知的資本」への配当

もう1つのユニークな成功の鍵は，競争力のある業績を支える報酬制度である。スベンスカ・ハンデルスバンケン銀行では，1973年から財団を設立して，毎年純利益の一部を行員のプロフィット・シェアリングのために積み立てている。

具体的には，分権化を前提とする脱予算経営開始後の1973年以来毎年，同行では利益の一部を行員のプロフィット・シェアリング制度のために配分しており，その資金は「Oktogonen 財団」によって管理されている。こうした資金配分が行われるための主な条件は，スベンスカ・ハンデルスバンケン銀行グループが全般的な業務に関して，「標準的な税金控除後で競合他社の加重平均よりも高い ROE を達成すること」である。

資金配分の上限は株主に支払われる配当金額の25％であり，全行員が同額の分配金を受け取るが，実際の支払いは行員が60歳になった時に行われる。「Oktogonen 財団」は同行の最大の株主で，議決権の10％以上を有している。

こうしたプロフィット・シェアリング制度は，その目的に照らしてこそ初めて理解することができる。つまり同制度は，個人が財務的数値目標を達成するためのインセンティブというよりむしろ，集団としての努力や競争上の成功に対する報酬として意図されたもので，行員によって提供される「知的資本」に対する「配当」と言ってもいいだろう。

個人的な金銭的インセンティブが弱いので理解に苦しむ人々も多いが，制度設計したワランダー氏はこの問いに対して次のように回答していた。

> 「個人の金銭的インセンティブよりも，競合やライバルに相対的に勝つことはずっと強力な武器になる。なぜ職場の同僚や顧客に対する仕事上の義務を果たすのに個人の金銭的なインセンティブが必要なのか。重要なのは行員の努力を認めることである。マネジャーは，自分の『最善の努力』が認められ，たとえ完遂できなくても罰せられないとわかっていれば，意欲的な目標を達成しようと真剣に取り組むものなのである。」

これは個人としての報酬というよりも，集団として一丸となって相対的改善契約「高い ROE を達成して他行に勝つこと」の目標を達成しようとするインセンティブであり，ある意味，欧米の資本主義・個人主義というよりも日本的な集団主義で面白い。

このマネジメント・システムは，「伝統的予算制度による固定業績契約と極端な報酬や賞与とのリンクを断ち切らないと価値を最大化できない」とするハーバード大学のジェンセン教授の主張とも整合すると思われる。スベンスカ・ハンデルスバンケン銀行のユニークな仕組みは，日本的でもあり多くの日本企業にとって示唆に富むものである。

（3） 権限委譲の仕組み ―「支店こそが銀行」の企業文化

3つ目のスベンスカ・ハンデルスバンケン銀行のアクション・プランを紹介しておく。

スベンスカ・ハンデルスバンケン銀行は40年以上も予算管理制度なしに運営して成功し，自信を深めている。それによってますます現場に権限と責任を委譲してきているが，現場の支店長はまさに「自分の事業を経営している」のである。「支店こそが銀行」なのである。

支店長が金融商品の品揃えや価格も決定しており，独自の支店ごとのアクション・プランを作成している。個人個人のプランも自由に作成され，支店の方針と整合させていく。また，インターネットバンキングもブームに乗ることなく，あくまで顧客第一主義で，行員との対面での会話を重視する顧客にも配慮して進めてきている。顧客満足度も相対的に競合他社を凌駕している。

たとえば，Hope and Fraser［2003］の引用であるが，Magnus Lindskog 氏（当時）はストックホルム郊外の（スウェーデンのシリコンバレーと呼ばれている）キスタという都市で，中規模の支店の支店長をしていた。同支店の顧客の1つでもあるエリクソン社が最大の雇用を創出している。同氏は当時25名の部下を抱え，支店の収益性に責任を持っていたが，そのプロセスがどのように機能しているかを以下のように説明している。

「支店レベルで提供する金融商品の品揃えや価格を決定する。毎年，支店長である私が非公式な業務プログラムを作成するのだが，これは来期のビジネスを方向づける大まかなアクションプランである。場合によっては地域統括マネジャーと協議することもあるが，正式な行動計画として本部の監督部署に提出することはない。このような業務計画は単なる『指針』にすぎず，年間を通して発生する脅威や機会によって常に見直されるべきものである。私の部下は当該の業務プログラムの作成に深く関与する一方，6週間ごとにレビューされる彼ら個人の非公式な行動計画も存在する。」

まさに「支店こそが銀行」のようである。

（4） 社内取引市場の創設 ── 本社サービスの「売り手」と「買い手」

経営資源の配分についても，地域統括責任者も支店長もKPIとその達成には何が必要かを十分に理解している。また，スベンスカ・ハンデルスバンケン銀行では「社内取引市場」を創設して，本部スタッフ部門は営業現場に商品やサービスを販売する（つまり本部コストが支店等のプロフィットセンターに配賦される）が，条件や価格の正当性が常に検証され，外部業者と比較して競争させられる。地域統括責任者や支店長は厳しくサービスや価格を検証し，交渉する。ときには購入を拒否することもある。

こうして切磋琢磨して現場と本部がコスト削減に努める。銀行全体にとっては実際原価であり，内部的にコストを操作したり水増ししたりすることもない。分権化された業績管理モデルでは，数字の信頼性を担保することが絶対条件である。

当時の責任者のSven Grevelius氏は，社内取引市場の機能を次のように説明している（Hope and Fraser［2003］）。

「スタッフ部門は，自分たちの商品を他のすべての部署に『販売する』，しかも可能な場合は外部のサプライヤーと競争して販売する必要に迫られている。本社コストは地域統括部署や支店といったプロフィットセンターに配賦されるものの，単なる既成事実として呈示されるわけではない。年次ベースで一連の交渉があり，こうした場において，全当事者間でコストの見積りやそれを裏づけるサービスの内容が呈示され，議論されるのである。」

現場の支店長の立場では，「われわれ支店レベルではコストを増加させないようにギリギリの努力をしているのだから，本部の支援部門も同様に頑張ってほしい」との思いもあり，厳しい交渉が行われるだろう。こうして社内の管理会計は規律が働き厳格化され，銀行全体の経費率も改善するであろう。スベンスカ・ハンデルスバンケン銀行が経費率でも相対的にベンチマークに勝ち続けている理由がここにもある。

(5) 「デジタル」による効率化と実績速報値が鍵 — MISの重要性

一方，ワランダーCEO（当時）は業務プロセスの改善で本部が指示する数値目標や支店長のノルマを廃止して，相対的改善契約にした。

そこでは本部との予算ゲームがなくなったばかりか，顧客第一主義の共通のコミットメントのもとに，部門間が調整，協力していくかかわり方に変化したのである。そこでは，少数のシンプルなKPIを共有して集中している。

銀行全体に深く浸透して根付いている重要指標は，各ユニットのROE，経費率，行員1人当たりの収益，全行的な収益性（ROE）であるが，脱予算経営を採択しているスベンスカ・ハンデルスバンケン銀行では「予測情報」よりも「実績速報値」に強く依存しているのである。1日当たり何万件もの取引，顧客情報，トラブル，価格などをつぶさにモニターして，貴重な情報を収集，分析してフィードバックしていく力量は抜群である。

予測という点では四半期ローリング方式でキャッシュフローの予測を行っているが，ソフトタッチで最低限の負荷で行っており，年間1/4人の労力とも言われている。統括地域，支店とのコミュニケーションとクイック実績報告の精度がそれを可能にする。

そのための経営情報システム（MIS：Management Information System）が確立されており，コントローラーは日次ベースで各統括地域や各支店のバランスシートをモニタリングしてリスク管理できるし，投融資ポートフォリオのリスクプロファイルも把握できる。ただし，本部の介入は必要最低限であり，現場に意思決定の権限は託されている。

当時のコントローラーであるUlf Hamrin氏は，MISによるコントロールの意義を次のように説明している（Hope and Fraser [2003]）。

> 「あまりに多くのシニア・マネジャーが，迅速に情報を入手することは不可能であると諦めているようだが，こうした人々は何が足りないかを理解していない。問題はシステムへの投資不足ではなくて，何をユーザーが必要としているかがほとんど理解されていないことにある。当社では数年かけて経営情報システム（MIS）を微調整し，その結果として，各マネジャー

が意思決定するために，そして組織内の幅広い局面を把握しておくために必要な情報が正確に得られるようになった。要はスピードが大事なのである。当行の支店長は提案されたすべての取引のコストを熟知しており，常時顧客ベースで何が起こっているのかを把握することもできる。一方，われわれ本社においてもこうした情報をモニターすることができるが，現場の支店長の権限を侵さないように配慮して情報を利用している。かかる牽制制度があってこそ，当行のこうしたシステムは機能しているのである。現場のマネジャーはわれわれ本社が状況を把握していることを知ってはいるが，自分たちに意思決定の裁量があり，本部の干渉なしに問題を解決できることも同様に心得ている。」

「ローカルとデジタル」を2015年のアニュアルレポートでCEOであるフランク・バン・ジェンセン氏も強調するが，こうしたデジタルのMISがあってこそ，スベンスカ・ハンデルスバンケン銀行の企業風土である「支店こそが銀行」の分権化も可能であり，本部によるリスク管理も両立できるのであろう。脱予算経営は変化適合型のプロセスとしての相対的改善契約や分権化のカルチャーだけでなく，高度な「デジタル」がそれを支えているのである。

本節で紹介したように，スベンスカ・ハンデルスバンケン銀行は，脱予算経営を採用して，そのKPIであるROEで競合他行を継続して相対的に凌駕し続けているだけでなく，不良債権比率も競合相手より低く，信用格付けも高い。この伝統的予算管理制度を廃した画期的な脱予算経営のシステムは無理を重ねているというより，40年以上の実績が証明するように，「持続的な」付加価値の最大化を図っている成功例なのである。

最後に，著しい成功を収めたスベンスカ・ハンデルスバンケン銀行の脱予算経営のポイントをまとめてみる。2015年アニュアルレポートのジェンセンCEO（当時）のメッセージと合致している。

ROE，経費率，行員１人当たりの収益など少数の KPI で事後的に相対評価（常に切れ目なく価値を最大化）「相対的改善契約」。 —>実績と予算・業績予想の比較はない。自社の実績と他社の実績の事後相対比較のみ。
リーグテーブル方式で相対的に競争，競合他行と ROE を競うだけでなく，銀行内でも統括地域ごと，支店ごとで競争。
銀行内 ROE 競争ではハンデキャップ制度を導入（疑似自己資本の割り当て）。
ROE で他行を凌駕することを条件に毎年配当金の25％を条件に財団に資金拠出して従業員の長期ベネフィットにあてる（集団的インセンティブ）。
外部との競争にも晒される「社内取引市場」を創設して実際原価を抑制，経費率改善。
予測情報よりも実績速報値を重視，そのための高度な「デジタル」システム（ジェンセン CEO）導入。
予測についてはソフトタッチで負荷を抑えながらも，キャッシュフローの四半期ローリング予測を採択。
クイック業績速報値は高度な MIS で精緻に把握して，業務管理やポートフォリオのリスク管理にも生かす。
全銀行で共有された顧客第一主義のコミットメント，中央集権を廃して権限委譲を徹底した企業文化に支えられている。「ローカル」，「支店こそが銀行」（ジェンセン CEO）。
40年以上も前に伝統的予算制度を廃止して脱予算経営に注力して，経営目的の KPI である ROE や経費率などで相対的にライバル銀行を凌駕し続ける一方，不良債権比率は低く，信用格付けは高く，「長期的視野と安定性」（ジェンセン CEO）が担保されており，持続的な付加価値の最大化が図られている「高付加価値経営」である。

第４節　脱予算経営とエクイティ・スプレッドの同期化モデル

本章ではスベンスカ・ハンデルスバンケン銀行のケース研究も含めて脱予算経営というビジネスモデルを「高付加価値経営」の一環として議論した。

脱予算経営というビジネスモデルは非財務価値であり，IIRC［2013］のフレームワークでは「知的資本」,「人的資本」,「社会・関係資本」に該当するだろう。発明発見，特許，先端技術，研究開発とは異なるがビジネスモデルもイノベーションであり，非財務資本である。

この脱予算経営は，たとえばスベンスカ・ハンデルスバンケン銀行が今もベストプラクティスであるが，大幅な権限移譲による分権化（「支店こそが銀行」の企業文化）により従業員のモチベーションが高まり，顧客満足度重視（同業他社との相対比較）も相俟って「人的資本」,「知的資本」,「社会・関係資本」が増大する。

そしてそれが，脱予算経営という非財務価値を高めて，最重要KPIである「相対的なROE」で同業他社に勝ち続ける。もちろん，それにより株主資本コストを上回るリターン（正のエクイティ・スプレッド）を長期的・持続的に確保し続けることができている。

あるいは,「資本コスト＝投資家の期待収益率」の原則から考えれば，長期的な同業他社の平均ROEは株主資本コストの近似値になるという仮説も成り立つ。この観点からは「相対的改善契約で同業他社の平均ROEを長期的に凌駕する脱予算経営」=「長期的に株主資本コストを上回るROE（正のエクイティ・スプレッド）経営」と解釈することができる。ホープとフレイザーの理論である「脱予算経営」と本書が提案する「非財務資本とエクイティ・スプ

［図表4-14］ 脱予算経営とエクイティ・スプレッドの同期化モデル

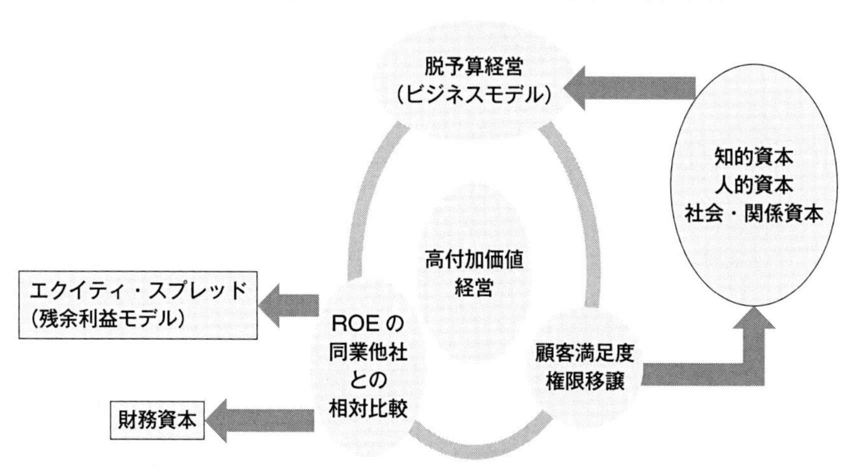

（出所） 筆者作成。

レッドの同期化モデル」には整合性があると考える。

いずれにしても，それによって現在の「財務資本」も増加するし，将来の正のエクイティ・スプレッドの流列の確保につながる。正のエクイティ・スプレッドは残余利益モデルにより市場付加価値を高める。こうした正の相互作用や循環により，脱予算経営は「非財務資本とエクイティ・スプレッドの同期化」を達成しながら本書の提案する「高付加価値経営」に結びついていく。そしてかかる関係性はスベンスカ・ハンデルスバンケン銀行の40年超におよぶトラックレコードで実証されている。日本企業にも一定のインプリケーションがあるのではないだろうか[11]。

こうした相関図を**図表４-14**に示す。

第５節　他社の脱予算経営のケース

スベンスカ・ハンデルスバンケン銀行は「脱予算経営」の顕著な成功例であり，かなり特殊ではある。ここでは，参考までにHope and Fraser［2003］[12]から引用して，他社における脱予算経営の成功例を簡潔に紹介して，脱予算経営の有効性の頑強性を示唆したい。

本節ではローディア社とボレアリス社の２社を取り上げる。これらも独自に脱予算経営のノウハウという非財務資本を活用した高付加価値経営を行っていることが窺える。

1　ローディア社のケース

ローディア社[13]は世界でも有数の特殊化学品メーカーである。同社はフランスのパリに本拠を置き，多数の事業部を持っている。本部は，グループに戦略的なビジョンを提供し，それにより世界中のグループ企業との調整を行っている。各社は，自動車関連，ヘルスケア，香水関係，アパレル，電子機器関連，パーソナルケアおよび環境保全など幅広い消費者市場をカバーしている。

かつての当社の伝統的予算編成の問題点としては，旧来型の計画策定と予算編成のプロセスは６月に始まり，完成まで約６カ月を要していた点にある（ある年には，２月になってもそれが完成しなかったこともある）。計画・予算は過去の実績からの推定に基づいており，目標値については業務マネジャーからの「調整」に左右されていた。結果として，当事者意識も向上心もなかった。さらに，計画・予算と経営戦略との明確な関連性もなかった。事実，事業のマネジメント・チームは貴重な時間をほとんど経営戦略の策定に費やすことはなく，そのプロセスをどのように管理すべきかを理解する者もほとんどいなかったそうである。

かかる状況下，当時「Springプロジェクト」が立ち上がり，（外部のコンサルタントの支援も得て）伝統的な年次予算に取って代わる業績管理プロセスを設計・開発した。その目的は，グループの業績を改善すること，グループの戦略を明確にして伝達すること，そして成果重視の企業文化を醸成することであった。以下の項で主な要素を述べる。

（戦略目標の設定）　投下資本利益率とフリー・キャッシュフローに基づく大まかな5カ年戦略目標（1年ごとに更新される）が，グループの取締役会から各事業部門，各事業部門から世界各地の傘下企業へと伝達される。これらの目標値は，業界のベンチマーキングと各事業部門や傘下企業の年度ごとの潜在成長力をミックスして導き出し，当該戦略のレビューについてのフレームワークは各事業単位が各レベルで設定している。

（報酬）　旧来の予算管理プロセスにおいてもローディア社は固定業績目標にインセンティブを結びつけてはいなかったため，厳密な硬直的業績契約はこれまでも明確には存在しなかった。新しいプロセスにおいては，管理職のボーナスは後付けで評価され，成果を照準に入れて支払う。その内訳は40％が個人の成果に基づく要素で，60％が事業単位，傘下企業，全社の業績結果に基づくものである。こうした業績評価は6カ月ごとに行われ，戦略的イニシアチブに関連した特定の規準によって評価される。

（行動計画）　中期的戦略サイクルの第1ステップでは，グループのエグゼクティブが大まかな5カ年目標（投下資本利益率の期待値とおおよその資本的支出のパラメーター）を設定する。これらの目標設定にあたっては各傘下企業の潜在能力を考慮し，ローリング方式で5カ年戦略計画を導く。

第2のステップでは，マネジャーは業績見込みをレビューし，合意された中期目標の達成のために追加措置が必要かどうかを決定する。かかる措置が必要な場合は，戦略を見直し，重要価値ドライバーを認識することにとりかかる。

第３のステップとしては，アウトプットは簡潔な報告書で，上記の戦略的視点の各々におよそ１ページを割り当てた形となる。この報告書をベースにして，業務を行うチームとシニア・エグゼクティブが話し合いを行い，シニア・エグゼクティブは，計画策定にあたっての仮説の根拠や明示されないリスクや前提条件の正当性を問う。このプロセスは教育プログラムの一環でもある。

合意された一連の重要価値ドライバーは「サプライチェーンを改善させ」，「企業買収を行い」，「顧客サービスにおいてナンバーワンになる」，「新製品導入を強化する」などである。各チームはチャートを作成して，選択した重要価値ドライバーの当該計画期間におけるインパクトを示す。いわゆる「定常状態」での調整（つまり市場における「通常のビジネス」の変化として片付けられる部分）は，選択した重要価値ドライバーの結果とは分離される。実質的に，このチャートが将来に向けてのロードマップになるが，上層部からの厳しい質問に対して説得力があり，耐えうるものでなくてはならない。

第４のステップでは，各事業のチームが選択した重要価値ドライバーを支援し，今後数年間で実行する20から25程度の戦略的行動計画を策定しなければならない。各行動計画の効果を「インパクトのマトリックス」の形に示さなければならないが，それは数多くのプロセスがそれぞれの戦略的行動計画の達成にいかに貢献するかを表したものに他ならない。

こうしたインパクトは大，中，小の３つに分類される。このマトリックスが完成すると，要求されている経営資源の全体像がはっきりする上，こうした資源の必要性が現実的なものかどうかもわかるので，行動計画の優先順位付けにつながるし，中核となる人材やIT資源の過剰配分といった潜在的なボトルネックも回避できる。つまり経営資源のマネジメントにも役立つというわけである。

短期的業務サイクルの第１ステップは，マネジャーが既存の実施項目をモニターするプロセスで，各行動計画が売上，利益およびキャッシュフローに与える影響の総量を考察する。このため，業績予測情報を捕捉し，この情報を全社的に統一して共有するための標準報告様式も開発された。グループの各傘下企業には，業績予測プロセスの正確性を改善するためのビジネスモデルや先導指標を開発することが求められている。かかる報告システムにより，マネジャーは現在の行動計画がどのように将来インパクトを及ぼすかを測定することができる。また，このシステムは予測値と中期的戦略目標を比較し，差異を推定し，

「是正措置計画」を用いてギャップを修正する目的ももつ。戦略的行動は，ローリング方式の業績予測と四半期業績結果と照らし合わせて，四半期ごとにレビューされる。

(資源配分) 許容されうる資本的支出の概要は，5カ年の方針通知レターや戦略目標に含まれている。これはローリング方式で5年間を対象とするが，固定的なものではなく，個別案件の利点次第で追加資本も利用可能になる。こうしたパラメーターの範囲内で，傘下企業のチームはそれぞれのビジネスを管理できる。経営資源はこの重要価値ドライバーや行動計画に関連づけられ，戦略的ポートフォリオが管理される。

四半期レビューにおいて，あるプロジェクトが目的を達成していないことが判明すると，そのプロジェクトは打ち切りとなり，該当する経営資源は回収される。このアプローチの真の強みは，経営資源が機能別や部門別の予算ではなく，戦略的な行動にしっかりと関連づけられている点にあり，おのずと経営資源の浪費が少なくなる。さらに言えば，四半期ごとに，しかも現場のマネジメント・チームの裁量の範囲内で意思決定がなされるために，新しいビジネスの提案に資金が配分される可能性がより高いのである。

(部門間調整) 計画策定と経営資源のマネジメントプロセスは，各部門が各戦略的プロジェクトを支えるために果たす役割を明確にする。ローリング方式の業績予測によって，マネジャーは傘下企業内および企業間の生産活動を調節することができる。

同社は「グループ内利用者のための協議会」を設置しており，そこで本部サービスやシェアード・サービスに関するサービスや価格が合意され，ここでの合意に基づき，業務を行っている部門にさまざまな基準で費用請求される。

この協議会は，当該サービスの費用対効果を問うので，おのずと本社費に対して常に引き下げ圧力を課すのに役立つのである。

(コントロール) マネジメント・リポートには2つの様式があって，1つは，月次ベースで報告される「累計実績」の前年同期比であり，もう1つは，戦略目標（5カ年事業計画）との比較による直近の業績予測で，動向と移動平均分析を含めて四半期ごとに報告される。予算は経営陣への報告プロセスから排除されている。こうした変革の効果により，当社の業績管理は，短期および中期的見通しを統合した形で検証できる四半期毎のローリング方式のレビューへと発展している。

ローディア社の事例は，巨大で複雑なグローバル組織が，短期間で何を成しうるかを示している。伝統的予算管理制度を廃止し，新しい業績管理の方法論を設計し，そのプロセスをトップダウン方式で実行することによって，この伝統的な組織を活性化して，根本的な変化をもたらし，そして導入から3年後には，この新しいプロセスは成功したものと認知された。

2　ボレアリス社のケース

ボレアリス社は，世界有数の石油化学メーカーの一角を占め，おむつ，食品包装，家庭用品から自動車やトラック，パイプ，送電線まで，数千の日用品に当社製品を見ることができる。

1994年に2つの北欧の石油会社（ノルウェーのStatoil社とフィンランドのNeste社）のジョイントベンチャーとしてデンマークに設立された時に，同社はノルウェーとフィンランドの親会社が持つさまざまな子会社から，業務プロセス，システムおよび人材（物事の考え方も含め）を引き継いだ。しかしながら，当該マネジメント・チームにとっては，あたかもまったく新しい企業であり，過去との決別は望ましいだけでなく，将来の成功の必須条件でもあると考えていた。

当社の伝統的予算編成上の問題点は不確実性であった。つまり，石油化学業界は当然ではあるが，予測不可能なビジネスのサイクルに晒されていて，業績が劇的に左右されてしまうのである。しかも新会社は他にも問題を抱えていた。ベンチマーキング調査によると，同社はコストや安全性といった問題において，許容できる業績水準をはるかに下回っていることが示されていた。この調査結果は，その後の事業をいかに管理すべきか根本的に考え直すために，まさに同社が必要としていた刺激となった。

かかる環境下，当時の副社長であるボグネス氏ら変革プロジェクトのリーダーたちは，ベンチマーキング，バランスト・スコアカード，活動原価計算（ABC），ローリング方式による業績予測等の一連のツールで予算編成機能を置き換えることを意思決定した。

（戦略目標の設定） 同社が設定する多くの中期的戦略目標には，財務業績の期待値，コスト削減，新製品の導入，顧客満足度のレーティングなどがある。また事業単位や営業所は，市場対比の投下資本利益率によって業績を測定される。この相対的な業績尺度によって，マネジャーが自力で影響を及ぼすことのできる改善点（たとえば，生産性や在庫水準）のみを測定することで，原料価格などの管理不能な（または乱高下する）インプットコストの影響を業績測定の方程式から取り除いた。

戦略目標は３年から５年の時間枠を基本としつつ毎年見直されるが，こうした戦略目標を個々の事業内容の範囲でどう解釈し，それに従ってどう個々の短期および中期の目標値を設定するかは各事業単位のチームに一任されている。

（報酬） シニア・マネジャーの業績賞与はKPIに連動している。実際，（2003年当時）こうした業績賞与は総年収の15～25％を占める。この業績賞与のうち，約50％は全社的なスコアカードに，約50％は事業単位や個人のスコアカードによって決められる。各マネジャーが持つ個人のスコアカードが業績考課における重要な要素になっていて，「180度の」同僚による評価システムで測定される。

業務報告がローリング方式のフォーマットで行われるとすれば，こうした年次の業績考課は１年のうちどの時点で行っても良いことになっている。一方，各人より個人の目標値が提案され，それぞれが業績に影響を及ぼす範囲において重要な課題が浮き彫りになる。

（行動計画） 厳しい目標値を受け入れる代わりに，マネジャーはより自由に独自の解決策を採択できるということで，バランスト・スコアカードという媒体を通して実践される。その主な目的は，財務数値を導くドライバーに精力的に取り組み，中期的目標値とマップを作成して，戦略を策定・伝達し，戦略のためのプロジェクトを管理し，進捗状況を報告することにある。

さまざまな組織レベルでスコアカードを設計し，進展させていくが，こうしたスコアカードは，節目で（通常は１年に１回）見直される数多くの戦略テーマに焦点をあてたものである。たとえば，財務の視点は５つの目標に基づいている。すなわち投下資本利益率，資金調達能力，地理的拡大，主要市場での主導権および費用構造の最適化の５つで，こうした目標達成のために，KPIが展開されている。こうした目標は年次でレビューされ，このプロセス採択の翌期には大きく変更されている。

（資源配分）　資本予算そのものはないが，一定の規準に基づき投資決定を承認する権限をもつ組織はある。投資は小規模，中規模，戦略的投資の範疇に分けられ，戦略的投資だけは，取締役会の承認が必要である。各プロジェクトは最低でも，当該投資が資本コストを上回る収益を上げ，企業の戦略的な方向性と合致しなければならない。仮に資金に制約があるために，複数のプロジェクト間で割り当てをしなければならない場合は，ハードルレートが調整されリターンの最も高いプロジェクトから優先的に資金が配分される。

ボレアリス社は固定費の管理においても革新的であった。予算で与えられた費用は最低ラインの既得権であるという精神構造を排除することによって，こうしたコストに切り込むための余地が十分あるという事実にプロジェクト・リーダーたちは気づいたのである。

中期的目標値に関する動向をモニターしている業務マネジャーたちに責任が委譲されているので，事業ステップ自体に変更が必要にならない限り，コストについては特定の目標は設定されない（例外は，デフォルト値としてコストの０～２％を削減することである)。

事業ステップ変更の必要性がない場合は，コストは単純に月次の移動平均（前年比）ベースで捕捉されるが，これが経営報告システムの重要な部分を占める。そこには，いわゆる「ミクロ」の図式はなく，単にコストに係る動向分析の大まかな概観があるのみである。また，このプロセスは年次レビューもない，ローリング方式による原価管理システムであり，それによってボレアリス社は「予算を消化しなければそれを失う」といった旧来の精神構造を克服している。

また，移動平均分析で実態を捉えるという手法は，ほとんどの目的を果たすことができる。たとえば，「コストは統制されているか」，「コストのトレンドは経営戦略上，正しい方向に向かっているか」といった大局的な質問に対する回答を有しているのである。

（部門間調整）　ボレアリス社は，統合業務（ERP）システムにかなりの投資を行っており，機能や部門ではなくプロセスや活動のために業務が行われるように推進してきた。しかしながら，プロセスの責任者（オーナー）として考え，行動するように社員を仕向けるのは至難の業であったし，全組織の下位職層においても勤務態度や相互関係の変革を行い，チームとしての発想をもつようにさせるには時間を要している。

また，ERPシステムによって，同社はサプライチェーンに加え，需要も管理できるようになりつつある。つまり，年初に生産量と販売量を固定するのではなくて，現在では実需が発生するつど，すべての供給プロセスが対応できるようになっているのである。ローリング方式の業績予測が，月次の業務計画を支援し，この業務計画によってマネジャーが供給能力を見積もり，それによって，いかような業務拡大あるいは縮小に対しても計画を策定するのに役立つのである。

（コントロール）　各事業単位は，スコアカードと2ページの業績速報（スナップショット）を作成するが，それには資本利益率，原価報告書（移動平均分析を主体とする）に加え，現状の業績と競争の状況を解説した記述が含まれる。同社の取締役会が財務成績よりも優先してこのスコアカードを検証するという事実が，組織内でいかにしてスコアカードが重要になったかということを物語っている。

また，ローリング方式による5四半期の業績予測が，ボレアリス社の業績管理プロセスにおいて果たしている役割は大きい。業績予測は投下資本利益率，収益性，操業度等の高レベルのKPIの動向を示すために実績と併せて利用されている。こうしたトレンド分析には過去8四半期の実績と今後5四半期の予測が含まれているのが一般的である。

ボレアリス社の予算管理プロセスの変革は社内で広く受け入れられている。毎年予算管理に要する時間が最小限で済むという目に見えるメリットに加えて，新しいアプローチは，マネジャーが現在の競争上の課題に一層集中して事業を改善する方法に対して継続的に役立っているのである。また，すでに達成した戦略目標の中には，コストベースの低減や安全性レベルの向上等がある。一方，ボレアリス社の事例は，バランスト・スコアカードやローリング方式の業績予測等のツールの利用が，年次予算制度を排して組織を効率的に管理するのにいかに役立つかも明示している。

このようにスベンスカ・ハンデルスバンケン銀行以外にも脱予算経営の成功例は存在する。年次固定予算を廃しても，ローリング業績予想，バランスト・スコアカード，中長期経営計画（および投下資本利益率などのKPI）による管理で付加価値経営を行っているのだ。

こうした優れた管理会計・経営戦略の手法や知見，ノウハウや経験は知的資本・人的資本といった非財務資本であり，それが財務資本に転換されて持続的な企業価値の最大化に貢献している。「非財務資本とエクイティ・スプレッドの同期化」モデルが，ここでも具現化されているといえる。

第6節 まとめ

第1章の前半では企業価値創造理論を述べた。コーポレートガバナンス・コード時代にあって，伊藤レポートが示唆するように，資本主義の前提は「資本コストを上回るリターンを上げること」である。さらに具体的には正のエクイティ・スプレッドを創出することが価値創造の分水嶺になってくる。

世界の投資家が日本企業に求める平均的な株主資本コスト（期待収益率）はおよそ8％であることが質問票調査で継続して示唆されている[14]。ここから「中長期的にROE8％以上をめざすべき」というガイドラインにつながっている[15]。

しかしながら，中長期的・持続的に正のエクイティ・スプレッドを創出するためにも，単純なROE経営を超えて，「非財務資本とエクイティ・スプレッドの同期化（ROE経営と見えない価値）」が新しい「高付加価値経営」には重要である。

そこから，第1章の後半では，「非財務資本とエクイティ・スプレッドの同期化モデル」の概念フレームワークを提言した。さらに，第2章ではオーガニック成長のケース，第3章ではM&Aのケース，第4章では脱予算経営のケースを取り上げたが，それぞれのノウハウや人材は「非財務資本」として，付加価値創造につながっていることを具体的に紹介した。

日本企業が得意とするCSR（企業の社会的責任）やESG（環境，社会，統治）とROEは，残余利益モデルにも依拠する「市場付加価値」を通じて相互に関連している。現在の「非財務資本（見えない価値）」が長期的には遅延的に「財務資本（見える価値）」に転換されると理解してもよいだろう。

企業はオペレーショナル，投資家はファイナンシャルな存在であり，立ち位置が異なるがゆえにROEの考え方にも誤解も多いが，本来長期の時間軸では同じ船に乗っている。非財務資本とエクイティ・スプレッドの価値関連性を整合する「高付加価値経営」はコーポレートガバナンス改革の中にあって，企業と投資家の対話（エンゲージメント）を友好的に同期化してwin-win関係でブリッジできる重要な概念ではないだろうか。

「非財務資本」は時間をかけて「財務資本」に転換される。最近では，知見の高い長期投資家は「非財務情報（ESG・CSRや知的資本・人的資本など）」を「将来財務情報（遅延して将来の利益やROEにつながる）」と呼んでいるそうである[16]。特にカルパース（米国カリフォルニア州職員退職年金基金）などは非財務情報であるESGを「財務情報」として扱い，全ての投資判断にESGを組み込むことを明言している。「非財務資本とエクイティ・スプレッドの同期化」が「高付加価値経営」につながるのである。筆者は日本企業の社会的価値による貢献と経済的価値の創出が両立され，長期的・持続的で全てのステークホルダーのための企業価値の最大化に有機的につながることを願ってやまない。

（本書の価値観の提案をサポートする実証研究や財務理論については，補論を参照されたい。）

【注】

1　ちなみに，脱予算経営（Beyond Budgeting Management）は，Hope and Fraser［2003］に代表されるビジネスモデルで，翻訳版が2005年に早稲田大学の清水孝教授監訳で日本でも紹介された（ジェレミー・ホープ，ロビン・フレイザー著［2005］『脱予算経営』生産性出版）。筆者（柳）も翻訳に参加している。

2　IIRC［2013］の定義する6つの資本より。

3　Hope and Fraser［2003］より抜粋。ちなみに筆者（柳）は同氏との面談時にその趣旨を直接確認している。同氏はその後も複数の企業で「脱予算経営の伝道師」として活躍している（Bognes［2009］）。

4　Libby and Linsay［2007］は“Beyond Budgeting or Better Budgeting”と称して，IMA機関紙「Strategic Finance 2007年8月号」でIMA会員の意見を集約して，脱予算経営や予算制度改善を主張している。

5　首藤［2010］の実証データによると，ほとんどの日本企業において，期首に公表された業績予想開示の数値の数パーセントの誤差の範囲内に結果としての利益が着地している。

6 かかる業績予想開示制度の弊害を緩和すべく，東証からの委託を受けた日本証券経済研究所が2011年７月29日に『上場会社における業績予想開示の在り方に関する研究会報告書』（座長：伊藤邦雄一橋大学教授）を公表し，その後東証により業績予想開示制度は大幅に自由化されている。筆者（柳）も諮問委員として報告書執筆に参加して，柳［2011］の『日本型脱予算経営』が参考文献になっている。

7 既述のように，原書は，Hope, Jeremy, and Fraser, Robin［2003］"*Beyond Budgeting: How Managers Can Break Free from the Annual Performance Trap*", Harvard Business School Press. で，翻訳書は，ジェレミー・ホープ，ロビン・フレイザー著［2005］『脱予算経営』清水孝監訳，生産性出版である。

8 ホープとフレイザーは，当然この予算管理の弊害と対処法を研究する団体「BBRT（Beyond Budgeting Round Table)」の代表者に名を連ねている。BBRT は CAM-I（The Consortium of Advanced Management, International）の協力で1997年後半に英国で設立された。BBRT には，ユニ・リーバ，ドイツ銀行，UBS，ノバルティス，アメリカン・エクスプレスなど欧米企業約60社が参加している。BBRT には日本企業として唯一，日本たばこ産業（JT）のみが参加メンバーになっているようである。

9 原書は，Kaplan, Robert S. and Norton David P.［1996］"*Using The Balanced Scorecard as a Strategic Management System*"，翻訳書はロバート・S・キャプラン／デビッド・P・ノートン著［2001］『戦略バランスト・スコアカード』桜井通晴監訳 東洋経済新報社。他多数。

10 スベンスカ・ハンデルスバンケン銀行の CEO は2016年８月に交代しているが，本章では2015年のアニュアルレポートに依拠して記述しているので，CEO のメッセージは当時のジェンセン氏の言葉である点には留意されたい。

11 もちろん，伝統的予算管理制度には一定のメリットがあり，多くの日本企業にとって予算の廃止は現実的には困難である。「脱予算経営」はハードルの高いビジネスモデルであり，スベンスカ・ハンデルスバンケン銀行の事例は特別な成功例であろう。日本企業は自社のおかれた環境・制度や状況に即したそれぞれの会社なりの改善を企図した「日本型脱予算経営（柳［2011］)」を個別に検討すべきであろう。

12 本節の２つの参考ケースは，基本的に Hope and Fraser［2003］をベースとした2003年現在の記述であることには留意されたい。

13 2011年にベルギーの化学会社ソルベイ社に買収され，現在はソルベイグループ傘下となっている。

14 柳［2013，2014，2015，2016］参照。

15 経産省［2014］「伊藤レポート」参照。

16 IIRC フレームワークや統合報告にも造詣の深い国内長期投資家の代表的存在の一人とも言われる大和投資信託の菊池勝也調査部長の談による。

【参考文献】

経済産業省［2014］『「持続的成長への競争力とインセンティブ－企業と投資家の望ましい関係構築－」プロジェクト（伊藤レポート）最終報告書』。

ジェレミー・ホープ／ロビン・フレイザー著［2005］『脱予算経営』清水孝監訳，生産性出版。

清水孝［2009］「脱予算経営における経営改革の方法」『早稲田商学同攻会（早稲田大学）』早稲田商学418-419頁，2009年３月。

首藤昭信［2010］『日本企業の利益調整』中央経済社。

日本証券経済研究所［2011］『上場会社における業績予想開示の在り方に関する研究会報告書 2011年７月29日』。

ブャーテ・ボグネス著［2010］『脱予算経営への挑戦』清水孝監訳，生産性出版。

溝口一雄編著［1987］『管理会計の基礎』中央経済社。

森沢徹［2005］「伝統的な予算管理制度のブレークスルー」『知的資産創造』2005年１月号３(1)野村総研。

柳良平［2010］『企業価値を高める管理会計の改善マニュアル』中央経済社。

柳良平［2011］『日本型脱予算経営』同友館。

柳良平［2013］「Equity Spread の開示と対話の提言」『企業会計』65(1)：86-93。

柳良平［2014］「日本版スチュワードシップ・コードと資本効率に係る一考察」『インベスター・リレーションズ』2014(8)：48-62。

柳良平［2015］『ROE 革命の財務戦略』中央経済社。

柳良平［2016］「わが国ガバナンス改革はどう評価されたのか－2016年グローバル投資家サーベイをもとに－」『企業会計』68(6)：120-128。

ロバート・S・キャプラン／デビッド・P・ノートン著［2001］『戦略バランスト・スコアカード』桜井通晴監訳，東洋経済新報社。

Bogsnes, Bjarte [2009] "*Implementing Beyond Budgeting: Unlocking the Performance Potential,*" John Wiley & Sons, Inc.

Cheng, Mei, Subramanyam, K.R., and Zhang, Yuan [2007] "Earnings Guidance and Managerial Myopia," SSRN.

Ginsburg, S.G. [1981] "*Negotiating Budgets,*" Game People Play Inc. 81-91.

Hope, Jeremy, and Fraser, Robin [2003] "*Beyond Budgeting: How Managers Can Break Free from the Annual Performance Trap,*" Harvard Business School Press.

IIRC [2013] "The International IR Framework. International Integrated Reporting Council."

Jensen, Michael C. [2001] "Corporate Budgeting is Broken.... Let's Fix it," *Harvard Business Review,* November 2001.

Kaplan, Robert S. and Norton David P. [1996] "*Using the Balanced Scorecard As a Strategic Management System,*" Harvard Business press.

Libby, Theresa and Linsay, Murray [2007] "Beyond Budgeting or Better Budgeting: IMA members express their views," *Strategic Finance*, August 2007: 46–51.

McKinsey [2006] "Weighing the Pros and Cons of Earnings Guidance: A Mckinsey Survey," Mckinsey Quarterly, March 2006.

Simons, Robert [1995] "*Levers of Control: How Managers Use Innovative Control Systems to Drive Strategic Renewal*," Harvard Business School Press.

補論 非財務資本と企業価値の相関関係およびエクイティ・スプレッドの理論

補論1 「見えない価値」の見える化のエビデンス

理論的には，どうすれば，(たとえ部分的であったとしても) 非財務情報 (ESG：Environment, Social, Governance＝環境，社会，統治) を財務的価値 (ROE) に定量的に結びつけることができるのだろうか。完全な解は存在しないが，「見えない価値」の数値化・見える化に向けた，いくつかのエビデンスやモデルを紹介する。

(1) 企業のESGが資本コストを低減する

広義のコーポレートガバナンス (ESGのG) である情報開示と説明責任 (IR) と資本コストの「負の相関関係」を示す先行研究としては，Botosan [1997] が，1990年の製造業122社のアニュアルレポートをサンプルに回帰分析を実施し，独自基準によるディスクロージャーレベルの高さが，オールソンモデルによる期待値としての株主資本コストの縮小につながることを示唆している (優良ディスクロージャー企業と非優良ディスクロージャー企業との間では約0.28％の株主資本コストの差が出た)。

また，Agarwal et al. [2008] によれば，米国の2000～2002年のIR表彰企業は，情報の非対称性を緩和して流動性を高め，株価の超過リターンを獲得したことを示唆している。

加えて，日本企業については，音川 [2000] が，1998年度と1999年度の日本証券アナリスト協会による「証券アナリストによるディスクロージャー優良企業選定」によるディスクロージャーの総合評点を利用して，ディスクロージャー水準の高い企業は株主資本コストが小さいことを示唆している。

また，須田他［2004］は，同様に1995～2000年度の「証券アナリストによるディスクロージャー優良企業選定」によるディスクロージャー・ランキングと株主資本コストの関係を検証して，IR 評価が各セクターで３位以内の企業は，４位以下の企業よりも約0.3％株主資本コストが低く，２位以内の企業は４位以下の企業よりも約0.5％株主資本コストが低く，１位の企業は４位以下の企業よりも約0.8％株主資本コストが低いことを報告している。

たとえば，クリーンサープラスと定常状態を前提に，株主資本コストが８％で，純利益が1,000億円であれば，この企業の株主価値は PER（r-g の逆数）から考えると，1,000億円÷８％＝12,500億円になる。この場合，上記より良質な IR が0.3％資本コストを低減すると仮定した場合，株主資本コストは7.7％に下がり，同社の株主価値は，1,000億円÷7.7％＝13,000億円に向上する（500億円の増分)。非財務資本である「見えない価値＝広義のガバナンス（IR)」が，企業価値に関連していると市場は解釈するのである。

一方，ESG 全体については，Dhaliwal et al.［2011］が，米国の CSR 優良企業が CSR 報告書を公表して，非財務情報を訴求した初年度に資本コストを約１％低減していることを報告している。ちなみに，日本企業については，ニッセイアセットマネジメント［2014］が同社の投資先 ESG 格付けがアナリスト業績予想の確度に反映されていること，さらに ESG 格付けと株価パフォーマンスに正の相関があることを示唆している。

また，Saka and Oshika［2014］，大鹿［2013，2008］がそれぞれ，日本企業の E（CO_2削減)，S（人材投資)，G（株主総会活性化）が企業価値に正の影響を及ぼすことを重回帰分析で実証している（CO_2総量減少，年間平均給与，総会所要時間などの KPI が P 値0.01未満で有意となっている)。直近では，伊藤［2016］が日本企業の ESG 要因と株価リターンの正の関係を示唆している。

（２） ESG 要因のバリュエーションへの織り込み

2016年４月25日付の SMBC 日興証券の伊藤桂一チーフクオンツアナリストのレポート[1]が ESG の株価への影響を分析しており，たいへん興味深い。許諾を得て紹介すると，日本企業の G（コーポレートガバナンス＝SMBC 日興証券のスコア）が資本コストを低減することは証明できたが，日本は欧州などと異なり，ESG全体のファクターはまだバリュエーションに織り込まれていないという。

彼らは，日本，北米，欧州，パシフィック（日本を除く）の各地域において，ESGファクターが企業価値へ及ぼす影響を，PBR-ROEモデルにESG情報を加味した回帰モデルを用いて検証したが，日本市場では，ESGファクターが企業価値に影響を与えているという結果は得られなかった一方で，欧州やパシフィック（日本を除く）では近年影響が強まっている。この結果は，欧州やパシフィック（日本を除く）で最近MSCI[2] ESG指数がMSCI地域指数をアウトパフォームしているという結果と整合的である。

日本で有効性が低い要因としては，特にガバナンスにおいてMSCIが注目している項目と実際に日本で注目されている項目に相違があることと，ESG運用に対して注目が集まってからまだ間がないことなどがあり，日本では環境や社会関連の情報はまだ十分に情報が織り込まれていないと解釈できよう。

今後，日本でもESG評価がバリュエーションに織り込まれていくと考察し，ESG評価がバリュエーションに織り込まれる過程では，評価の高い銘柄のバリュエーションが切り上がり，評価の低い銘柄のバリュエーションが切り下がるため，ESG評価そのものが超過リターンの源泉となると結論づけている。

一方，2016年7月31日付の日本経済新聞[3]は公的年金であるGPIF（年金積立金管理運用独立行政法人）が株式運用に「ESG投資」を導入して，利益だけではなく環境，社会，統治を企業評価に取り入れる方針であることを解説している。

また，英系投資ファンドのシュローダーはESG視点を織り込んだ投信を日本で販売開始し，「ESGは株主以外のすべてのステークホルダーと良好な関係につながり，全員参加型ガバナンスは株主利益に反するのではなく，実は持続成長を可能にして長期的な株主利益に資する」，「たとえば賃上げはSになるが，短期利益を圧迫しても長期で従業員モチベーションが生産性向上に資すると投資家は肯定的に考える」としている。

次に，SMBC日興証券の当該レポートからMSCI ESG指数のパフォーマンスを見てみよう（**図表補論-1**）。2010年9月以降の分析によれば，欧州ではESG指数が安定的に地域指数をアウトパフォームし，パシフィック（日本を除く）ではボラティリティが高いものの，トレンドとしては地域指数をアウトパフォームする傾向が継続している。ESGの意識が浸透している欧州の情報比は年率換算で0.88と高く，ESG指数パフォーマンスの良さは際立っている。

一方で，この期間では北米は安定的にアンダーパフォームが続いている。日

［図表補論-1］ MSCI ESG 指数のパフォーマンス

《各地域の ESG 指数累積超過リターン》

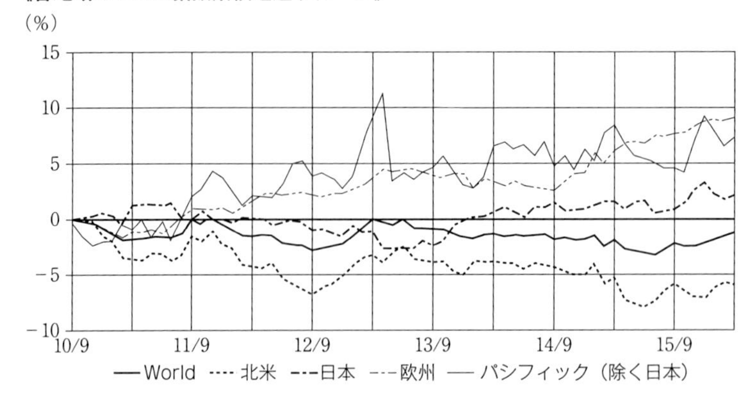

《各指数のパフォーマンスサマリーおよび地域別 ESG 指数の情報比》

	北米		日本		欧州		パシフィック（除く日本）	
	ESG 指数	親指数	ESG 指数	親指数	ESG 指数	親指数	ESG 指数	親指数
リターン	11.96%	12.58%	5.44%	5.11%	5.80%	4.46%	3.91%	2.72%
リスク	11.56%	12.23%	14.40%	14.44%	16.73%	17.31%	19.91%	19.12%
リスク/リターン	1.03	1.03	0.38	0.35	0.35	0.26	0.20	0.14
超過リターン	−0.62%		0.33%		1.34%		1.19%	
超過リスク	1.77%		1.65%		1.52%		4.38%	
情報比	−0.35		0.20		0.88		0.27	

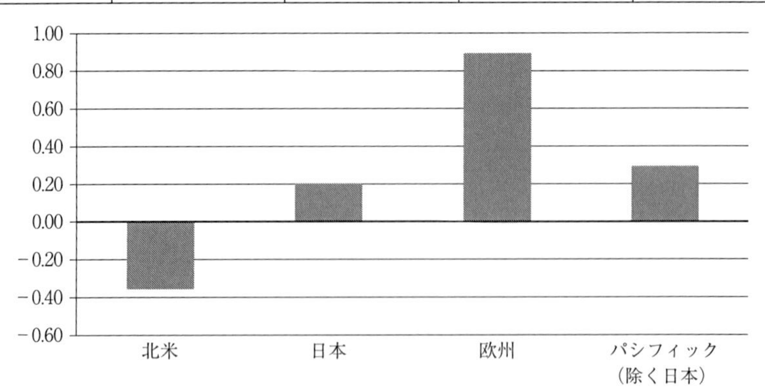

（注） 2010年10月から2016年３月までの月次リターンを基に算出。リターンとリスクは年率換算した。リターンは幾何平均リターン。アクティブリターンはESG指数のリターンと親指数のリターンの差分。アクティブリスクは毎月のESG指数のリターンの差分から計算。下図は地域別の情報比を示したもの。

（出所） SMBC日興證券株式会社 2016年４月25日 株式調査部Report/日本/クオンツ。クオンツ：ESG関連情報を用いた投資手法の展望 データ出所：MSCI。

本はあまり格差が見られないが，2013年央からは弱いながらもアウトパフォームする傾向が見られる。構成比が大きい北米のパフォーマンスが良くないため，World 指数ベースでは ESG 指数が弱いながらもアンダーパフォームする傾向が確認された。

今後ますます日本企業の ESG が投資家の評価を得て，株価に反映されていくであろう。言い換えれば，非財務資本（ESG）の財務資本（株価）への転換が加速すると思われる。本書の提案する「非財務資本とエクイティ・スプレッドの同期化モデル」による高付加価値経営の重要性が増していく蓋然性が高いといえるであろう。

（3） 知的資本としての特許情報が中長期の ROE 向上につながる

次に知的資本（非財務資本）である特許情報が，遅延して中長期的な ROE，そして株価（財務資本）に転換されることを示唆するアカデミックな研究成果を紹介したい。2016年10月号の『証券アナリストジャーナル』で，ニッセイ基礎研究所の井出真吾チーフ株式ストラテジストと早稲田大学の竹原均教授が「特許情報の株価への浸透過程の分析」というテーマで洞察に富んだ論稿を発表しているので，許諾を得て以下引用する。

その研究では，特許情報（非財務情報）は，遅延して収益性指標（ROE）に変換され，市場参加者は収益性の変化を株価リターン（R）に織り込むことを示唆している[4]。**図表補論-2** をご覧いただきたい。

［図表補論-2］ 特許情報（知的資本）が遅延して ROE 向上，株価浸透に資する

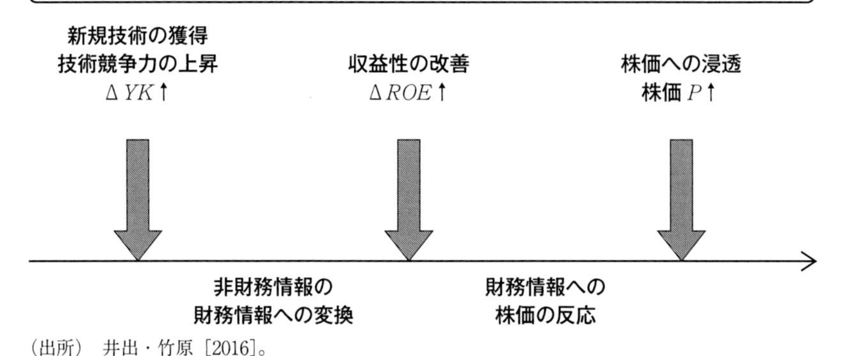

（出所） 井出・竹原［2016］。

（検証結果）　ROEの変化

・特許価値（YK値）の上昇後，３年間累積でのROE変化について正の相関関係

・累計変化率の差（P5－P1）は時間とともに拡大

－特許価値（YK値）上昇後２年では情報のROEへの浸透は不十分

－３年累計では差が2.901へと大きく拡大し，かつ５％水準で有意（P値＝0.041）[5]

－３年後の段階ではYKモメンタムが統計的に有意な正の影響を与えている

＊知的資本（特許価値）が遅延して３年後の財務資本（ROE）に転換されることが，統計的有意差をもって証明された。

	ΔROE(t－2, t)	ΔROE(t, t＋1)	ΔROE(t, t＋2)	ΔROE(t, t＋3)
P1（Low）	2.035	－0.333	0.174	－0.081
P2	0.376	0.566	0.432	1.387
P3	0.292	－0.695	1.088	2.117
P4	－0.384	0.495	1.306	1.470
P5（High）	1.275	0.688	1.331	2.821
差異（P5－P1）	－0.759	1.021	1.157	2.901
P値	0.700	0.483	0.519	0.041

（出所）　井出・竹原［2016］。

（検証結果）　株式リターンの反応

・株価上昇によるリターンをRとする。リターン・スプレッド（特許価値最上位グループP5と最下位グループP1への株式投資から得られる利益の差分）は統計的に有意ではないものの，ポートフォリオ構築後３～５年で拡大する傾向

＊ROEの上昇を確認後に株価形成に織り込まれると解釈できる。

	R(t, t＋1)	R(t, t＋2)	R(t, t＋3)	R(t, t＋4)	R(t, t＋5)
P1（Low）	3.851	11.440	22.509	37.673	44.072
P2	3.065	12.622	26.171	40.923	47.236
P3	5.111	12.796	25.096	40.773	48.460
P4	3.760	12.810	25.272	39.864	46.506
P5（High）	4.318	12.199	26.218	42.310	49.697

差異（P5－P1）	0.467	0.759	3.709	4.637	5.625
P値	0.809	0.832	0.417	0.307	0.244

（出所）井出・竹原［2016］。

知的資本である特許情報が遅延してROE向上やその後の株価浸透に正の相関があることが示唆された。つまり，現在の非財務資本（知的資本）が遅延して将来の財務資本に転換されるわけである。長期的・持続的な企業価値の向上のためには，日本企業は短期主義に陥らず，積極的に研究開発投資を行うことが重要である。それは長期投資家の視座とも合致するはずである。これも本書の提案する「非財務資本とエクイティ・スプレッドの同期化モデル」による高付加価値経営を裏づける貴重な実証研究である。

（4）潜在的な研究の価値をリアルオプションモデルとPIで示す

研究開発（知的資本，研究員の能力も勘案すれば人的資本を含む）と定量的な付加価値の同期化については，柳［2009］以来，筆者は，短期的には，会計上費用計上され営業利益にマイナスの要因となり，特定のプロジェクトの商品価値も可視化していない段階の基礎研究の価値をリアルオプションとPI（Profitability Index）を使って，たとえば今日の研究費用1ドルが1.1ドルの価値があるというモデルを主張してきた。これも「非財務資本とエクイティ・スプレッドの同期化モデル」による高付加価値経営を訴求する概念フレームワークである。以下にその概要を示す。

基礎研究の潜在価値の試算については，**図表補論-3**に簡単なモデルを紹介し，ロジックをまとめている。現在継続中のプロジェクトやパイプラインについての研究開発費は将来のDCF価値に費用対効果で織り込めるが，商品をいまだ可視化できない潜在的な基礎研究の価値は短期的には会計上費用計上されるだけである。基礎研究（知的資本）は無価値なのだろうか。しかし，赤字のバイオベンチャーに高い市場付加価値（MVA）が付与され，PBRが10倍以上の場合も少なくない。これは将来の長期的なエクイティ・スプレッド向上を織り込んでバリュエーションがなされているわけである。

基礎研究には価値があるはずである。企業の過去の実績からリアルオプションとしての価値を定量化して，モデルにより本源的価値を推計してみたい。

たとえば**図表補論-3**の例では，わが国大手製薬企業の典型的なパターン（複

［図表補論-3］ リアルオプションとPIによる潜在的な研究価値（知的資本）の定量化モデル

〈事業価値前提〉

1品当たり上市時点事業価値	1,300.0
資本コスト	25.0%

〈臨床ステージ前提〉

臨床開発期間	6年
実効税率	35.0%

期間（臨床段階，年ベース）	1	2	3	4	5	6
フェーズ	P-Ⅰ	P-Ⅱa	P-Ⅱb	P-Ⅲ	P-Ⅲ	申請
臨床1品当たり開発費（税引前，期首投入）	16.3	13.5	20.7	57.4	57.4	5.0
臨床1品当たり開発費（税引後，期首投入）	10.6	8.8	13.5	37.3	37.3	3.2
臨床1品当たり開発費合計（税引前）	170.2					
次ステップ成功確率（期末に判明）	70.0%	60.0%	65.0%		80.0%	90.0%
次ステップ成功確率（空欄修正：表示せず）	70.0%	60.0%	65.0%	100.0%	80.0%	90.0%
上市確率	19.7%	28.1%	46.8%	72.0%	72.0%	90.0%
1品の上市に必要な臨床開発費（税引後）	53.8	31.3	28.8	51.8	51.8	3.6
1品の上市に必要な臨床開発費合計（税引後）	221.0					

〈創薬ステージ前提〉

創薬研究期間	3年
1品の臨床入りに必要な創薬研究費合計（税引前）	100.0
1品の臨床入りに必要な創薬研究費合計（税引後）	65.0

期間（創薬段階，年ベース）	1	2	3
1品の臨床入りに必要な創薬研究費合計（税引前）	33.3	33.3	33.3
1品の臨床入りに必要な創薬研究費合計（税引後）	21.7	21.7	21.7
1品の上市に必要な創薬研究費（税引後）	110.2	110.2	110.2
1品の上市に必要な創薬研究費（税引後）	330.7		

〈オプション価値計算前提〉

原資産価格（PV（事業価値））	174.5
ボラティリティ（年率）	200.0%
無リスク金利（年率）	2.0%
u（原資産価格上昇率）	7.38906
d（原資産価格下落率）	0.13534
p（価格上昇のリスク中立確率）	12.2%
1-p（価格下落のリスク中立確率）	87.8%

《潜在価値計算結果》

事業価値（単純 PV）	174.5
R&D 投資の現在価値	524.0
単純 NPV	－349.6
単純 PI	0.33

オプション付 NPV	12.3	100%
単純 NPV	－349.6	－2844%
純オプション価値	361.9	2944%

事業価値（OP 行使確率調整後）	151.5
R&D 投資の現在価値（OP 行使確率調整後）	139.2
オプション付 NPV	12.3
オプション付 PI	1.09

《PI ＝1.09を前提に10年間1,000億円を研究投資した現在価値》

（単位：億円）

年度	1	2	3	4	5	6	7	8	9	10
基礎研究投資	1,000	1,000	1,000	1,000	1,000	1,000	1,000	1,000	1,000	1,000
PI1.09による価値増分	90	90	90	90	90	90	90	90	90	90
10年間価値増分の現在価値総和	¥604									

（出所）　柳［2009］より筆者作成。

数年度の同業他社平均）の過去の研究開発の成功事例から，１商品が上市された場合の事業価値を1,300億円と仮定して，創薬にかかる株主資本コストは世界のバイオベンチャーの平均値から25%を使用。また，業界平均から創薬（非臨床ステージ）に３年，臨床試験に６年かかる前提とした。一方，業界平均から新商品を市場に送り出すまでに研究開発費は500億円強かかるものとする。

厳しい業界平均の成功確率を調整して平均的な現在価値を考えると，これらの前提条件から試算される本件の事業価値は174億円になる。一方，単純合計の研究開発費想定金額の現在価値は524億円になる。したがって，単純な正味現在価値（NPV：Net Present Value）は350億円ものマイナスであり，この場合企業は基礎研究（知的資本）を回避したほうがよいという結論になってしまう。

単純な現在価値の費用対効果比較のPIは0.33になり，今日の１ドルが33セントの価値しかない計算である。

しかしながら，研究開発は「go/no go」の選択肢があり，「オプション価値」が存在するはずである。バイオベンチャーの株価の平均ボラティリティ200％を加味したリアルオプション価値362億円を計算して，企業価値評価に織り込むと，本件のオプション付 NPV は12億円のプラスになり，費用投入は正当化される。

言い換えれば，投資効果の現在価値を投資の現在価値で除したPI（Profitability Index）は1.09になるので，今日の１ドルの研究開発投資が実は1.09ドルの価値があるということになるのである（米国ナスダック市場に事例が多いが，上場したばかりの赤字のバイオベンチャーに，相当の時価総額があるのは，こうしたリアルオプションの価値を市場が意識的・無意識的に織り込んでいるからである）。

この PI を一般的な知的資本の価値創造ドライバーと仮定すると，毎年のプロジェクトへのひも付きではない新規の研究予算を使って，知的資本投資の潜在価値を定量化することが可能になる。たとえば，PI 1.09を前提に10年間1,000億円を潜在的な研究に投資した場合の正味現在価値（NPV）は600億円強に至る。単純化されたモデルではあるが，非財務資本（知的資本・人的資本）の財務資本への転換による付加価値創造が概算で成立していることを示唆している。こうした概念フレームワークが具現化されて，ROE 向上の遅延効果，さらに長期的には市場の理解を得て株価のパフォーマンスにつながる蓋然性がある。

（５） 研究開発投資の ROE，株価への遅延浸透効果に係る実証分析

柳・目野・吉野［2016］では，「非財務資本とエクイティ・スプレッドの同期化モデル」のエビデンス創出を企図して「企業が研究開発投資（知的資本・人的投資）を増やすと，将来の企業財務（ROE），あるいは株価（株主価値）に対してどのような影響をもたらすか」について実証分析を行っている。分析⑴では研究開発費÷売上高の変化と ROE の変化の相関関係，分析⑵では研究開発費÷売上高の変化と株価パフォーマンスの関係について分析した。分析内容として，統計的検定の有意水準が20％と広いものや，サンプル数が少ないものもあるなど，参考としての性格を有するが，一定の評価材料にはなるだろう。

【分析データ】

・ユニバース：TOPIX構成銘柄のうち，製造業かつ3月期末決算企業。製造業は，東証33業種の中の食料品，繊維製品，パルプ・紙，化学，医薬品，石油・石炭製品，ゴム製品，ガラス・土石製品，鉄鋼，非鉄金属，金属製品，機械，電気機器，輸送用機器，精密機器，その他製品と定義する。
・財務データ：連結を優先として，中間決算の情報を用いず，本決算のデータのみとする。

■分析(1)：研究開発費÷売上高の3年前差とROEの2年先差との関係

研究開発費÷売上高が高まった企業の将来のROEは向上するかについて検証した。具体的には，(A)基準年度の研究開発費÷売上高と基準年度の3年前の研究開発費÷売上高との差と，(B)基準年度の2年先のROEと基準年度のROEとの差，について相関係数を算出した。また，その相関係数の統計的な検定（片側）を行って有意性を調べた。基準年度は2002年度から2013年度までである。

図表補論-4に分析結果を示している。相関係数の有意性は有意比率で検証する。有意比率とは，「相関係数が統計的に有意であったサンプル数÷全サンプル数」で算出され，「相関係数＞0，かつP値＜有意水準」の年度を有意であったとみなす。つまり，有意比率が高いほど，相関係数が正で，かつ統計的に有意な年度が多かったことを示す。

まず，有意水準が片側10%とした場合の有意比率は25%であった。また，参考ではあるが，有意水準が片側20%とした場合の有意比率は50%であった。有意比率から，研究開発費÷売上高の3年前差とROEの2年先差の間には，統計的に有意な相関は完全には確認されなかったものの，一定の正の関係はみられた。インタンジブルズとしての研究開発投資が遅延してROE向上につながるという傾向が観察でき，非財務資本（研究開発投資）とエクイティ・スプレッド（ROEベース）の同期化を一定程度支える結果となった。

■分析(2)：研究開発費÷売上高の5年前差と10年先10分位スプレッドリターンとの関係

研究開発投資の比率が高まると，将来の株式リターンは上昇するかを検証した。具体的な検証手順は以下のとおりである。まず，(A)基準年度の研究開発

［図表補論-4］ 研究開発費÷売上高の3年前差とROEの2年先差の相関係数と有意比率

基準年度	研究開発費÷売上高の3年前差×ROEの2年先差	
	相関係数	P値
2002	0.007	0.426
2003	0.288	0.000
2004	−0.010	0.393
2005	0.135	0.000
2006	0.027	0.239
2007	0.067	0.037
2008	0.038	0.160
2009	0.033	0.198
2010	0.007	0.424
2011	0.046	0.117
2012	0.004	0.458
2013	−0.026	0.246

検定	P値の有意比率
片側10%検定	25%
片側20%検定	50%

（注） 基準年度ごとに，研究開発費÷売上高の3年前差とROEの2年先差の相関係数を算出。
各年で片側検定を行って，P値が10%未満（あるいは20%未満）の年度の数÷全サンプルの数を有意比率とする。ただし，相関係数がマイナスの年度は，分子から除外する。
（出所） 東洋経済，日経等をもとに大和証券が作成。

費÷売上高と，基準年度の5年前の研究開発費÷売上高との差を取って10分位（値が大きい方を第10分位，小さい方を第1分位）する。次に，(B)第10分位（P10）の銘柄群について，基準年度から10年先までのリターン[6]を算出して，第1分位（P1）の銘柄群についても同様の方法で10年先リターンを算出する。最後に，「P10の単純平均リターン－P1の単純平均リターン」でスプレッドリターン（High-Low）を算出する。基準年度は2004年度から2006年度である。

図表補論-5に分析結果を掲載した。サンプルが3年分であることには注意が必要だが，2004年度から2006年度までのHigh-Lowスプレッドリターンの平均値は+16.9%，平均値÷標準偏差は2.956となり，将来のリターンへのプラスの効果がみられた。株式リターンは将来を見据えた動きをするため，財務情報（ROE）と比べて，より長期の遅延浸透効果が鮮明になると考えられる。研究開発投資が長期的には遅延してバリュエーションにつながるという「非財務資本（研究開発投資）とエクイティ・スプレッド（残余利益モデルにより株主価値につながる）の同期化モデル」の１つの形を示唆する結果となった。

［図表補論-５］　研究開発費÷売上高の５年前差と10年先スプレッドリターンとの関係

	P1（Low）			P10（High）			High-Low スプレッドリターン		
	平均値	標準偏差	平均値÷標準偏差	平均値	標準偏差	平均値÷標準偏差	平均値	標準偏差	平均値÷標準偏差
10年先リターン　2004年度～2006年度	31.4%	34.8%	0.902	48.3%	29.2%	1.655	16.9%	5.7%	2.956

（出所）　東洋経済，日経等をもとに大和証券が作成。

以上，分析(1)，分析(2)の２つの実証研究から，知的資本・人的資本としての研究開発投資が将来の企業業績（ROE），長期的にさらに遅延浸透して株主価値（株価）に正の相関をもつ蓋然性があることが示された。ただし，本節の実証分析は，参考という位置づけであり，精緻な実証分析は今後の研究課題としたい。

（６）　先行研究が示す「インタンジブルズと財務価値の関係」
（伊藤・関谷［2016］）

学術論文の先行研究では伊藤・関谷［2016］がコーポレート・レピュテーションと企業の財務業績の関係を論じていて示唆に富む。本書の趣旨，つまり非財務資本が財務資本に転換されて付加価値を創造する「非財務資本とエクイティ・スプレッドの同期化モデル」を支えるエビデンスとして関連部分を取り上げる。

本書では「非財務資本」を広義の包括的な概念として，「インタンジブルズ」も包含して論じているが，Lev［2001］は，インタンジブルズの同義語として，知的資産，知的資本，無形資産を採択している。

Lev［2001］によればインタンジブルズは，イノベーションというインタンジブルズの創出要因，独自のコンピタンス，人的資源から構成される。たとえば，特許，ブランド，原価低減をもたらす独自の組織構造などもインタンジブルズに含めている。

さらに，櫻井［2008］は，インタンジブルズの１つである「コーポレート・レピュテーション（企業の評判＝ステークホルダーの知覚）」とは，「経営者および従業員による過去の行為の結果，および現在と将来の予測情報をもとに，企業を取り巻くさまざまなステークホルダーから導かれる持続可能な競争優位」であると定義する。

さて，本書の概念フレームワークである「非財務資本とエクイティ・スプレッドの同期化モデル」との連関では，Fombrun and Shanley［1990］の研究が「コーポレート・レピュテーション」と「企業の財務業績」に有意な相関があることを発見したという点で価値がある。Fombrun and Shanley［1990］では，「コーポレート・レピュテーション」の代理変数は，1985年に行われたフォーチュン誌の「アメリカで最も称賛される企業」調査によるコーポレート・レピュテーションのランキング・データを使用している。この調査は，経営品質，製品とサービスの品質，長期投資価値，革新性，財務健全性，才能ある従業員の魅了・育成・維持をする度合い，企業市民と環境責任，それに企業資産の利用からなる８つの属性の質問に対して，11点リッカート・スケールで評価したものである。

当該先行研究の前提では，「規模」は，1984年の売上高を対数変換した値とした。「企業業績」は，1984年度末の投下資本利益率（ROIC），1985年の市価対簿価比率（PBR），1985年の株価配当利回りである。「リスク」については，会計リスクを1975年から1983年までのROICの変動係数（標準偏差÷平均値）で測定し，また市場リスクを1985年の企業のベータ値で測定した。

「機関投資家の株式保有」は，1985年の銀行，保険会社，信託会社などの機関投資家による株式保有率で測定した。「可視化」はメディアへの露出であり，1985年にその企業について書かれた記事数で測定した。「差別化」は広告費集約度と考えて，企業規模調整後の1984年広告支出総額で測定した。「多角化」は，1985年の財務データからセグメント別の年間売上高データを使って多角化の度合いを測定した。

557社の相関分析の結果，投下資本利益率（ROIC），差別化，規模がコーポレート・レピュテーションと正の関係を示唆している。また，リスクがコーポレート・レピュテーションと負の関係にあることもわかった。同様に，回帰分析の結果，ROIC，差別化，規模，機関投資家の株式保有率，PBR（株価純資産倍率）がコーポレート・レピュテーションと正の関係にあることが判明した。これに対して，リスク，株価配当利回り，可視化はコーポレート・レピュテーションに負の関係にあることが示された。コーポレート・レピュテーションと企業の財務業績の相関に関して，会計尺度も市場尺度も有意に関係があることが判明した点で評価の高い研究である。

こうした先行研究は非財務資本（インタンジブルズ）がエクイティ・スプレッド（ROICとPBR）と正の相関関係を持つことを実証しており，「非財務資本とエクイティ・スプレッドの同期化モデル」を支える1つの証拠となる。

もちろん，これらの実証研究は「相関関係」を示すもので「因果関係」を証明するものではないが，統合報告書によるケースの積み上げや企業と投資家の対話（エンゲージメント）とのトータルパッケージで「見えない価値の見える化」は説得力を得ていくものと期待される。

補論2　エクイティ・スプレッドの理論と実証

最後にエクイティ・スプレッドの理論と実証についても詳細を説明しておく。

（1）エクイティ・スプレッドの理論

まず，エクイティ・スプレッドは下記のように定義される。

エクイティ・スプレッド(%)＝ROE－CoE(またはr)[7]

一般に，株主価値（長期的な時価総額または理論値）は株主資本簿価（BV）に市場付加価値（MVA）を加えて算出できる。残余利益モデル（RIM），オールソンモデル（Ohlson [2001]）では株主価値は下記の数式になる。

$$\text{株主価値(SV)} = \text{株主資本簿価}(BV_0) + \sum_{t=1}^{\infty}\left(\frac{\text{当期利益}_t - CoE \times BV_{t-1}}{(1+CoE)^t}\right)$$

SV：株主価値（時価総額）　　BV：株主資本簿価
CoE：株主資本コスト　　t：会計年度

この展開式は以下のようになる[8]。

$$SV_0 = BV_0 + \frac{(ROE_1 - CoE)BV_0}{1 + CoE} + \frac{(ROE_2 - CoE)BV_1}{(1 + CoE)^2} + \frac{(ROE_3 - CoE)BV_2}{(1 + CoE)^3} + \cdots$$

SV：株主価値（時価総額）　BV：株主資本簿価
CoE：株主資本コスト　t：会計年度

理論的にはROEが株主価値の説明変数であることは明らかであり，「ROE不要論」は残余利益モデルとそのファクターであるエクイティ・スプレッドの誤解である。西川他［2016］で大阪市立大学の石川博行教授は以下の趣旨を述べている。

「ROE至上主義に非を唱える主張があるが，それは，理論モデルである残余利益モデル（RIM）に対する不理解に基づいている。ROEに対する誤解が多いので，あらためて，ROEの重要性を訴えたい。RIMは，株式の本質的価値を評価する代表的モデルである配当割引モデルに，会計の基本原則であるクリーンサープラス関係を代入して数学的に導出される。残余利益モデルの数式から明らかなとおり，株式価値を評価する上で重要なのは，現在のROEではない。将来の長期にわたるROEの時系列である。たとえば，ROEは，自社株買いによって機械的に上昇させることができるが，重要なのは，その高まったROEを長期的に持続させることができるかである。企業の実体が変わらなければ，高いROEはいずれ平均回帰してしまう。」

さらに，この等式の両辺を株主資本簿価 B_0 で除すると以下のようになる[9]。

$$PBR = \frac{SV_0}{BV_0} = 1 + \frac{ROE_1 - CoE}{1 + CoE} + \frac{(ROE_2 - CoE)BV_1/BV_0}{(1 + CoE)^2} + \frac{(ROE_3 - CoE)BV_2/BV_0}{(1 + CoE)^3} + \cdots$$

SV：株主価値（時価総額）　BV：株主資本簿価
CoE：株主資本コスト　t：会計年度

残余利益モデル（RIM）からもわかるように，株価純資産倍率（PBR）は長期的なエクイティ・スプレッド（ROE－CoE）に影響される傾向がある。つまり，正のエクイティ・スプレッド（ROE≧CoE）を織り込むと市場付加価値（MVA）

が創出され，PBR は１倍以上になる（価値創造企業）傾向がある。

逆に負のエクイティ・スプレッド（ROE≦CoE）を意識すればMVA はマイナスになり，PBR は１倍以下となる（価値破壊企業）蓋然性が高まる。基本的にPBR が１倍以上になるかどうかは，エクイティ・スプレッドが正か負かに依拠しているのである。したがって，エクイティ・スプレッドは価値創造の代理変数とされる。

図表補論-6 にクリーンサープラス関係と定常状態を前提とした残余利益モデル（RIM）の数学的根拠の詳細を示す[10]。これを見ると，企業収益の持続的成長率（g）が株主資本コスト（CoE）を上回る（CoE<g）ことがない限り（高成長企業でない限り），エクイティ・スプレッドがマイナスになれば，PBR が１倍割れ，つまり時価総額が株主資本を下回る価値破壊の状況になることがより明白になる。エクイティ・スプレッドがプラスになればPBR は１倍を超える傾向がある。

また，本書のモデルでは株主資本簿価は「財務資本関連」，正のエクイティ・スプレッドが創出する市場付加価値は「非財務資本関連」であるとしているが，企業理念や人材の価値などの非財務情報を重視する企業サイドの視点ともエクイティ・スプレッドは同期化が可能であると考えられる。

（2） 実証データが示すエクイティ・スプレッドと価値創造

定量的な実証データをみても，10年の時間軸で，予想ROE が８％未満ではPBR１倍以下（あるいはその前後）で付加価値評価が低迷するケースが多く，予想ROE が８％を超えるとPBR は１倍以上に向上して，その後右肩上がりに価値創造が高まる傾向があることが複数のソースで観察できる（**図表補論-7**）。

定性的な投資家サーベイのコンセンサスに加え，これらの定量的な実証データのエビデンスからも８％のROE が価値創造の分水嶺になっており，日本の株式市場においては「８％は魔法の数字」と言われる所以である[11]。

（3） 実証分析が証明する株主資本コスト

さらに，西川他［2016］で大阪市立大学の石川博行教授は「イーストンモデル」による回帰分析で株主資本コストの実証を行っている。**図表補論-6** の数式から，残余利益が一定成長（g）すると仮定し，株主価値の代理変数で株価を用

［図表補論-６］ 残余利益モデル（RIM）とエクイティ・スプレッドの数学的根拠

（当期純利益 NI，株主資本 BV，配当 D，株主資本コスト CoE，残余利益 RI，企業価値 SV，t＝0は現在，１は１年後，成長率 g とする）
１年後の残余利益を次のように定義する。

$$RI_1 = NI_1 - BV_0 \times CoE \qquad (1)$$

(1)式を展開する。（当期純利益の定義）

$$NI_1 = BV_0 \times CoE + RI_1 \qquad (2)$$

１年後の株主資本を次のように定義する。（クリーンサープラス関係）

$$BV_1 = BV_0 + NI_1 - D_1 \qquad (3)$$

(3)式を展開する。（配当の定義）

$$D_1 = BV_0 + NI_1 - BV_1 \qquad (4)$$

(4)式に(2)式を代入し，整理する。

$$\begin{aligned} D_1 &= BV_0 + BV_0 \times CoE + RI_1 - BV_1 \\ &= (1+CoE) \times BV_0 + RI_1 - BV_1 \qquad (5) \end{aligned}$$

割引配当モデルを，次のように定義する。

$$SV_0 = \frac{D_1}{(1+CoE)^1} + \frac{D_2}{(1+CoE)^2} + \cdots \qquad (6)$$

(6)式に(5)式を代入し，整理する。

$$\begin{aligned} SV_0 &= \frac{(1+CoE) \times BV_0 + RI_1 - BV_1}{(1+CoE)^1} + \frac{(1+CoE)BV_1 + RI_2 - BV_2}{(1+CoE)^2} + \cdots \\ &= \frac{(1+CoE)BV_0}{(1+CoE)^1} + \frac{RI_1}{(1+CoE)^1} - \frac{BV_1}{(1+CoE)^1} + \frac{(1+CoE)BV_1}{(1+CoE)^2} + \frac{RI_2}{(1+CoE)^2} - \frac{BV_2}{(1+CoE)^2} + \cdots \\ &= BV_0 + \frac{RI_1}{(1+CoE)^1} - \frac{BV_1}{(1+CoE)^1} + \frac{BV_1}{(1+CoE)^1} + \frac{RI_2}{(1+CoE)^2} - \frac{BV_2}{(1+CoE)^2} + \cdots \\ &= BV_0 + \frac{RI_1}{(1+CoE)^1} + \frac{RI_2}{(1+CoE)^2} + \cdots \end{aligned}$$

さらに，両辺を BV_0 で割ると，（$RI_1 = NI_1 - BV_0 \times CoE$ の関係から）

$$\frac{SV_0}{BV_0} = PBR = 1 + \frac{(ROE_1 - CoE)}{(1+CoE)^1} + \frac{(ROE_2 - CoE)BV_1/BV_0}{(1+CoE)^2} + \frac{(ROE_3 - CoE)BV_2/BV_0}{(1+CoE)^3} + \cdots$$

数式を簡素化して，クリーンサープラス関係に定常状態を仮定する

$$PBR = 1 + \frac{\text{エクイティ・スプレッド}}{CoE - g}$$

（最終式は残余利益が定率成長する前提）

［図表補論-7］　PBRと予想ROEの相関図－「8％は魔法の数字」の実証データ

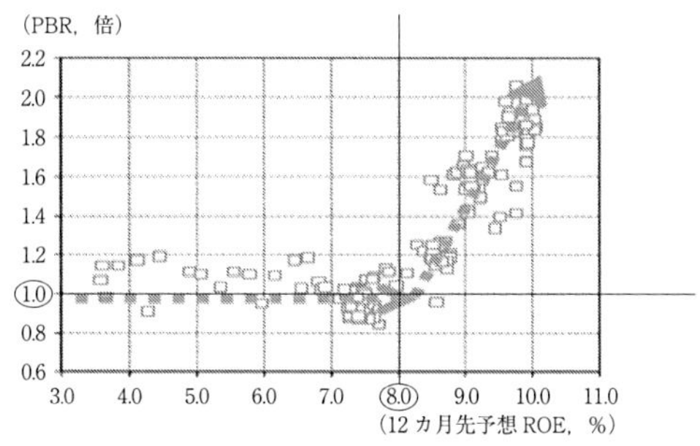

（注）　TOPIXの2004年以降10年間の12カ月先予想ROEとPBRをプロット。予想はI/B/E/Sコンセンサス(2014-15年度はSMBC日興証券予想)。
（出所）　SMBC日興証券作成資料を許可を得て転載。
（参照）　2014年8月26日付日本経済新聞。

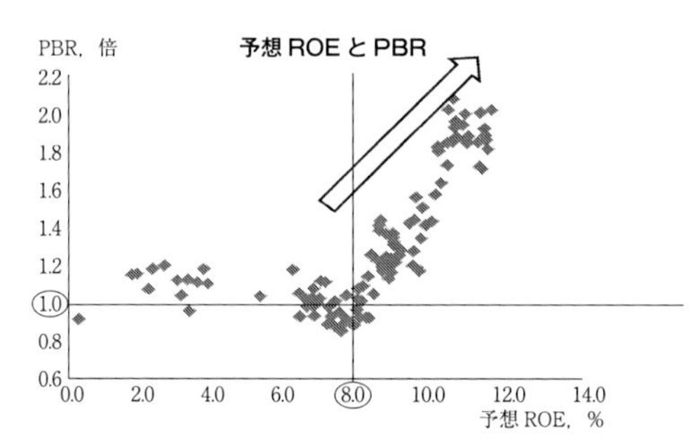

（出所）　Bloombergより入手した2005年9月以降10年間のTOPIXの月次データから第一生命保険株式会社株式部が作成した資料を許可を得て転載。

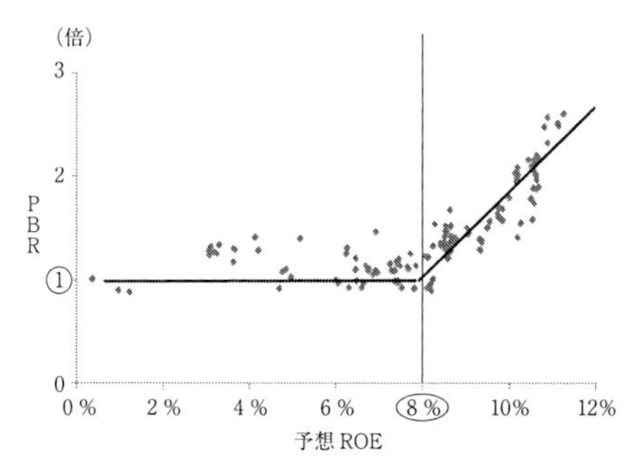

（出所）　2005年以降10年間の日経平均の月次データからニッセイ基礎研究所が作成。
（許諾を得て転載）および井出［2015］。
（参照）　2016年6月25日付日本経済新聞。

いると，1期先のROE予想を被説明変数，現時点のPBRを説明変数とする回帰モデルが得られる（Easton et al.［2002］）。このモデルを推定すれば，市場が含意しているインプライド期待成長率（g＝切片）とインプライド資本コスト（r＝切片＋傾き）が同時に推定できる。1981年～1998年の米国企業のrとgは，それぞれ，13.4％と10.1％であった（Easton et al.［2002］）。

日本企業について石川教授が行った実証分析の結果は以下のとおりである（**図表補論-8**）。1997年～2015年の所定の条件を満たす3月期決算企業，延べ45,419企業年に対して，年次決算発表で公表された経営者の次期純利益予想データを用いて，Easton et al.［2002］と同様の分析を行った。全企業を，PBR1倍以上の価値創造企業（延べ21,477企業年）とPBR1倍未満の価値破壊企業（延べ23,942企業年）に分類して分析を行った結果，rとgの直近5年平均は，価値創造企業が8.8％と6.4％，価値破壊企業は8.0％と0.8％であった。こうした統計学的に有意な実証分析からも「株主資本コスト8％」の頑強性は担保されている[12]。

（4） エクイティ・スプレッドと株価の関係

また，エクイティ・スプレッドは，実際のマーケットにおける株価パフォーマンスとの関係でも優位性を発揮する。柳・目野・吉野［2015］の実証分析では，株価パフォーマンスはエクイティ・スプレッドと正の相関関係にあることが示唆された。エクイティ・スプレッドの高い会社をロング（買い）してエクイティ・スプレッドの低い会社をショート（売り）するポートフォリオ戦略はベンチマークに対して統計的有意差をもってアウトパフォームしたことが示された。「株主資本コストを上回るROE」が価値の源泉であり，「エクイティ・スプレッドは企業価値と関連性があるので，エクイティ・スプレッドを利用したポートフォリオ戦略は超過リターンを生む」という仮説が当該論文で実証されている。

このように，エクイティ・スプレッドは，残余利益モデルの理論でもマーケットの実証データでも株主価値との関係があり，世界の投資家はエクイティ・スプレッドおよび，その主要コンポーネントであるROEを最も重視する。そして「8％は魔法の数字」なのである。

残余利益モデル（エクイティ・スプレッド）の株主価値との相関における優位性は，いくつかの先行研究でも証明されている。Francis et al.［2000］は，

［図表補論-８］　Easton et al. [2002]の回帰モデルが実証する「株主資本コスト８％」

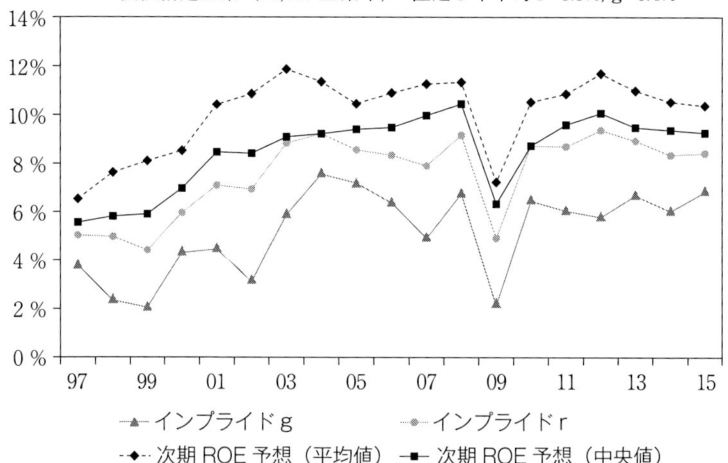

（出所）　西川他［2016］第５章（石川）より筆者作成。

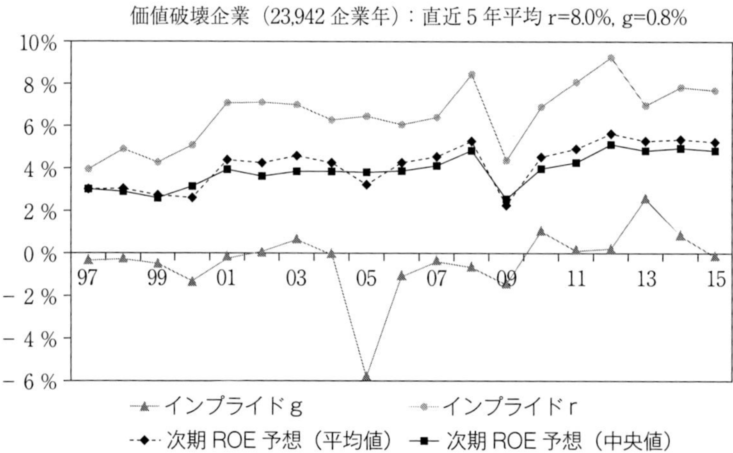

（出所）　西川他［2016］第５章（石川）より筆者作成。

1989～1993年の米国企業のデータを用いて，残余利益はフリーキャッシュフロー（FCF）や配当よりも株価説明力が高いことを実証している。決定係数は，残余利益0.73，FCF0.40，配当0.54であった。残余利益モデルが割引キャッシュフローモデル（DCF）や配当割引モデル（DDM）に勝ることを示唆している。

また，Stark and Thomas［1998］は，1990～1994年の英国企業データを用いて，残余利益が会計上の利益よりも株価をより有意に説明できることを示唆している。そして，藤井・山本［1999］は，1983～1998年の日本の製造業のデータを分析して，残余利益はFCFよりも株価説明力が高いことを証明している。決定係数は，残余利益0.4-0.8，FCF0.2-0.6であった。

このように理論と実証の両面からエクィティ・スプレッドと企業価値の関係は明白である。

そして，そのエクィティ・スプレッドと非財務資本はPBRを通じて同期化できる（ROE経営と見えない価値）のである。

【注】

1　SMBC日興証券株式会社，2016年4月25日，株式調査部Report/日本/クオンツ「クオンツ：ESG関連情報を用いた投資手法の展望」。

2　米国MSCI社が算出，公表する世界でも代表的な株価指数。国際的な証券投資のパフォーマンスを測定するために，世界の機関投資家の大多数が株式投資のベンチマークとして採用している。

3　日本経済新聞（2016年7月31日）「けいざい解読　公的年金がESG投資採用　持続成長への新常態に」（編集委員：小平龍四郎）参照。

4　使用データとしては，特許情報は，工藤一郎国際特許事務所が整備・提供（データ採録期間：2000年1月～2013年12月），排他的技術利用権は，YK値としている（YK値は工藤事務所開発の指標で，第三者が排他的利用権阻止行動に投じた費用の技術経年劣化考慮後の総計を計測した値）。また，特許情報以外のデータソース：日経NEEDS，金融データソリューションズNPMを使用。分析対象は，YKモメンタム，つまり，（財務情報が公的情報となる6月末時点で）業種ごとに総資産対比のYK値の変化率，ΔYK/TAで昇順ソートして，Group 1（LowΔYK/TA）からGroup 5（HighΔYK/TA）に分類する。G1-G5について，等加重ポートフォリオとして，P1(Low)-P1(High)を構築して5分位分析（5分位分析とは，対象となる数値を低い方から順番に並べ，それを合計サンプル数の上で5等分して5個のグループを作って分析する手法を指す。数値の低いグループから順次，第1分位，第2分位……第5分位階級という）。そして，P1-P5について，過去2年，ポートフォリオ構築後1，2，3年のROE変化を計測，また，P1-P5について，ポートフォリオ構築後1～5年の累積ポートフォリオ・リターン（R）を計算している。tは年度。分析期間：2000年6月～2012年6月（株価は2000年7月～2016年6月）以降の分析では，東証17業種のうち食品，建設・資材，素材・化学，自動車・輸送機，鉄鋼・非鉄，機械，電機・精密の3月末決算企業を分析対象としている。

5　P値とは，「もしある事象が偶然におこりうる時，観察された値と同等か，より極端な結果が得られる確率」を指す。一般に $p=0.05$ を基準とするが，これは「実際には偶然に過ぎないのに，誤って『意味がある』と判断している」可能性が５％以下という意味である。

6　((10年先の株価÷基準年度株価)－1)×100を３月期決算の開示が出揃う６月末を起点として計算したもの。

7　エクイティ・スプレッドは比率で示すが縮小均衡に陥らないためには絶対金額である残余利益（当期利益－株主資本コスト金額）も勘案する。本書では比率と金額を論じる。

8　展開した数式から明白であるが，残余利益モデル，エクイティ・スプレッドの前提は現在の短期的ROEではなくて，将来の長期的なROEの流列であり，決してショートターミズムではない。「伊藤レポートのROE８％ガイドライン」の趣旨もここにある。

9　石川教授は以下の要旨も主張している（西川他［2016］）。「株価純資産倍率（PBR）が１を割り込んでいることを根拠として，自社の株式が割安に評価されていると主張する経営者がいるが，その考えも間違いである。将来の期待ROEがr（CoE）を平均的に上回っていれば，PBRが１を超えることがわかる。逆に，将来ROEがrを平均的に下回っていれば，PBRは１を割り込む。[PBR＜1］は，割安を意味しない。市場から，長期平均的にrを下回るROEしか達成できない価値破壊企業とみられているだけである。短期的にROEが高くても，その後の企業成長が期待できなければ，「PBR１倍割れ」は十分に起こりうるのである。RIMは，ROEの重要性とともに，そのベンチマークである株主資本コスト（r）の重要性も訴えているのである」。エクイティ・スプレッドについて，ROEと株主資本コスト（r）を比較する点を批判する向きもあるが，それも残余利益モデルの不理解である。

10　株主価値評価の代表的モデルである配当割引モデル（DDM：株主価値は将来受け取る配当の流列を株主資本コストで現在価値に割り引いた金額の総和とする理論）にクリーンサープラス関係（期末株主資本簿価＝期首株主資本簿価＋当期利益－当期配当）および残余利益と当期利益の関係（残余利益＝当期利益－期首株主資本簿価×株主資本コスト）を適用して数学的に求めることができる（Ohlson［2001］，西川他［2016］）。

11　2014年８月26日付日本経済新聞「スクランブル　８％は魔法の数字　ROE上昇で評価一変」（記者：川崎健）および，2016年６月25日付日本経済新聞「踊り場のROE経営　下　資本コストを意識　市場との対話でも重要」（記者：平沢光彰他）参照。

12　大規模な世界の投資家サーベイ結果が投資家の期待収益率としての株主資本コスト８％を継続的に示唆していること，日本企業の過去10年間のROEとPBRの実証データが株主資本コスト８％を示していること，イーストンモデルによる回帰分析が株主資本コスト８％を実証していることから，「伊藤レポートのROE８％」ガイドラインには十分な証拠がある。８％に根拠がないとする情緒的批判はこうしたエビデンスの不理解によるものである（もちろん，株主資本コストは個社別に異なるものであり，ここでは日本企業全般のレベルを指している）。

【参考文献】

井出真吾［2015］「新しいROE投資の可能性」『ニッセイ基礎研究所レポート』2015年4月17日。

井出真吾・竹原均［2016］「特許情報の株価への浸透過程の分析－Mid-term Alpha Driverとしての技術競争力－」『証券アナリストジャーナル』54(10)：68-77。

伊藤和憲・関谷浩行［2016］「インタンジブルズと企業価値に関わる理論的モデルの構築」『会計学研究』42：1-32。

伊藤正晴［2016］「ESGの主要要因とポートフォリオリターン」『月刊資本市場』2016(11)：14-22。

大鹿智基［2008］「情報開示に対する経営者の姿勢と株式市場の反応－株主総会活性化と会計情報有用性－」『証券アナリストジャーナル』46(5)。

大鹿智基［2013］「人的支出と企業価値の関連性－賃下げは企業価値向上をもたらすか－」『早稲田商學』434：289-311。

音川和久［2000］「IR活動の資本コスト低減効果」『会計』158(4)：543-555。

櫻井通晴［2008］『コーポレート・レピュテーション』中央経済社。

須田一幸他［2004］『ディスクロージャーの戦略と効果』森山書店。

西川郁生他［2016］『企業価値向上のための財務会計リテラシー』日本経済新聞出版社。

ニッセイアセットマネジメント編［2014］『スチュワードシップ・コード時代の企業価値を高める経営戦略』中央経済社。

藤井秀樹・山本利章［1999］「会計情報とキャッシュフロー情報の株価説明能力に関する比較研究－Ohlsonモデルの適用と改善の試み－」『会計』156(2)：14-29。

柳良平［2009］『企業価値最大化の財務戦略』同友館。

柳良平・目野博之・吉野貴晶［2015］「エクイティ・スプレッドと価値創造に係る一考察」『月刊資本市場』2015(7)：24-33。

柳良平・目野博之・吉野貴晶［2016］「非財務資本とエクイティ・スプレッドの同期化モデルの考察」『月刊資本市場』2016(11)：4-13。

Agarwal, Vineet, Liao, Angel, Nash, Elly A., and Taffer, Richard J. [2008] "The impact of effective investor relations on market value," SSRN.

Botosan, Christine [1997] "Disclosure level and the cost of equity capital," *The Accounting Review*, 72(3) : 323-349.

Dhaliwal et al. [2011] "Voluntary Nonfinancial Disclosure and the Cost of Equity Capital: The Initiation of Corporate Social Responsibility Reporting," *The Accounting Review*, Vol 86, 2011(1) : 59-100.

Easton, P., G. Taylor, P. Shroff, and T. Sougiannis [2002] "Using forecasts of earnings to simultaneously estimate growth and the rate of return on equity investment," *Journal of Accounting Research*, 40(3) : 657-676.

Fombrun, C. and M. Shanley [1990] "What's in a Name? Reputation Building and Corporate Strategy," *Academy of Management Journal*, 33(2) : 233-258.

Francis et al. [2000] "Comparing the Accuracy and Explainability of Dividend, Free Cash Flow, and Abnormal Earnings Equity Value Estimates," *Journal Accounting Research*, (38) : 45–70.

Lev, B. [2001] "*Intangibles: Management Measurement, and Reporting,*" Brookings Institution Press.

Ohlson, J.A. [2001] "Earnings, book values, and dividends in equity valuation: an empirical perspective," *Contemporary Accounting Research*, 18(1) : 107–120.

Saka, C. and Oshika, T. [2014] "Disclosure Effects, Carbon Emissions and Corporate Value," *Sustainability Accounting, Management and Policy Journal*, 5(1) : 22–45.

Stark, A.W. and Thomas, H.M. [1998] "On the Empirical Relationship between Market Value Residual Income in the UK," *Management Accounting Research*, (9) : 445–460.

索　引

欧 文

あ 行

か 行

さ 行

た 行

な 行

は 行

ま 行

や 行

ら 行

わ 行

《編著者紹介》

柳　良平（やなぎ　りょうへい）／**第1章，第4章，補論担当**
博士（経済学）
エーザイ株式会社　常務執行役 CFO（最高財務責任者）
早稲田大学大学院兼任講師，東洋大学客員教授（2017年4月就任）

公職として東京証券取引所上場制度整備懇談会委員，経済産業省「伊藤レポート」執筆委員，日本IR研究学会理事，日本管理会計学会常務理事，米国管理会計士協会常任理事等を務める。職歴としては，銀行支店長，メーカーIR・財務部長，UBS証券エグゼクティブディレクター等を経て現職。早稲田大学大学院会計研究科兼任講師，東洋大学国際学部客員教授（2017年4月就任）。Institutional Investor誌の2016機関投資家投票でヘルスケアセクターのthe Best CFOに選出される。米国公認管理会計士。米国公認財務管理士。京都大学博士（経済学）。

【主著】

単著に『ROE革命の財務戦略』『管理会計の改善マニュアル』（中央経済社），『企業価値最大化の財務戦略』『日本型脱予算経営』（同友館），共著に『企業価値評価改善のための財務・IR&SR戦略』『コーポレート・ファイナンスの実務』（中央経済社），『企業価値向上のための財務会計リテラシー』（日本経済新聞出版社）等，著書多数。

《執筆者紹介》

兵庫　真一郎（ひょうご　しんいちろう）／**第2章担当**

約20年間資産運用業務に従事し，その間，医薬品・ヘルスケア・トイレタリーアナリスト，外国株式・国内株式ファンドマネジャーを歴任し，株式投資分野で幅広い経験を有する。現在は，三菱UFJ信託銀行でチーフファンドマネジャー兼チーフアナリストとして，ESG要素を勘案した長期投資ファンドを担当。講演実績も多数。1992年東京大学経済学部卒業，2006年東京理科大学大学院総合研究学部技術経営学科（MOT）卒業。

本多　克行（ほんだ　かつゆき）／**第3章担当**

約20年間投資銀行業務に従事し，その間主にM&Aアドバイザリー業務を担当。野村證券，UBS証券を経て，直近までは三菱UFJモルガンスタンレー証券のマネージングディレクター。また，野村證券時代には米国M&AブティックのWasserstein Perella社にも出向しており，米国M&A案件の経験も豊富。1996年東京大学経済学部卒業。

ROE経営と見えない価値 ―― 高付加価値経営をめざして

2017年3月15日　第1版第1刷発行
2019年4月15日　第1版第7刷発行

編著者　柳　　良　平
発行者　山　本　　継
発行所　㈱　中　央　経　済　社
発売元　㈱中央経済グループ
パブリッシング
〒101-0051　東京都千代田区神田神保町1-31-2
電話　03（3293）3371（編集代表）
03（3293）3381（営業代表）
http://www.chuokeizai.co.jp/
印刷／昭和情報プロセス㈱
製本／誠　製　本　㈱

ISBN978-4-502-21871-2　C3034